项目资助：

国家自然科学基金面上项目（71572025；71872026）
国家自然科学基金重点项目（71632004）
辽宁省“兴辽英才计划”青年拔尖人才项目（XLYC1907125）
辽宁省社科规划基金（L18BGL039）
中央高校基本科研业务费专项资金资助(DUT19RW205)

组织惯例及其与组织创新的关系研究

Organizational Routines and their Relationships with Organizational Innovation

林海芬 著

中国财经出版传媒集团
经济科学出版社
Economic Science Press

图书在版编目（CIP）数据

组织惯例及其与组织创新的关系研究/林海芬著
.—北京：经济科学出版社，2020.7
ISBN 978-7-5218-1687-7

Ⅰ.①组… Ⅱ.①林… Ⅲ.①组织管理学-研究
Ⅳ.①C936

中国版本图书馆 CIP 数据核字（2020）第 119086 号

责任编辑：谭志军 李 军
责任校对：王苗苗
责任印制：李 鹏 范 艳

组织惯例及其与组织创新的关系研究
林海芬 著
经济科学出版社出版、发行 新华书店经销
社址：北京市海淀区阜成路甲 28 号 邮编：100142
总编部电话：010-88191217 发行部电话：010-88191522
网址：www.esp.com.cn
电子邮箱：esp@esp.com.cn
天猫网店：经济科学出版社旗舰店
网址：http://jjkxcbs.tmall.com
固安华明印业有限公司印装
710×1000 16 开 14.25 印张 230000 字
2020 年 10 月第 1 版 2020 年 10 月第 1 次印刷
ISBN 978-7-5218-1687-7 定价：68.00 元
（图书出现印装问题，本社负责调换。电话：010-88191510）

前 言

组织创新一直是组织领域研究中的前沿和核心问题。在实践中，国内外组织纷纷开展商业模式创新、战略变革、管理理论与工具创新等活动以期通过创新和重构实现新的稳定与发展，但大部分企业的组织创新实践都以失败告终。针对组织创新的实现问题，已有研究主要从显性层面探究了领导方式、组织学习等众多因素对组织创新的驱动、过程以及绩效的影响并且主张自上而下的创新观。但研究尚未揭示组织实现创新的本质，也未解决组织创新的低效问题。究其根源可能在于相关研究始终停留在梳理纷乱繁杂的创新变革活动或总结创新变革表面规律性的浅层面并且过于强调创新变革的外生观，而未对组织内部力量给予足够的重视。事实上，组织作为一个有机体，可能产生强大的内动力推动其发起创新并实现发展，因此源自组织深层次隐性、不易观察或识别的微观要素可能是创新成功的关键，使得探寻能够由内而外、自下而上有效推动组织变革与发展的机理成为当务之急。而以弗尔德曼（Feldman）、彭特兰（Pentland）以及贝克尔（Becker）等为首的研究者创新性地提出了“组织惯例作为组织创新变革来源与基本分析单元”的观点，为从更深层次理解和研究组织创新提供了新的视角。

在组织惯例领域中，自纳尔逊（Nelson，1982）和温特（Winter，1982）进一步明晰斯特内（Stene，1940）提出的组织惯例概念并强调组织惯例在组织演化中的根本性作用以来，组织惯例已作为组织最基本的属性特征以及组织实现工作和目标的根本手段而受到广泛关注。尤其是最近几年，学者逐渐完善并突破惯例基本概念层面研究，广泛引入仿真建模方法揭示组织惯例的自我变革机理。更重要的是，基于对组织惯例基本概念和双重属性的思考，研究逐渐明确了一个具有重要意义的结论：组织惯例是组织能力和知识的储存库，是认知和分析组织创新、变革或转型的关键，也是组织创新变革的源泉、基础和基本分析单元。换言之，除了稳定组织运行，组织惯例的根本性作用还可能在于从组织最微观层面促发并支持组织创新变革，为组织创新氛围的形成及全员创新组织效用的发挥提供实现路径。

对此，国外学者近年来在延伸组织惯例基本概念的基础上，重点深化了组织惯例自我变革机理的探究，从直接效应和间接效应两个方面提出并验证了组织惯例对组织创新变革的积极作用。国内学者也基于国外相关研究，对组织惯例的概念、特点、演化等问题做了初步探究。但相关研究尚未形成系统，加上大部分研究仍停留在理论探索阶段，未能通过实证研究深入企业实践，有效扩展相关理论并提升理论的可靠性。对此，本书研究基于已有组织惯例相关理论，以探索性案例研究方法为主，仿真建模和理论研究等方法为辅，对组织惯例的基本理论以及与组织创新的关系展开系统研究，揭示组织惯例的构成、形成和演化等机理，尤其是组织创新最为微观、隐性的推动与阻碍力量的来源及作用路径，深度构建组织惯例与组织创新理论，为组织实践尤其是中国情境下的组织创新变革实践提供指导。研究一方面探究了组织惯例的基本理论，另一方面揭示了组织惯例与组织创新的关系。重点围绕七大相关问题展开研究。

第一，组织惯例的构成。学者已针对组织惯例的构成进行了探讨，尤其是组织惯例二维观的提出成为推动组织惯例研究领域快速发展的重要驱动力。但对于二维观具体构成是什么，尤其是其中启示面的构成仍需要进一步明确。因此，本书研究基于组织惯例的再定义（即组织惯例代表多个行动者参与的、重复的、可识别的组织行为模式）和惯例二维观（即组织惯例由执行面和启示面构成，两者之间存在互动关系），采用扎根理论方法实现组织惯例构念，分析出各维度之间的相互关系并构建组织惯例结构模型。研究将组织惯例概念的构成具体化，得出组织惯例由执行异动、显性规范、共享基模、共同行动倾向和专业能力五个维度构成。建构了组织惯例构念模型，验证了组织惯例由启示面和执行面构成以及两者之间的互动关系，即代表执行面的执行异动和代表启示面的四个维度之间存在互动关系。代表组织惯例基本原则和思想的启示面除了已有研究提出的最核心的构成即集体层面的共享基模和共同行动倾向，还包括组织层面的显性规范以及个体层面专业能力并且四个维度之间相互依存。

第二，组织惯例核心构成：组织共享基模及其形成。组织共享基模代表组织成员对整体任务形成的共同理解及由此产生的共同行动倾向，是组织惯例最核心的构成，也是组织内动力和凝聚力的根本来源。为揭示组织共享基模的复杂形成过程，本书研究选择从参与组织整体任务完成的核心成员之间的互动范式演化视角出发，对浙江宏康针织有限公司（简称“宏康针织”）这家初创企业形成共享基模的过程进行探索性研究，将初创企业共享基模的形成过程划分为个体基模形成、局部共享基模形成以及集体共享基模形成三个主要阶段，总结提炼各阶段的特点并构建共享基模形成过程模型。研究得出：个体基模、互动范式（管理者之间或员工之间）及权力范式（管理者与员工之间）的演化共同促成初创企业集体共享基模的形成；类比迁移是形成个体新基模的重要途径，但新员工个体基模的形成还受管理者指令的影响；个体基模专业化及泛化是形成有效共享基模的基础；角色扮演是形成共享基模的关键。

第三，组织惯例的动态演化过程。组织惯例的动态演化是组织惯例研究领域的重要问题，是拓展该领域研究的基础，也是揭示组织惯例对组织创新变革以及组织发展起到积极推动作用的关键。尽管已有组织惯例的二维观以及组织惯例启示面与执行面的互动理论已经初步提出组织惯例动态演化的根源，但尚未揭示组织惯例动态演化的内在规律。根据组织惯例动态演化源于惯例启示面和执行面之间的交互作用的观点，本书研究借鉴交互记忆等记忆形式，通过转移概率表达交互记忆以及交互作用，在矩阵化表达惯例启示面和执行面的基础上，利用马尔科夫矩阵及其元素转移概率构建两者之间的交互作用数学模型，模拟组织行动之间的路径依赖和交互依赖以及对依概率变化和选择性保留过程进行仿真实验。研究结果证实了组织惯例具有持续的自我演化性并揭示组织惯例的动态演化规律，得出：在组织惯例执行面和启示面连续不断依概率变化的情形下，组织惯例可以持续进行动态演化；组织惯例的动态演化是由依概率变化和选择性保留之间的相互制约、相互调节、相互作用的复杂交互关系来决定的；组织惯例的启示面和执行面之间的交互作用是其动态演化的内在根源。

第四，组织惯例与组织创新内生性的关系。组织惯例领域的“代表组织最基本属性特征以及组织实现工作和目标根本手段的组织惯例具有自我变革性，而且是组织创新的基础和来源”观点，说明组织创新并非传统研究认为的相对独立的事件，而是代表了改进组织管理理念、方法或程序的一种持续状态或过程。对此，本书研究深入组织惯例的隐性构成面揭示组织惯例的认知性核心构成包括组织共享基模和共同行动倾向对组织创新的内生性促进作用，还重点探析了组织惯例形成和演化的过程与组织创新之间的关系，说明组织创新的背后是组织惯例的形成与演化过程，是一个持续的内生过程。研究得出：组织惯例的形成过程代表了组织创新的内生过程；克服已有惯例的惯性影响是惯例演化的必经环节，也是在情境和组织任务发生显著变化情况下组织实现创新的难点；由个人内在要素引发的个人认知的变化相对隐蔽和抽象，但却具有不间断性或持续性，也是组织惯例持续演化和组织创新持续内生的根本所在。

第五，组织惯例与组织创新实施的关系。为证实“组织创新的本质是对组织惯例的根本性变革”的观点，本书研究对天地华宇集团有限公司（简称“天地华宇”）实施定日达创新的过程进行深度案例分析，从惯例演化视角揭示组织实施创新的复杂机理。研究得出：一是组织创新的实施是一项深入组织惯例层面的复杂系统工程。从显性组织行为层面来看，在初步实施创新方案时将创新措施传递至组织各层级相关人员，通过深入实施创新举措推动员工认知的改变，最后根据实践反馈和结果制定新的规范和制度；而在隐性组织层面，则表现为新惯例的形成和对已有惯例的取代。二是组织创新实施中惯例的演化过程经历已有惯例主导期、新惯例形成期和新惯例固化期三个阶段并且各阶段组织创新行为、参与者认知和行为呈现出不同的特点。三是通过互动和角色扮演促成新惯例的形成是组织惯例演化的关键，也是决定组织创新彻底性甚至决定创新成败的关键。从互动中实现个人认知的改变到集体认知的形成，再到新组织规范和制度的形成，说明组织创新的实施是自上而下传递创新内容、自下而上实现惯例演化的结合。

第六，组织惯例对组织创新的悖论性作用。组织惯例的稳定与变革属性的共存则意味着其对组织创新存在既阻碍又促进的悖论性作用。本书研究基于组织惯例二维观和五维结构模型，采用探索性案例研究方法探究组织惯例如何悖论性的作用于组织创新过程并构建悖论性作用模型。研究得出：组织创新是一个复杂的过程，涉及组织惯例阻碍作用主导下的组织创新基础形成期、组织惯例促进作用主导下的创新实现期以及组织惯例两种作用共显的创新固化期等阶段；组织创新的成功是组织惯例既阻碍又促进的悖论性作用的结果；组织惯例的启示面与执行面之间存在互动关系并且是惯例双重属性的来源，也是组织创新的源泉；组织惯例启示面中的组织层面、集体层面和个体层面之间存在互动关系。在此基础上构建了组织惯例对组织创新的悖论性作用机理模型图并指出企业实践中惯例参与者在自下而上组织创新模式中的不可替代性。

第七，行业惯例的演化机理。行业惯例作为组织惯例在行业层面的表现形式，往往体现着一个行业的演变路径和发展趋势。在外部环境瞬息万变的今天，组织惯例的演变成为企业在新环境中立足的重要手段，而受到环境变化影响，行业惯例也会发生相应的演化。本书研究从具有代表性的农业互联网行业入手，选取行业领导者浙江省托普云农科技股份有限公司（简称“托普云农”）以及两家典型行业跟随者进行多案例研究，探索行业惯例的演化路径和机理。研究发现：首先，行业惯例的演化需要经历领导企业惯例的演化、行业跟随企业惯例的演化以及行业惯例演化三个阶段，这是一个层层递进的过程；其次，组织学习是促进惯例演化的重要因素，为惯例演化提供了原动力，组织学习的过程是惯例演化过程的映射；最后，行业领导企业的组织惯例演化主要依靠试错学习，而行业跟随企业的组织惯例演化则主要依靠效仿学习的过程，但两者均需要从根本上改变已有的共享基模和共同行动倾向并建立新的共享基模和共同行动倾向。

本书研究针对组织惯例基本理论的研究充实了组织惯例理论体系并为该领域的深入研究奠定基础。首先，构建组织惯例概念体系，丰富了组织惯例的内涵，改变该领域当前对组织惯例概念的理解仅停留在单一、抽象层面的局面；其次，还揭示了组织惯例核心构成组织共享基模的形成过程以及组织惯例的演化过程，将其隐性形成和演化过程显性化；最后，打破了组织创新领域停留在梳理创新一般规律性或提炼显性影响要素的局面，深入组织最微观的惯例层面探索组织创新的形成和实施机理，揭示了组织惯例对组织创新产生的既阻碍又促进的复杂作用机制，在微观组织惯例和相对宏观的组织创新之间搭建了桥梁。研究为相关企业管理实践提供了重要启示，不仅能够引导组织实践者或管理者深入理解组织惯例的认知层面构成和动态变革属性，还能够引导其重新审视组织创新的复杂性、内生持续性和组织惯例产生的悖论性作用。

尽管本书研究为组织惯例和组织创新理论均做出了贡献并能够为组织相关管理实践提供指导，但由于时间、能力等方面的限制，本书研究还存在一些不足之处：一是，尽管本书研究尝试通过基于大量实践调研资料且采用层层编码方法的扎根理论分析得出组织惯例的构成维度并构建了组织惯例构念模型，但扎根理论编码过程难免带有编码者的主观性，直接影响研究结论。二是，有关组织惯例动态演化过程的仿真建模研究尽管基于行动之间的交互作用以及由此产生的交互记忆对组织惯例的启示面与执行面进行矩阵化表达并展示了其中的动态变化过程，但研究只关注组织行动，而未将惯例参与者的特性因素考虑在内，这是本书研究的重要切入点，但同时也是未来研究需要完善的地方，即可将更多有关参与者的动机、认知等因素纳入模型，形成嵌套结构。三是，本书研究针对组织共享基模形成过程、组织创新实施过程以及组织惯例的悖论性作用的研究均采用了单案例研究，单案例研究得出的结论在普适性方面难免存在不足，需要更多的案例或实践加以验证与完善。此外，组织创新是一个复杂的系统，除了组织惯例的作用还存在其他要素如组织资源协同、管理者支配能力等的影响，有必要从更全面的视角对组织创新开展进一步研究。

在本书研究案例资料获取过程中受到浙江宏康针织有限公司（简称“宏康针织”）、托普云农科技有限公司（简称“托普云农”）、中国移动通信集团（简称“中国移动”）、湖北易木科技股份有限公司（简称“易木科技”）等多家企业的支持，在此对相关人员表示感谢！研究过程参考了大量国内外相关文献以及大量二手案例资料并得到研究者所在团队的大力支持，在此一并表示感谢！同时，感谢硕士研究生尚任、陈梦雅、于泽川等在本书研究数据采集、分析、文字修改和排版等方面做出的贡献！

目　录

第 1 章

绪　论

1.1　为什么要从惯例视角研究组织创新?

自 1982 年纳尔逊和温特进一步明晰斯特内（1940）提出的组织惯例概念并强调组织惯例在组织演化中的根本性作用以来，组织惯例已作为组织最基本的属性特征以及组织实现工作和目标的根本手段而受到广泛关注。尤其是最近几年，学者逐渐完善并突破惯例基本概念层面研究，广泛引入仿真建模方法揭示组织惯例的自我变革机理（彭特兰和鲁特，1994；弗尔德曼，2000；弗尔德曼和彭特兰，2003，2008；彭特兰和弗尔德曼，2005；法琼，2010；彭特兰等，2011，2012；波利特斯和卡拉汉娜，2013；盖格尔和施罗德，2014）。更重要的是，基于对组织惯例基本概念和双重属性的思考，研究逐渐明确一个具有重要意义的结论：组织惯例是组织能力和知识的储存库，是认知和分析组织创新、变革或转型的关键，也是组织创新变革的源泉、基础和基本分析单元（纳尔逊和温特，1982；彭特兰和鲁特，1994；弗尔德曼，2000；弗尔德曼和彭特兰，2003，2008；彭特兰和弗尔德曼，2005；彭特兰等，2011，2012）。换言之，除了稳定组织运行，组织惯例的根本性作用还可能从组织最微观层面促发并支持组织创新变革，为组织创新氛围的形成及全员创新组织效用的发挥提供实现路径。总体上，相关研究打破了“组织惯例阻碍组织创新变革”的传统观念，并逐渐确定组织惯例在推动组织创新变革中的积极影响作用，突显组织惯例的重要性。

从创新角度来看，随着全球的竞争日益激烈，创新已逐渐成为企业追求新机会、提高组织绩效和获取竞争优势的重要途径（韦尔甘蒂，2008；达曼普和施耐德，2006）。尤其是 2008 年全球经济危机后，实践证明仅拥有先进技术或产品已经不能维持企业持续发展，更无法获得绝对竞争优势，而组织管理因素的重要性日益突显。对国内企业而言更是如此，近年来受劳动力成本上升、消费者对产品品质要求的提升以及国内外新进者竞争压力的影响，中国企业面临着前所未有的挑战，甚至出现集体衰退、倒闭的现象。因此从根本上转变经营方式、运营模式、管理理念、组织结构及资源配置范式，彻底激活组织成为当务之急，也成为组织持续发展的关键。在这个过程中，强调组织软实力提升的组织创新体现出空前的重要性。作为企业外部环境和内部资源适配以及重新整合的结果，组织创新能够提高组织资源使用效率、推动企业稳定健康发展、增强企业核心竞争力和形成企业家阶层（哈梅尔，2006），逐渐推动组织实现蜕变。因此，组织创新已成为组织竞争优势最重要和持续的来源（伯金肖等，2008；林海芬和苏敬勤，2014；林海芬和苏敬勤，2012）。基于国外有关组织创新过程研究、效力研究、作用研究、传播研究和影响因素研究等方面的研究，国内学者结合中国企业实践更深入系统地研究了组织创新的过程、决策、适配和效力提升四大问题。然而，至今仍未能揭示组织之所以能够实现创新变革的本质，也未能解决组织创新的低效问题，究其根源可能在于相关研究始终停留在梳理纷乱繁杂的创新变革活动或总结创新变革表面规律性的浅层面，同时研究过于强调创新变革的外生观，而未对组织内部力量给予足够的重视。事实上，组织作为一个有机体，可能产生强大的内动力推动其发起变革并实现发展，因此源自组织深层次隐性、不易观察或识别的微观要素可能是创新成功的关键，使得探寻能够自内而外、自下而上有效推动组织变革与发展的机理成为当务之急。而“组织惯例作为组织创新变革来源与基础”（弗尔德曼和彭特兰，2003）观点的提出从更深层次理解和研究组织创新提供了新的视角。换言之，组织惯例与组织创新息息相关。

对此，国外学者在延伸组织惯例基本概念的基础上，近年来重点深化了组织惯例的自我变革机理的探究，从直接效应和间接效应两个方面提出并验证了组织惯例对组织创新变革的积极作用。国内学者也基于国外相关研究，对组织惯例的概念、特点、演化等问题做了初步探究。但相关研究尚未能形成系统且鲜有针对中国情境的研究。加上大部分研究仍停留在理论探索阶段，未能通过实证研究深入企业实践，有效扩展相关理论并提升理论的可靠性。对此，本书研究基于已有组织惯例相关理论，采用以探索性案例研究方法为主，辅以仿真建模和理论文献等方法，对组织惯例的基本理论以及与组织创新的关系展开系统研究，揭示组织惯例的构成、形成和演化等机理，尤其是组织创新最为微观、隐性的推动与阻碍力量的来源及作用路径，构建深度组织惯例与组织创新理论为组织实践尤其是中国情境下的组织创新变革实践提供指导。

1.2　组织惯例视角组织创新研究的思路和主要内容

本书研究基于已有组织惯例和组织创新理论，结合中国企业管理实践，以案例研究方法为主，仿真建模、理论研究等方法为辅，围绕组织惯例的基本理论以及组织惯例与组织创新的关系开展系统研究，构建了组织惯例的五维构念模型，揭示了组织惯例的核心构成组织共享基模的形成机理，验证了组织惯例的动态演化过程，深入探究了组织惯例与组织内生性创新的关系、组织创新实施过程中的组织惯例演化机理以及组织惯例对组织创新既“促进”又“阻碍”的悖论性作用并且从行业层面揭示了行业惯例的演化机理，初步构建了组织惯例及其与组织创新的关系理论系统。

第1章，绪论。绪论部分主要阐释本书研究的研究背景和意义，引出研究问题并总结主要研究内容、研究方法和技术路线。

第2章，文献综述。全面梳理组织惯例及其与组织创新关系的相关研究，概括出组织惯例的基本概念、组织惯例的构成、组织惯例的双重属性以及组织惯例对组织创新的影响等四个主要方面的研究，作为本书研究系统研究组织惯例及其与组织创新关系的理论基础。已有研究不仅针对组织惯例的基本概念、构成和双重属性进行了初步探究，也肯定了组织惯例在组织创新变革中的重要的积极的促进作用。但作为组织创新的来源和基本分析单元，组织惯例的构成、形成、演化等基本概念问题仍需要进一步深化，进而揭示组织惯例与组织创新之间的隐性关系，从而有效验证组织惯例对组织创新的根本性作用机理。

第3章，组织惯例构念及其结构模型。得益于组织惯例的再定义和惯例二维观的提出。近年来，组织惯例在组织任务完成以及组织创新和发展中的根本性作用已经得到了广泛的认同，相关研究随之呈现繁荣景象。但组织惯例所代表的集体行为模式由哪些方面构成或组织惯例的具体内容是什么，尚未得以揭示，使得整个研究领域呈现出根基不稳的现状。因此，本章采用扎根理论方法按照开放性编码、主轴编码和选择性编码的路径实现组织惯例构念，分析出各维度之间的相互关系并构建组织惯例结构模型。研究将组织惯例概念的构成具体化，得出组织惯例由执行异动、显性规范、共享基模、共同行动倾向和专业能力五个维度构成。研究建构了组织惯例构念模型，验证了组织惯例由启示面和执行面构成以及两者之间的互动关系，即代表执行面的执行异动和代表启示面的其他四个维度之间存在互动关系。研究代表组织惯例基本原则和思想的启示面除了已有研究提出的最核心的构成即集体层面的共享基模和共同行动倾向，还包括组织层面的显性规范以及个体层面的专业能力并且四个维度之间相互依存。

第 4 章，组织惯例核心构成。共享基模及其形成。组织共享基模代表组织成员对整体任务形成的共同理解及由此产生的共同行动倾向，是组织惯例最核心的构成，也是组织内动力和凝聚力的根本来源。因此，本章从参与组织整体任务完成的核心成员之间的互动范式演化视角，对宏康针织这家初创企业形成共享基模的过程进行探索性研究，将初创企业共享基模的形成过程划分为个体基模形成、局部共享基模形成以及集体共享基模形成三个主要阶段，总结提炼各阶段的特点并构建共享基模形成过程模型，得出个体基模、互动范式（管理者之间或员工之间）及权力范式（管理者与员工之间）的演化共同促成初创企业集体共享基模的形成。类比迁移是形成个体新基模的重要途径，但新员工个体基模的形成还受到管理者指令的影响。个体基模专业化及泛化是形成有效共享基模的基础。角色扮演是形成共享基模的关键。

第 5 章，组织惯例的动态演化过程。根据组织惯例动态演化源于惯例启示面和执行面之间的交互作用的观点，本章借鉴交互记忆等记忆形式，通过转移概率表达交互记忆以及交互作用，在矩阵化表达惯例启示面和执行面的基础上，利用马尔科夫（Markov）矩阵及其元素转移概率构建两者之间的交互作用数学模型，模拟组织行动之间的路径依赖和交互依赖以及对依概率变化和选择性保留过程进行仿真实验。研究结果证实了组织惯例具有持续的自我演化性并揭示组织惯例的动态演化规律。研究得出：在组织惯例执行面和启示面连续不断依概率变化的情形下，组织惯例可以持续进行动态演化；组织惯例的动态演化是由依概率变化和选择性保留之间的相互制约、相互调节、相互作用的复杂交互关系来决定的；组织惯例的启示面和执行面之间的交互作用是其动态演化的内在根源。

第6章，组织惯例与组织创新内生性机理。组织创新并非传统研究认为的相对独立的创新事件，而是代表了改进组织管理理念、方法或程序的一种持续状态或过程，进而对传统由外而内、自上而下的组织创新理论提出了新的挑战。对此，本章从理论层面探索得出组织惯例之所以具有变革性以及能够促成组织内生性创新的根源在于组织惯例的认知性核心构成即组织共享基模和共同行动倾向，揭示了组织惯例形成和演化过程与组织创新的内在关系以及组织创新持续内生性机理，得出不管外部情境和组织任务是否发生重要改变，组织创新的背后都意味着组织惯例的形成与演化过程，是一个持续的内生过程。

第7章，组织惯例与组织创新实施。为打破组织创新领域只关注创新的截面问题即创新的多维影响因素或归纳一般创新规律性的局面，本章对天地华宇实施定日达创新的过程进行深度案例分析，从惯例演化视角揭示组织实施创新的复杂机理。研究得出：组织创新的实施是一项深入组织惯例层面的复杂系统工程；组织创新实施中惯例的演化过程经历已有惯例主导期、新惯例形成期和新惯例固化期三个阶段且各阶段组织创新行为、参与者认知和行为呈现不同的特点；通过互动和角色扮演促成新惯例的形成是组织惯例演化的关键，也是决定组织创新彻底性甚至决定创新成败的关键等结论。

第8章，组织惯例对组织创新过程的悖论性作用研究。传统组织惯例研究强调其稳定属性，认为组织惯例阻碍组织创新。而最新研究则提出组织惯例的变革属性，认为组织惯例是促进组织创新的内生因素和源泉，是分析组织创新的基本单元。组织惯例的稳定与变革属性的共存则意味着其对组织创新存在既阻碍又促进的悖论性作用。本章基于组织惯例二维观和五维结构模型，采用探索性案例研究方法探究组织惯例如何悖论性的作用于组织创新过程并构建悖论性作用模型。研究得出：组织创新是一个复杂的过程，涉及组织惯例阻碍作用主导下的组织创新基础形成期、组织惯例促进作用主导下的创新实现期以及组织惯例两种作用共显的创新固化期等阶段；组织创新的成功是组织惯例既阻碍又促进的悖论性作用的结果；组织惯例的启示面与执行面之间存在互动关系并且是惯例双重属性的来源，也是组织创新的源泉；组织惯例启示面中的组织层面、集体层面和个体层面之间存在互动关系。在此基础上构建了组织惯例对组织创新的悖论性作用机理模型图并指出企业实践中惯例参与者在自下而上组织创新模式中的不可替代性。

第9章，行业惯例的演化机理研究。行业惯例作为组织惯例在行业层面的表现形式，往往体现着一个行业的演变路径和发展趋势。在外部环境瞬息万变的今天，组织惯例的演变成为企业在新环境中立足的重要手段，而受到环境变化影响，行业惯例也会发生相应的演化。本章研究从具有代表性的农业互联网行业入手，选取行业领导者托普云农以及两家典型行业跟随者进行多案例研究，探索行业惯例的演化路径和机理。研究发现：行业惯例的演化需要经历领导企业惯例的演化、行业跟随企业惯例的演化以及行业惯例演化三个阶段，这是一个层层递进的过程；组织学习是促进惯例演化的重要因素，为惯例演化提供了原动力，组织学习的过程是惯例演化过程的映射；行业领导企业的组织惯例演化主要依靠试错学习，而行业跟随企业的组织惯例演化则主要是依靠效仿学习的过程，但两者均需要从根本上改变已有的共享基模和共同行动倾向并建立新的共享基模和共同行动倾向。

第10章，结论与展望。本章对整个研究的结果进行归纳并指出本书研究的不足以及未来可能的研究方向。

1.3 研究方法使用情况

1.3.1 研究方法使用概况

本书研究根据规范性、针对性和创新性三个原则选择和应用研究方法。针对组织惯例及其与组织创新关系的不同问题，采用不同的研究方法如表1-1所示。本书研究以具有理论构建和深入探索功能的案例研究为主要研究方法，辅之以扎根理论、仿真建模、理论研究等方法，力求做到定量与定性相结合、理论推导与实证研究相结合、基础研究与应用基础研究相结合。具体来说，在研究组织惯例构念和结构模型时采用扎根理论方法；在研究组织惯例核心构成组织共享基模的形成机理、组织惯例与组织创新实施的关系、组织惯例对组织创新的悖论性作用以及行业惯例的演化等问题时采用案例研究方法；在研究组织惯例的动态演化过程时采用仿真建模等方法；在构建研究理论框架，检验研究主题，探究组织惯例与组织创新内生性机理的关系时，采用理论研究方法。需要说明的是，在探索性案例研究中，也需要通过理论研究提出问题，但相比之下，理论研究在此时的作用相对不显著。

表1-1 研究方法总结

主要研究问题	主要研究方法
组织惯例构念	扎根理论
组织共享基模的形成	案例研究
动态演化	仿真建模
组织惯例与组织创新内生性	理论研究
组织惯例与组织创新实施	案例研究
组织惯例的悖论性作用	案例研究
行业惯例演化	案例研究

1.3.2 主要研究方法：案例研究法

20世纪80年代以来，案例研究法逐渐受到管理领域研究者的青睐，成为管理理论构建和理论改进的一种主要研究方法（古姆森，2000）。艾森哈特（Eisenhardt，1989）认为，与其他研究方法相比，案例研究具有三个方面的主要优势。首先，有助于构建新理论。在案例研究过程中，研究者可能会以更开放的心态看待研究中获得的大量材料与数据，案例材料与现有文献的矛盾等，从而可能产生新理论。其次，案例研究过程也是对理论进行反复检验的过程。案例研究过程往往采用归纳、演绎等质性方法，通过此过程得出的理论已经过层层逻辑性推理，因此结论的可靠性也更强。最后，案例研究结论更具有现实有效性。案例研究的结论直接源自企业实践或经验证据，因此能够更客观地反映现实。尤其当某个领域的研究尚处于初始阶段时，研究者对所研究的问题知之甚少或试图从一个全新角度切入，此时案例研究的作用尤为突出。

随着国际管理学研究领域对案例研究法的推崇，如管理学顶级期刊之一 *Academy of Management Journal* 在过去十年给予案例研究前所未有的关注，尤其从2005～2007年三年的最佳论文均为理论构建型案例研究，我国管理领域的研究者也逐渐开始推崇案例研究法，试图通过深入剖析中国企业管理的新实践总结提炼出具有中国特色的管理理论和方法论。不仅在《管理世界》《南开管理评论》《科研管理》《管理评论》《管理学报》等国内管理学重要期刊上涌现出越来越多基于案例探索的学术论文，更出现了一些正式组织或论坛，推动案例研究法在我国学术界的发展与普及，如每年由中国人民大学案例研究中心和《管理世界》杂志社发起并举办的中国企业管理案例论坛以及由中国管理案例共享中心、大连理工大学管理与经济学部、中国技术经济研究会研究方法工作委员会举办的中国管理案例共享国际论坛等。

在充分考虑案例研究法的优势及其对于探索和构建组织惯例及其与组织创新关系基本理论的根本性作用的基础上，本书研究主张以案例研究尤其是探索性案例研究作为最主要的研究方法开展相关问题研究。具体主要出于两方面思考：一方面，案例研究能够满足对本书研究深入中国企业实践探究并构建组织惯例及其与组织创新关系理论体系的要求。组织惯例及其与组织创新的关系是一个深入到组织最微观、不易观察层面的问题，需要通过采集、归纳和总结大量企业实践，提炼规律性，得出相关研究并构建理论，即基于扎根理论思想以开放式思维提出相关理论。显然，一般的实证研究方法并不能满足本书研究的理论探索与构建需求。案例研究则通过详细地描述中国企业实现组织任务的过程以及任务参与者显性行为和隐性认知的变化并分析其实现、过程、演化、隐性作用机理等问题，从中探求一般规律和特殊性，揭示组织惯例及其作用的本质并构建理论或思想（欧阳桃花，2004）。或者说，案例研究能够透过现象找出问题的本质并构建理论模型，从根本上回答“Why”和“How”的复杂问题（艾森哈特，1989）。本书研究尝试解决组织惯例的核心构成组织共享基模的形成机理、从惯例演化视角揭示组织创新的实施机理、组织惯例对组织创新既“阻碍”又“促进”的悖论性作用机理以及行业惯例的演化机理等，均属于复杂、抽象的“How”问题。

另一方面，组织惯例及其与组织创新的关系不仅是一个实践性问题，还是一个复杂的研究问题。定量研究尽管能够将研究问题具体化和细化，但是很难做到对复杂的问题进行系统、全面且深刻的把握，而案例研究通过深入企业实践，与管理者、实践者或惯例参与者进行全面和深入的接触，有利于将复杂抽象问题具体化，便于研究开展。同时，尽管有关组织惯例的研究层出不穷，但大部分以理论研究为主，部分采用仿真建模方法揭示组织惯例的动态性规律，但鲜有关注组织惯例为什么能够以及如何形成和演化、组织惯例的形成与演化如何作用于组织创新以及行业惯例如何演化等问题。也就是说，相关研究存在理论空白或者处于发展初期，无法通过文献归纳提炼理论框架，此时可通过探索性案例研究从实践中总结、归纳出理论框架或概念模型，实现理论构建（吴金希和于永达，2004）。因此，本书研究在探索组织惯例的核心构成组织共享基模的形成机理、从惯例演化视角揭示组织创新的实施机理、组织惯例对组织创新既“阻碍”又“促进”的悖论性作用机理以及行业惯例的演化机理时均主要采用了探索性案例研究方法。

总体上，本书研究根据具体研究问题的特点、案例对象选择的原则，通过以一手数据为主、二手数据为辅的方式获取案例数据，有选择的采用单案例或多案例研究，实现对组织惯例及其与组织创新关系的系统研究。由于本书研究的目的除了构建组织惯例理论外，还在于揭示组织创新的内动力及作用机理，因此案例样本的选择主要以组织创新为主要标准。在前期明确研究主题和制定研究计划的过程中，主要锁定典型创新企业和典型创新事件两类案例。聚焦创新企业或事件能够解决组织惯例领域因背景过于宽泛而无法聚焦或应用于特定情境的问题。具体而言，典型创新企业指长期在组织创新方面表现活跃且效果较为显著的企业，通过追溯历史和追踪实践等方式全面追踪特定的企业组织创新事件、组织惯例及演变、组织惯例悖论性作用的持续动态演化等信息，确保研究深度。典型创新事件指企业特定时期在组织结构、经营模式、管理方法或流程等方面进行的具有变革性和先进性的具体事件。研究过程具体案例选择与方法使用情况如表1－2所示，共享基模的形成机理、组织惯例与组织创新的实施、组织惯例对组织创新的悖论性作用采用了单案例探索性研究，分别选取宏康针织、天地华宇和易木科技三家企业为案例样本。行业惯例演化问题采用了多案例探索性研究，选取了农业科技行业的托普云农、LK集团、JD集团三家企业样本。

表1－2　案例研究方法使用概况

研究问题	案例企业	案例研究类型
组织共享基模的形成	宏康针织	单案例探索性研究
组织惯例与组织创新实施	天地华宇	单案例探索性研究
组织惯例对组织创新的悖论性作用	易木科技	单案例探索性研究
行业惯例演化	托普云农、LK集团、JD集团	多案例探索性研究

案例研究范式及数据获取。案例研究过程遵循“理论回顾与问题提出—案例研究设计—数据收集—数据分析—案例研究报告”的范式，力求研究规

范。在案例数据收集中，将综合运用访谈、观察、问卷调查和文档资料四种方式，聚焦于对参与者认知、组织惯例和组织创新相关信息的有效和高效收集并在访谈提纲的开发中，结合理论回顾部分的积累设计访谈问题。第一，根据具体研究内容，项目组将确定不同的调研企业及所需要的调查对象，采用结构性和非结构性相结合、一对一和集体访谈相结合的方式收集相关数据。第二，对于组织惯例涉及的相对隐性的认知层面数据包括参与者的共享基模、行动倾向、互动范式等，则主要通过较长时期内反复观察的方式获得。观察前明确数据需求和记录方式，便于数据分析和利用。第三，以调研企业特定创新体系中的参与者为对象，编写并发放问卷，实现对无法通过访谈或观察获得的有关个体认知变化、情境变化等信息的质性材料的补充并直接作为计量统计和仿真建模的数据来源。第四，通过文件与档案研读、网络与媒体资料以及相关文献资料吸取等方式获取并补充样本企业创新事件及演化、组织任务、组织惯例参与者等方面的信息来满足三角验证。

案例研究数据处理方法。本项目主要运用基于扎根理论思想的内容分析法处理案例相关的质性数据，通过不断归纳总结、演绎推理和比较分析并借助 ROST CM6. 0 和 Atlas. ti 等质性分析软件辅助数据的初始、聚焦、轴心和理论编码工作，具体将使用主要文本（Primary Document，PD）、备忘录（Memo）、编码（Coding）和树状关系（Family）等功能进行文本的选取和编码，实现构念提取和内在关系建立，保证案例研究结果的可信度和国际公认度。内容分析法的核心是编码，即通过对事件与概念的不断比较，从而促成更多的范畴、特征的形成以及对数据资料的概念化（格拉泽，1992）。编码过程分为开放性编码、主轴编码和选择性编码三个主要步骤：开放性编码指界定资料分析中所发现的概念及其属性、范畴；主轴编码指围绕某一范畴的轴线来进行分析，从而发现和建立主范畴与副范畴之间的联系；选择性编码则是对已分析的概念范畴经过再次系统分析，选择一个核心范畴，通过整合、精炼建构理论。在整理分析资料的过程中，根据研究需要随时进行追踪调研和信息补充。此外，在单案例研究的基础上，通过逐项复制和差别复制的手法开展多案例比较研究。

1.3.3 辅助研究方法：扎根理论

扎根理论由格拉泽（Glaser，1967）和施特劳斯（Strauss，1967）于1967年提出，至今已成为社会科学中最有影响的研究范式和走在质性研究革命的最前沿的方法论。扎根理论的基本研究逻辑是从经验数据中建立理论（斯特劳斯和科尔宾，1990），近年来被广泛应用到管理学领域的理论构建及相关研究中，甚至被认为对基于中国企业实践挖掘和构建中国管理理论具有重要的现实价值（贾旭东和谭新辉，2010）。具体而言，扎根理论是指通过深入田野搜集数据和原始资料，对数据不断比较，进行概念化与抽象化，最终提炼出核心概念与范畴，并在此基础上建构理论的一种自下而上的研究方法（李鲜苗和罗瑾琏，2016；贾旭东和衡量，2016）。

尽管组织惯例已成为管理领域研究的一个重点，学者在打破传统对“组织惯例的稳定及其对组织创新的阻碍作用”的认知基础上，围绕组织惯例的动态性以及组织惯例对组织创新与发展既促进又阻碍的悖论性作用等问题已展开了大量研究，但对于组织惯例基本概念和维度的理解仍停留在理论探讨阶段。组织惯例的再定义及其二维观的提出促成了组织惯例领域的繁荣再现，但对于执行面和启示面的理解大多仅限于对定义本身相对模糊的认知，如启示面代表惯例的思想，而执行面则使得思想得以展现。少数学者如狄奥尼修（Dionysiou，2013）和祖卡斯（Tsoukas，2013）及林海芬等（2015）提出，启示面的核心构成是组织共享基模以及由此产生的共同行动倾向，也未能揭示组织惯例的系统构成及结构关系，使得相关研究缺乏共同的基础。因此，扎根理论适合本书研究对组织惯例构念及其结构关系进行探索。

1.3.4 辅助研究方法：仿真建模

仿真建模是当前组织惯例研究领域开展实证研究时最主要的研究方法。组织惯例研究中的仿真建模主要指多主体仿真。多主体仿真的出发点是系统中具有一定自治性、智能性和适应性的微观个体。多主体仿真将系统宏观现象看作微观个体相互作用的结果，从微观个体的特征、行为及互动入手，通过仿真实验，揭示相对宏观现象的微观机理，其本质特征是采用多主体视角建立系统的概念模型。从组织惯例自身的特点来看，组织惯例代表由多个行动者参与的组织行为模式，不仅从整体上体现出显著的复杂系统性，还从微观层面亦能够识别具有自治性、智能性和适应性的主体即多个行动者。因此，本书采用多主体仿真建模方法揭示组织惯例的动态演化过程和机理。

组织惯例动态演化研究的目的在于在明确组织行动序列的生成、变化和交互作用的基础上，揭示惯例行动之间的交互作用或是惯例启示面和执行面交互作用如何促成组织惯例持续动态演化的内在机理。基于组织惯例的流程属性，我们首先从组织惯例实践中提炼出组织惯例流程，然后基于该流程构建代表组织惯例执行面的行动矩阵以及代表组织惯例启示面的一阶 Markov 矩阵（即转移概率矩阵），模型化惯例启示面与执行面之间的交互作用关系，再通过 Matlab2015a 构建基于交互作用关系的组织惯例动态演化数学模型并对组织行动之间的依赖性进行仿真模拟。转移概率矩阵代表组织记忆，转移概率矩阵的变化生成行动矩阵（数字行动序列集合），因此行动矩阵表示惯例动态演化的结果。通过转移概率矩阵和行动矩阵之间的交互作用模拟组织惯例的动态演化过程并对仿真结果进行分析，得出并验证研究结论。

1.3.5 辅助研究方法：理论研究

本书研究的理论研究方法以文献阅读和信息分析为基础，形成选题、各个研究内容框架，以及理论研究基础，同时对案例研究和仿真建模提供重要支撑。首先，在文献整理工作中，采用理论研究法对国内外相关研究成果进行了系统梳理和分析，总结组织惯例研究的理论基础，概括组织惯例的基本概念、构成、双重属性以及组织惯例对组织创新的影响等，作为本书研究的理论依据。其次，对于组织惯例与组织创新内生性机理的关系探讨，考虑到两者之间关系的隐蔽性、情境多样性和复杂性，我们主要采用理论研究法，通过思辨和理论论证的方式进行阐述，为后期组织惯例在组织创新实施中的作用以及组织惯例对组织创新过程的悖论性作用奠定基础。最后，在开展探索性案例研究和仿真建模过程时，理论研究有助于阐明研究的理论嵌入点、引出研究问题并表明研究的理论贡献，也是不可或缺的部分。

1.4 惯例视角组织创新研究的实现路线

惯例视角组织创新研究的实现路线如图1－1所示。

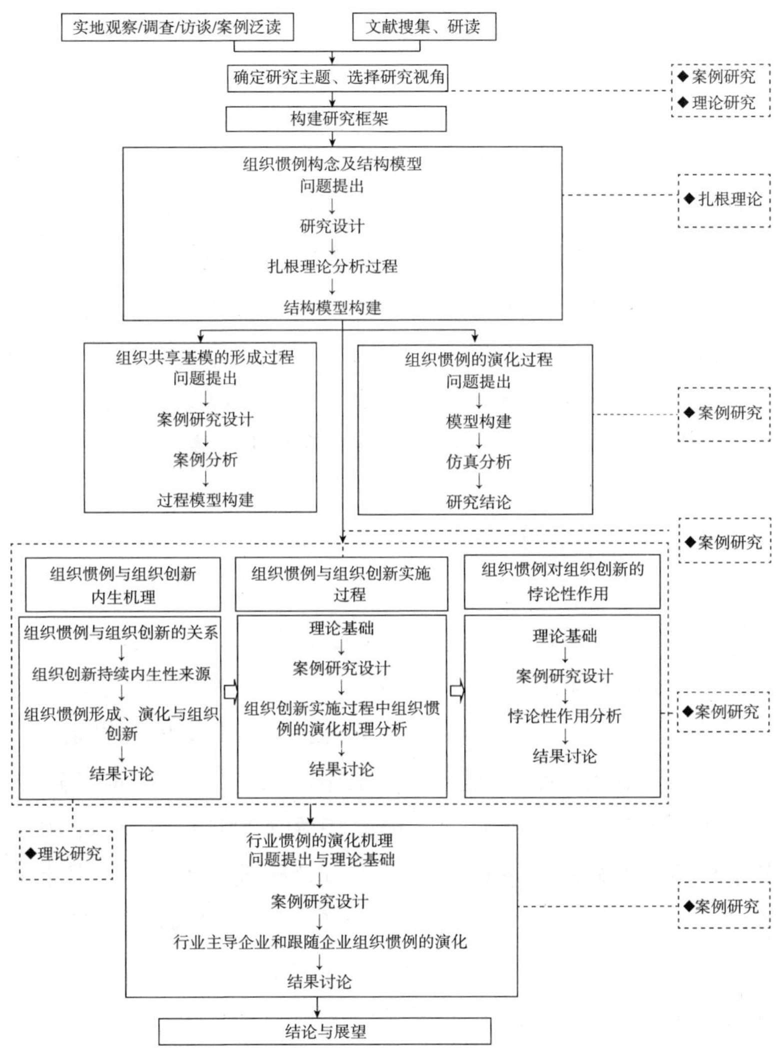

图1－1 惯例视角组织创新研究的实现路线

第 2 章

理论基础

组织惯例一直是学术界关注的热点，尤其自 1982 年纳尔逊和温特进一步明晰斯特内（1940）提出的组织惯例概念并强调组织惯例在组织演化中的根本性作用以来，组织惯例已作为组织最基本的属性特征以及组织实现工作和目标的根本手段而受到广泛关注。本章在全面查阅和整理组织惯例相关文献的基础上，从组织惯例的基本概念、组织惯例的构成、组织惯例的双重属性以及组织惯例对组织创新的影响四个方面对已有文献进行概括总结，作为本书研究系统研究组织惯例及其与组织创新关系的理论基础。

2.1 组织惯例的基本概念

已有研究对组织惯例的界定存在较大的差异性，如纳尔逊和温特（1982）认为组织惯例代表企业所有的规则和可预见的行为模式的总称；鲍姆（Baum，1994）和辛格（Singh，1994）从生态学角度将惯例界定为“在连续的复制过程中较完整地传递信息”以及“组织中的产品、技能和知识的保持、传递和延续”的系统实体；费尔德曼和彭特兰（2003）将组织惯例定位为多个行动者参与的、重复的、可识别的组织行为模式等。进一步概括而言，组织惯例的定义主要包括三类（贝克尔，2005）：作为规则或程序（马奇和西蒙，1993；埃吉迪，1996），强调潜在行动而非具体行动，关注指导而不是决定集体行动的规则、程序和启发等形式所体现的共享组织知识规律性；作为集体行为规范（纳尔逊和温特，1982；弗尔德曼和彭特兰，2003），涉及具有重复性和持续性特征的具体、集体连锁行动的可观察范式（科恩和巴达扬，1994）；作为组织行为或思想的倾向，强调惯例的潜能，关注有助于维持规则遵守行为的共享个人习惯（霍奇森，2007）或者关注惯例作为语法结构的一般特性（彭特兰和鲁特，1994）。尽管三类定义一致将组织惯例理解为规定和指导组织成员行为的规范，但从本质上而言，第一类定义以显性规则、流程、程序、制度或一种约定俗成的准则替代组织惯例，认为组织惯例即组织规范，本质上延续了“组织惯例代表对行为的一种无意识复制”的观点。其他两类则强化了组织惯例中参与者的主观意识即认知成分，明确了组织惯例代表影响全体员工行为且融入参与者认知的行动范式。

学者对组织惯例本质也形成了不同的认知，形成三种隐喻（弗尔德曼和彭特兰，2003）。第一，将组织惯例与个人习惯类比。但其区别在于，个人习惯不需要思考，具有自发性。第二，将惯例与计算机程序、脚本进行类比。与习惯相比，程序涉及选择、分支以及决策点，因此需要更多的处理过程。但电脑程序决策属于事先决策，不需要任何的深思熟虑式搜索。第三种把惯例比作遗传基因，即惯例充当的角色就像生物演化理论中的基因：“他们是有机体的持续性特性，决定其可能的行为”（纳尔逊和温特，1982）。基因隐喻认为，惯例中储存着稳定不变的基因信息，从一个组织向另一个组织传递。相比之下，前两类类比更强调组织惯例的规范性；而基因类比则不仅将惯例视为相对持久的信息载体，还揭示了惯例的内生属性、规则性结构及演化潜力。

此外，对组织惯例特征的提炼也体现出认知差异性。研究认为，模式性是组织惯例的核心特征，代表了惯例概念中的规则性（贝克尔，2004）。重复性表明惯例可以作为一种循环交互模式而存在（贝克尔，2004）。集体性意味着惯例是一种涉及多个行动者的集体现象，或是多个行动者循环交互的整合结果。过程性说明惯例是“结构与行动、作为事物的组织和作为过程的组织之间的重要链接”（彭特兰和鲁特，1994），有助于理解和识别组织创新变革的持续性。背景依赖性说明惯例总是嵌入在组织及组织结构中且在特定的背景下表现出特殊性（特纳和闰多瓦，2011）。路径依赖性意味着惯例建立在过去经验积累的基础上，即在一定的起点上沿着特定的路径逐步发展。其中模式性、重复性和过程性更强调惯例的规范性和稳定面。背景依赖性和路径依赖性则强调当惯例因嵌入特定背景而被触发时，会作为一个演化过程呈现出一定的变革性。

尽管学术界对于组织惯例基本概念的认知并未直接针对其作用产生争议，但呈现了“规范”性和“认知”性两种不同倾向。“规范”性视角将组织惯例直接等同于显性规则、流程、程序、制度或一种约定俗成的准则，“认知”性视角则认为组织惯例的本质是参与者的认知。前者更强调组织惯例的稳定属性及创新阻碍作用，而后者更强调其自我变革及创新推动作用。同时，组织惯例的两种作用被认为是相对分离的。值得注意的是，尽管当前很多研究均承认组织惯例中的认知成分，但由于量化或显性化认知成分的难度较大，因此仍然以显性组织流程代替组织惯例（兹巴拉基和伯根，2010；特纳和闰多瓦，2011）。

2.2 组织惯例的构成

针对组织惯例的构成问题，大部分学者主张惯例具有多维结构，主要形成三维构成观和二维构成观两个流派。

三维构成观认为惯例由认知、动机和规范维度构成：认知维度强调惯例是组织的协调机制和组织知识的储存器，突出“记忆”功能。动机维度强调惯例能够稳定组织不同利益主体之间的潜在冲突，突出“休战”功能。规范维度则强调惯例的目的在于控制已有惯例并为惯例的改进提供目标，突出“目标”功能（纳尔逊和温特，1982；马歇尔等，2010）。

二维构成观则主张惯例由体现惯例基本原则的启示面和体现行动者即兴属性的执行面构成，同时强调行动者在惯例执行中的重要性（弗尔德曼和彭特兰，2003）。当前组织惯例领域占主导地位的是组织惯例的二维构成观。尽管三维构成观在一定程度上突破对传统惯例规范性的认知，增加了认知和动机两个更深层次的内容，体现出惯例的复杂性和层次性，但本质上仅限于二维观中的启示面。而正是因为二维观提出了执行面使其成为近年来大量有关组织惯例动态性或自我演化机理的研究基础（彭特兰等，2011，2012；李柏洲等，2015）。具体而言，惯例启示面代表惯例理念或基模形式，具有抽象性，是对惯例的一般性概括，体现惯例的基本原则。惯例执行面是指参与组织惯例的具体行动者在特定时间和地点采取的具体行动，体现实践固有的即兴属性。惯例的启示面代表惯例的思想，而执行则使得思想得以展现。

二维观将惯例参与者的主观能动性甚至情境要素的重要性都体现得淋漓尽致。更重要的是，启示面与执行面之间存在显著的互动关系，其中启示面指导惯例的具体执行且允许出现多种执行情况，而反复执行的结果则可能导致启示面的演变。总体上，“启示面”强调稳定性，“执行面”强调变革性，而启示面和执行面的共存及互动关系则为组织惯例的动态性及其对组织创新变革产生的既“阻碍”又“推动”的悖论性作用研究提供了可能。贝伦特（Berente，2016）等针对特定组织变革的情境对二维观进行了延伸，提出组织惯例的构成除了启示面和执行面还应包括代表触发惯例执行的物质载体即惯例的物质面，如组织实施的新技术信息系统。但这种延伸并未改变二维观的本质。总之，组织惯例的集体行动范式定义及其二维观成为当前该领域研究的基石。

2.3　组织惯例的双重属性研究

在基本概念的基础上，学术界深入对组织惯例属性层面的探讨，得出组织惯例具有稳定和自我变革两种属性特征。但在后续的研究中，大多只关注了其中的变革属性及由此产生的积极推动作用。

2.3.1　组织惯例的稳定属性

早期的组织惯例研究将组织惯例视为约定俗成的准则、正式的组织制度甚至对行为无意识的复制，较少考虑惯例参与者的主观认知及作用，因而得出组织惯例稳定属性阻碍组织创新的结论。尽管组织惯例是组织保持稳定或规律性、持续性发展的保证，能够有效确保组织问责、政治保护并减少冲突，但组织惯例也是导致组织惯性、无知、技能降低、负动机及能力陷阱的根本原因（汉纳和弗里曼，1984；马奇，1991）。也就是说，组织惯例将组织锁定于非弹性、稳定不变的行动范式中无法通过创新变革适应环境变化，因此得出组织惯例是组织柔性与创新变革的对立面。如有关官僚组织的研究认为，组织惯例是导致组织非弹性的根本原因（韦伯，1947；考夫曼，1977）。但不可否认的是，尽管这些研究主张组织惯例会阻碍组织创新变革，但并未否定惯例对组织持续稳定发展的基本作用，如组织惯例亦是官僚组织专业化及高效权力运行的保障（韦伯，1947；考夫曼，1977）。

其他主张组织惯例稳定属性的学者在深化对组织惯例稳定性的理解后得出，这种稳定性不一定会阻碍组织创新变革。相反，组织惯例的稳定性除了能够产生维持组织持续运行的基本功效外，还能够产生协调控制、决策辅助和学习存储等有利于组织创新的效应（贝克尔，2004，2005）。惯例的协调控制效应具体体现为通过明确规则或制定统一流程实现员工行为的程序化或规范化，旨在产生员工行为同步效应。即使在具有较高不确定的创新变革情境下，组织惯例也能够使得员工行为有据可循，确保任务顺利完成，避免陷入组织混乱。决策辅助效应体现为惯例将所有参与者有效连接起来，避免员工独立行动，此时参与者能够在一定程度上掌握他人的行为知识，从而对他人的行为形成较为稳定的预期（贝克尔，2005）。这种预期构成了员工决策的基础。即便出现环境动态变化，员工亦能有效预测他人的行为，并做出反应，最终形成高度有效配合。学习储存效应则体现了惯例的基本知识储存功能。尽管知识储存更强调静态性，但无疑构成组织动态学习的基础。此外，特纳和闰多瓦（2011）及兹巴拉基和伯根（2010）主张组织惯例对组织创新变革积极作用的同时，直接以显性组织流程代替惯例。可见，组织惯例的“规范性”也可能产生变革推动效应。

可见，对于组织惯例稳定属性是“阻碍”还是“推动”组织创新变革并未形成一致的认知。换言之，组织稳定属性本身可能是促发组织惯例悖论性作用形成的一个重要根源。

2.3.2 组织惯例的变革属性

组织惯例变革属性及机理研究基于组织惯例构成观、参与者显性行动和参与者隐性特征三个层面层层展开。惯例稳定属性研究主要为理论探讨，而变革机理则采用仿真建模法。

首先，以惯例多维构成观作为基础，就惯例构成探寻能够产生惯例自我演化的根源。其研究基础是组织惯例的多维内在结构理论，大体认为：随着环境的改变，惯例不同维度呈现互动性和变化性，推动惯例实现自我演化或变革。部分研究基于惯例二维构成观（弗尔德曼和彭特兰，2003），支持组织惯例由代表抽象性概念的启示面和实际行动的执行面构成，强调启示面与执行面之间的互动以及行动者参与执行过程是产生组织惯例内生变革性的根源（彭特兰等，2012）。行动者能够对所嵌入的社会关系施加影响，进而在某种程度上改变社会关系，因此在执行惯例过程中试图适应和重塑惯例以满足情境需求并对情境进行释意，此时便出现变革的潜在可能。行动者通过主观即兴发挥使每一次执行过程均为惯例提供改进或变革的空间。可见，有关惯例执行面的研究从根本上指出组织惯例涉及组织行为意图及目标的改变，说明惯例是根本性或间断性组织转型的基础。其他学者则延续惯例的三维构成观（纳尔逊和温特，1982），认为三维构成之间的互动产生惯例内生变革属性，如马歇尔等（2010）采用案例研究法动态性研究了组织惯例三个维度的三阶段独立形成过程以及三者在各阶段的内在互动关系，验证了惯例具有显著内生变革性。

其次，突破惯例本身，直接关注惯例的参与者，认为惯例之所以产生自我演化的根源在于参与者行动的多样性和变化性。行动者的动机和技能直接影响惯例的形成，因此行动者是理解组织惯例的先决条件，是组织惯例的微观基础（艾贝尔等，2008）或是解开惯例谜团的关键所在（费林和福斯，2011）。行动者的基础作用主要通过代表完成组织任务过程的显性行动得以体现（彭特兰等，2010，2011，2012）。组织行动具有时间和空间分散性（弗尔德曼和彭特兰，2008）不易观察，因而增加了研究难度。研究对传统惯例稳定观提出质疑，传统惯例稳定观认为惯例只能产生少量、长期不变的行动范式，行动范式的非典型性变化源于意外输入，而惯例变革观则认为惯例能够产生大量特殊、自我演化的行动范式。彭特兰等（2010，2011）根据四个组织发票处理惯例中有关参与者行动的观察数据对惯例稳定与变革两种悖论状态进行探索与验证，将惯例模型化为行动网络，结果发现同一惯例能够产生大量差异化行动范式，即便在没有明显外部干预的情况下，也能够产生显著自我变化，从而证实了行动的微观基础作用以及惯例的自我演化属性。在此基础上，彭特兰等（2012）构建了组织惯例内生模型并探索惯例的自我演变过程。该模型将微观行动层面与相对宏观动态能力层面进行对接，指出行动范式的变异和选择性保留能够解释组织惯例从“形成→惯性化→内生变化→学习”的自我演变机理。

尽管参与者的多样性和变化性显性行动能够直接导致惯例的自我演化，但显性行动的根源在于行动者的隐性特性，因此第三层面研究以行动者的隐性特性作为微观基础，尤其强调行动者认知的隐蔽性、动态性和差异性。外生要素与非典型性行动范式的产生无关，参与者的认知和经验等内生要素反而是产生非典型行动范式的主要原因，可见，基于行动者特性及认知开展微观和宏观层面对接关系研究是探究惯例自我演化属性的一种有效途径（格里夫，2008）。威特（Witt，2011）阐述了行动者认知和动机对组织惯例形成及其效能过程的直接影响作用，得出组织成员或行动者共享心智模式的程度决定组织内在工作动机和任务承诺，从而影响组织行为范式的产生及惯例的形成以及组织绩效。还有部分学者从行动者心理特征角度开展研究，尤其关注行动者的记忆特征（科恩和巴达扬，1994），如米勒等（Miller et al.，2012）对组织惯例涉及的行动（显性）和记忆（隐性）之间的动态互动关系进行系统研究，发现交互性记忆能够提高问题解决效率并促进对新奇问题的适应性，基于已有经验形成的描述性记忆有助于稳定情境下惯例的形成，但当组织遇到新奇问题时则会阻碍效率的获取。洛赫等（Loch et al.，2012）探究了惯例如何在问题解决与内部整合互动中实现演变，得出在长期解决问题过程中群体会形成相关惯例并重复使用之，群体成员在个人决策中内化并保持惯例，而惯例的形成或维持受到群体成员社会关系或因素的影响，如集体认同感更强的群体使用惯例的频率更高且更倾向于保持惯例。

总之，有关组织惯例自我演化机理的研究经历了“直接基于组织惯例构成→以参与者显性行动为基础→以参与者隐性特征及认知为基础”三个层面逐步深入的过程，突破传统停留于理论研究的困境，引入更科学的仿真建模法系统揭示了组织惯例的自我演化机理。

2.4 组织惯例对组织创新的影响研究

在确定组织惯例自我变革属性的基础上，研究对于组织惯例如何推动组织创新变革主要从间接效应和直接效应两个角度展开。

直接效应视角研究认为，组织惯例对组织创新的影响不需要借助任何中间变量。组织通过改变惯例实现创新变革以适应新环境，因此惯例是组织创新变革的基础（雷涅利，2010；巴普洛夫和伯恩，2011）。如达涅什瓦尔等（Daneshvar et al.，2012）认为组织通过调整内部惯例适应外部环境需求。他们以土耳其建筑行业企业为例，通过案例研究对组织惯例进行构念并识别出能够促使惯例发生演变的外部驱动力，进而得出组织变革的驱动因素与机理；特纳和闰多瓦（2012）对 6 家废物管理公司的核心运行惯例进行质性分析，构建能够显示组织稳定性与柔性范式形成与共存的理论模型，揭示组织创新的根本。海默里克斯等（Heimeriks et al.，2012）以组织并购整合为背景，采用定性与定量相结合的方法得出成功的并购者能够形成新的高级别惯例，抵消已有惯例产生的阻碍作用，实现根本性整合或创新。阿南德等（Anand et al.，2012）关注了全球制药行业运营惯例的演化机制，数据分析结果显示：制药行业运营惯例呈现不断演化趋势从而促进该行业不断进行创新变革。兹巴拉基和伯根（2010）以一家制造企业的价格调整（创新）程序为例分析惯例的微观基础，结果显示惯例的稳定与变革双重属性能够促使价格调整过程也保持稳定性与变革性：对于小幅度价格调整，组织惯例发挥休战功能维持稳定性，而对于重大价格调整，则突显组织惯例潜在的动态变革性。类似的，国内学者亦支持惯例在战略变革与组织创新中的基础作用，如张铁男等（2009）认为，企业通过“刺激—意识—反应”模式的运行，不断调整惯例集，促进创新，实现组织与外部环境保持适应。芮明杰等（2005）基于惯例变异研究了战略变革的过程及其内生性。王永伟和马洁（2011）通过案例研究得出，组织惯例和行业惯例的匹配性决定了企业技术创新选择的成败。此外，也有部分学者质疑惯例在组织创新变革中的基础作用，如奥布斯特费尔德（Obstfeld，2012）根据组织行动的重复性将其划分为惯例性行为和创造性工程（非惯例性行为）并认为促使组织实现创新与变革的是创造性工程，而非惯例。

间接效应视角认为组织惯例通过组织学习或动态能力等中间环节积极推动组织创新变革。惯例所具有的“干中学”以及学习曲线效应使得组织惯例的执行成为组织成员学习的过程，从而有助于塑造组织整体创新氛围，提高创新变革能力。同时，组织惯例具有的内在变革属性促使行动者之间不断地进行交互学习，进而有助于推动组织创新变革。关于组织惯例与组织学习的内在关系问题，学者甚至还尝试开展实证研究或模型构建，如弗尔德曼（2000）对某大学的住房分配惯例进行案例研究，得出员工通过惯例执行过程学习逐步缓慢地推进组织变革，创造出巨大的变革潜力。埃德蒙森等（Edmondson et al.，2001）对 16 家采用新型心脏病诊断技术的医院进行跟踪研究，从集体性学习的视角探究新技术的采用如何打破已有工作惯例并触发其产生变革。鲁普（Rerup，2011）和弗尔德曼（2011）则采用纵观式推演法追踪了丹麦学习实验室中组织惯例与组织基模的关系演变过程，结果显示试错性学习通过可观察性行动连接惯例与基模，从而为组织创新变革提供有效路径。

温特等（2013）直接以组织惯例定义组织能力，认为组织能力就是一种高层次的惯例（或惯例集）。换言之，动态能力是一种习得的、稳定的集体性模式，组织通过这种模式系统地创造和改进操作惯例，以达到改善其运转效果或实现创新的目的，因此动态能力源于组织惯例。类似的，佩特斯等（Peeters et al.，2014）认为组织通过形成吸收能力惯例影响组织创新的引进。勒温等（Lewin et al.，2011）也认为导致只有部分组织成为新管理实践的早期采用者而大部分组织均为模仿者的根本原因在于差异性组织基本惯例导致其吸收能力的差异。艾贝尔等（2008）系统研究了组织惯例、能力与绩效之间的关系，得出惯例是产生组织能力和绩效差异的根本。邓修权等（2012）基于演化博弈论建立基于惯例的企业能力演化模型，仿真结果表明企业能力演化的过程是企业不断进行惯例学习与变异的过程。一方面，动态能力利用其吸收和消化功能对组织惯例背后的隐性知识进行解码和选择性利用，通过创造性整合和改编，创造出适应组织自身特点的新惯例。另一方面，动态能力作为高层次能力，整合、构建和重新配置内外部能力以适应惯例变异，直接表现为企业组织结构、流程、人员等方面的创新（王核成，2008）。

总体上，“惯例作为组织创新变革源泉和基础”的观点已得到广泛认同，两者之间的内在关系或机理也初步得以揭示。由于相关研究在研究视角、研究方法选择以及研究过程的推进方面均处于初探期，故需要进一步深化。

2.5 本章小结

总体上，组织惯例研究主要经历了三个阶段：第一阶段为2005年之前，主要从理论层面探讨组织惯例的本质及其动态变化的可能性，尤其关注惯例之所以成为组织能力和知识的储存库以及组织创新变革的源泉和基础的内涵与依据，打破了惯例稳定观，提出惯例动态观。第二阶段为2006～2015年，引进科学仿真建模法对组织惯例动态性进行探索与验证，得出惯例能够产生大量特殊、自我演化的行动范式，即便在没有明显外部干预的情况下，也能够产生显著自我变化，构建惯例动态理论。最近两年，进一步采用民族志、案例研究等具有理论探索功能的研究方法，深入探究组织惯例内生动态机理及其在组织创新和发展中“稳定”与“变革”共存的悖论性作用等（彭特兰和鲁特，1994；弗尔德曼和彭特兰，2003；彭特兰等，2011，2012；李柏洲等，2015；伊等，2016；克列姆塞尔和施雷格，2016）。学者们不仅针对组织惯例的基本概念和双重属性进行了初步探究，还肯定了组织惯例在组织创新变革中重要的积极促进作用。然而，作为组织创新的来源和基本分析单元，组织惯例的构成、形成、演化等基本概念问题仍需要进一步深化，进而揭示组织惯例与组织创新之间的隐性关系，从而有效验证组织惯例对组织创新的根本性作用机理。

一方面，深化组织惯例的基本概念研究。尽管学术界针对组织惯例的二维构成观及其互动关系已形成较为统一的认知，但针对二维构成观中启示面即隐性面构成的研究一直处于理论阐释阶段，而隐性面无疑是组织惯例的精髓所在。尽管近期的研究已逐渐明确组织共享基模作为组织惯例隐性面最核心的构成，但关于组织共享基模的构念以及组织惯例具体如何形成等问题尚未得以解决。因此，明确组织惯例的隐性面构成并加以细化、显性化和可操作化是开展组织惯例理论及其对组织创新作用研究的首要任务。在此基础上，进一步探究组织惯例的形成机理、组织惯例的演化机理以及组织惯例的作用机理，形成系统的组织惯例基本理论，方能找出组织惯例之所以能够产生悖论性作用的根源。

另一方面，深化组织惯例与组织创新的关系研究。近年来，学术界广泛采用仿真建模、案例研究等科学方法对组织惯例的自我变革机理进行有效验证并创新性地提出组织惯例对组织创新的根本性作用，但对于组织惯例如何作用于组织创新或组织惯例与组织创新之间到底是一种怎么的关系等问题尚未做出有效解答。加上近年来组织惯例领域的研究过于强调组织惯例的变革性以及由此产生的对组织创新积极的促进作用，却忽视了组织惯例最基本的稳定属性以及由此产生的阻碍作用。因此，有必要基于组织惯例的基本理论，系统探究组织惯例与组织创新之间的关系。只有明确其中的机理才能将组织微观、隐性的内部力量显性化，对组织实践提供有力的指导。

对此，本书研究将结合理论构建和理论检验的方法，深入、全面的对接组织微观惯例与相对宏观的创新行为，从组织惯例基本理论层面出发，包括惯例的构成、形成、演化和作用机理等，深入探索组织惯例与组织创新之间的关系，挖掘组织创新的本质，构建深度组织惯例与组织创新理论，指导更高效的内生驱动型创新组织的构建。

第 3 章

组织惯例构念及其结构模型

得益于组织惯例的再定义和惯例二维观的提出，近年来，组织惯例在组织任务完成以及组织创新和发展中的根本性作用已经得到了广泛的认同，相关研究随之呈现繁荣景象。但组织惯例所代表的集体行为模式由哪些方面构成或组织惯例的具体内容是什么，尚未得以揭示，使得整个研究领域呈现出根基不稳的现状。因此，本章采用扎根理论方法按照开放性编码、主轴编码和选择性编码的路径实现组织惯例构念，分析出各维度之间的相互关系并构建组织惯例结构模型。

3.1　问题提出：为什么要重新构念组织惯例?

组织惯例领域的快速发展得益于惯例再定义和惯例二维观的提出（彭特兰，1994；弗尔德曼和彭特兰，2003）。学者推翻了传统惯例即一般规则或程序的定义，从集体认知及行动范式视角重新将其定义为“多个行动者参与的、重复的、可识别的组织行为模式”（弗尔德曼和彭特兰，2003，P. 96）。同时，研究提出组织惯例二维观，认为组织惯例由启示面（the ostensive aspect）和执行面（the performative aspect）构成，两个维度之间存在互动关系且惯例启示面的核心构成为组织共享基模和共同行动倾向（弗尔德曼和彭特兰，2003；狄奥尼修和祖卡斯，2013）。正是基于对组织惯例基本概念的重新认识，使得组织惯例所具有的认知性、变革性、动态性等属性被挖掘，从而推动了整个领域结束 20 世纪 80 年代以前的“组织惯例代表稳定性与组织创新相对立”尴尬局面，重现繁荣景象，相关研究成果更是层出不穷。

尽管对组织惯例的再定义以及二维观的提出开创了新的研究篇章，但大量研究都忙于证实组织惯例这个几十年来一直被认为是“僵化”“稳定不变”代名词的管理概念的动态性，即采用科学仿真建模方法验证了组织惯例并非是一成不变的，却有意或无意地避开“组织惯例本质是什么”“组织惯例由什么构成”或者“二维观中启示面背后到底是什么”等基本问题，使得组织惯例整个研究领域呈现出根基不稳的现状。为此，本章基于天地华宇定日达惯例、宏康针织订单完成惯例和上海移动投诉处理惯例相关数据，采用扎根理论方法实现组织惯例构念，分析出维度之间的相互关系并构建组织惯例结构模型来深化组织惯例概念及二维观。

3.2　组织惯例构念的理论基础

在组织惯例二维构成观的基础上，狄奥尼修和祖卡斯（2013）从互动视角审视了惯例的构成，基于参与者行动和认知理论构建了组织惯例内生模型，发现组织惯例启示面最为核心的构成是组织共享基模（Shared Schemata）以及基于此形成的共同行动倾向，即参与者在各自完成任务分工的过程中通过互动对组织任务形成共同理解，从而产生一致性行为的倾向性。研究还发现组织规范并不能代表组织惯例，而只不过是组织共享基模的载体（狄奥尼修和祖卡斯，2013）。组织共享基模能够促进组织全体成员对周围环境进行有效解读，对组织任务形成一致的理解，产生共同行动倾向并将持续行动固化为相对稳定的行为范式以提高效率。尽管该研究将组织惯例的概念深化到参与者认知构成层面，但仍未能解答组织惯例的系统构成问题。事实上，有关组织惯例的构念问题仍停留在理论探讨层面，至今缺少可操作定义及结构体系，也未出现相关实证研究系统揭示并加以有效验证。

在组织惯例的集体行动范式再定义及其二维构成观的基础上，学者重点研究了组织惯例的动态性机理。惯例动态性具体体现为惯例如何在受到内外部情境要素影响甚至不受任何干扰的情况下完成自我形成与演化（买忆媛等，2015）。由于这种动态性能够同时产生稳定性和变革性，因此惯例被认为既是稳定又是变化的（弗尔德曼和彭特兰，2003；陈彦亮和高闯，2014）。在此基础上，研究形成了组织惯例动态理论（彭特兰等，2011；邓修权等，2012；李柏洲等，2015）。惯例动态理论揭示了三个主要特征：首先，惯例中的行动是情境化的，即关注行动的情境要素以及行动之间的关系，强调行动是形成社会秩序的有效途径。其次，惯例是努力的结果，强调每个时间、每次执行，情境化行动均要做出努力。最后，惯例中的稳定是暂时的（弗尔德曼和奥利科夫斯基，2011；彭特兰等，2012；米歇尔，2014；达迪里奥，2014；弗尔德曼和彭特兰，2016；贝特尔斯等，2016；科恩迪特和西蒙，2016）。稳定与变化的相互关系是惯例动态性研究的关键。执行面和启示面之间的内生关系具有持续性，能够产生相对稳定性。行动的弹性或变化往往是实现稳定范式的路径。稳定就像走钢丝，通过不断地调整才能达到一致或稳定的结果（祖卡斯和嘉，2002）。惯例的调整则能够再生范式或改变范围。因此，远观惯例，似乎是稳定的，但仔细观察惯例中的行动，其稳定性背后隐藏着动态性。这部分研究尽管采用仿真建模等更科学的方法验证了组织惯例的动态性，也尝试揭示其中的属性特征，但却有意或无意地忽视了对组织惯例内涵或二维观构成的探讨，较为粗略地以记忆、认知甚至行动者或行为等概念来代替组织惯例（林海芬等，2017）。

除了惯例的动态性，基于组织惯例的内涵和构成，研究还关注了惯例与惯例之间的互动关系、惯例对创新的悖论性作用以及惯例对组织的悖论性作用等前沿问题。其中，惯例互动研究指出，惯例存在于一个由多个惯例构成的系统中或惯例以成捆的方式出现（纳尔逊和温特，1982；孙永磊和党兴华，2013）。研究考虑了多层次、相互依存的惯例之间的相互作用问题，识别出惯例之间交叉、互动和相互依赖的路径并探索这种互动关系如何影响组织稳定、变革与创新。研究发现，惯例之间的互动能够产生不可预测的变化并认为这种变化并有利于组织的长期适应，而惯例互动正是源于单一惯例的内部构成（伊等，2016）。惯例对组织创新的悖论性作用研究改变了传统研究将惯例等同于惯例化并从定义层面视惯例为创新对立面的观点，得出惯例复制的不可靠性及惯例组合是新奇性的重要来源（纳尔逊和温特，1982；贝克尔，2004）。如德肯等（Deken et al.，2016）识别出弯曲、拉伸和发明三项惯例作业，任一项或所有惯例作业发生作用均会产生新奇性。索南沙因（Sonenshein，2016）研究了惯例在一系列零售店中产生“熟悉的新奇性”，使得每个店既是唯一又是熟悉的。可见，惯例与创新既对立又统一。此外，惯例对组织发展的悖论性作用得出，组织的生存与发展依赖于范式化和多样化的共存，如新创企业的成功取决于能否在一致性和变革之间保持平衡，而范式化和多样化正是惯例通过二维构成体现出的固有属性，即惯例以能够均衡范式化和多样化两种竞争性压力的方式实现触发（科恩，2007；刘景东和杜鹏程，2015；迪特里希等，2016）。

综上所述，组织惯例领域以不可阻挡之势实现了蓬勃发展，已经从针对惯例内涵、属性和结构等理论探讨上升到关于惯例动态性、惯例互动性及悖论性作用等核心问题的全面系统研究，充分展示了组织惯例在组织管理领域中的重要作用与地位。然而，组织惯例的微观属性及其体现的隐蔽性和复杂性增加了相关研究的难度，也体现出组织惯例的概念界定及构成在整个领域的根本性作用。当前大部分研究急于揭示或证实组织惯例的动态性、悖论性作用等机理，而模糊化组织惯例的基本概念与结构。对此，本书研究从组织惯例的基本结构出发，尝试构建其概念模型，为深化组织惯例研究建立根基。

3.3　研究设计

3.3.1　样本选取：天地华宇、宏康针织和中国移动

由于本章是针对组织惯例基本概念及其结构维度的探索性研究，意味着所研究的对象或企业必须已形成较为稳定的组织惯例。同时，考虑到组织惯例代表组织最微观的属性特征，需要深入完成组织任务的员工及其认知层面才能获得有效数据。因此我们首先经过企业样本筛选，从可获得深入调研机会的企业中选出天地华宇集团有限公司（简称“天地华宇”）、浙江宏康针织有限公司（简称宏康针织）和中国移动通信集团公司上海分公司（简称“上海移动”）三家企业为样本，分别关注天地华宇定日达创新后形成的定日达惯例、宏康针织成立以来形成的订单实现惯例以及上海移动实施变革后形成的投诉处理惯例。

天地华宇是中信产业投资基金管理有限公司旗下的全资公司，是中国公路快运行业的领先企业。于 1995 年创立后，经历了十几年的快速发展期，成为国内物流公路运输的龙头，国家第一批具有“AAAAA”级资质的物流企业。但受经济形式下滑尤其是 2008 年全球金融危机的影响，天地华宇呈现衰退趋势，此后天地华宇开启创新之路，于 2009 年 2 月推出“定日达”创新，建立全新“准时、安全、优质服务”的服务体系，成功规避公路运输企业在

传统物流零担运输市场的低价竞争，开拓天地华宇公路快运高端市场、扭转被动局面、转变盈利模式，形成定日达惯例。

宏康针织是一家专业从事研发和生产毛圈机、罗纹机、刷洗大王等小型针织机械产品的民营企业。成立于2010年3月，通过组织成员之间的有效融合，形成高度凝聚的集体行动倾向性，成功得以在“实力企业不愿做、传统企业做不到”的“高要求、低批量”这一夹缝针织机械市场中立足并逐渐发展壮大。更重要的是，在反复执行任务或完成订单的过程中，任务流程得以不断清晰化，逐渐形成能够确保高效率、高质量完成任务的订单实现惯例。

上海移动是中国移动通信集团下属全资子公司，主要经营上海地区的数字蜂窝移动电话、IP电话、互联网接入业务及相关的信息服务、技术开发、技术服务等业务。近年来，中国移动积极把握“互联网+”带来的良好机遇，深入推进战略转型，加快推进创业布局、创新发展，不断扩大4G领先优势，保持了较好的发展态势。上海移动作为中国移动众多子公司中发展最为迅速的子公司之一，主要得益于上海移动对市场变化敏锐的判断以及内部不断推行组织创新提升运行效率和问题解决能力。由于原有投诉管理制度存在不聚焦、不及时、不闭环等问题，上海移动于2012年通过系统化、流程化手段，让每一层管理人员有针对性的关注并解决相应的问题，实现从“事件→问题→项目→解决”的流程化管理，构建闭环投诉管理体系，实现由被动处理向主动管理转型。此后，基于新的闭环投诉管理体系形成了投诉处理惯例。

三家样本企业的基本情况及其典型惯例描述如表3-1所示。

表3-1　　样本企业基本情况及典型惯例描述

样本企业名称	典型惯例
天地华宇	开展定日达创新后基于全新的“准时、安全、优质服务”的定日达业务形成定日达惯例
宏康针织	创立以来在“实力企业不愿做、传统企业做不到”的“高要求、低批量”这一夹缝针织机械市场中形成能够确保高效率、高质量完成任务的订单实现惯例
上海移动	构建闭环投诉管理体系、实现由被动处理向主动管理转型后针对有效处理投诉过程形成的投诉处理惯例

3.3.2　数据收集

由于组织惯例的载体是组织任务的完成，因此以三家样本企业三个典型惯例对应的组织任务及其参与者为调研对象，分别进行数据收集。同时，基于对组织惯例重复性的认知并尽可能地提高最终构建的理论模型的可靠性和饱和度，本书研究关注同一惯例下多次具体任务的完成过程，体现惯例的动态性。需要说明的是，这里并非如传统惯例研究用显性流程直接替代惯例，而是将完成组织任务的流程视为惯例的直接表现形式，从表象入手，通过扎根研究找出表象的本质。本质上，组织惯例作为集体认知或行动范式的体现，需要深入参与者及其认知层面探索其本质与构成，通过深入访谈才能获取相关信息并提炼出理论，因此本书研究以深度访谈作为获取数据最主要的方式。此外，为满足三角验证，提高研究信度与效度，还通过观察和文档资料进行补充。三家企业相关数据的收集过程独立完成且伴随着扎根理论分析过程的开展持续推进。整理后共获取数据资料十万余字，供扎根理论分析。

1. 访谈

针对天地华宇定日达惯例的前期访谈主要集中在 2015 年 6 ~ 8 月，前后进行了三轮访谈并于2016 年 6 月份做了一次补充性访谈。如表 3 - 2 所示。本章研究的重点是对定日达创新形成的定日达惯例进行构念，因此重点关注定日达任务的完成过程以及该过程中参与者的角色和认知，而非定日达创新的过程和内容。第一轮访谈的时间为 2015 年 6 月 12 日，持续 3.5 个小时，对象为在定日达创新之初成立于天地华宇总部的定日达管理部相关人员，包括定日达管理部负责人、产品管理部经理、产品服务主管等，访谈内容主要涉及天地华宇的发展历程、定日达创新背景、定日达创新内容和实施过程等，目的是了解定日达惯例形成的背景，锁定下一轮调研对象。第二轮访谈的时间为 2015 年 7 月 20 日，持续 3 个小时，对象为定日达任务创新效果较为显著的天地华宇郑州分公司总部相关人员，访谈内容重点关注定日达的任务特点、关键环节和主要流程等，目的是得出定日达任务的具体流程，如图 3 - 1 所示，找出流程中各环节的主要负责人并锁定五项从郑州到济南的定日达任务的完成过程，作为进一步调研的重点。第三轮访谈从 2015 年 7 月 30 日持续到 2015 年 8 月 20 日，每次约 2 个小时，共访谈 40 人次，对象为定日达流程各环节代表性参与者，包括郑州分公司下属郑州 7 二级分公司（门店）、郑州运转中心、定日达场站调度组、定日达车队以及济南分公司下属济南运转中心、七贤庄分公司（门店）的相关人员。访谈主要采用一对一半结构化访谈，内容为定日达任务的完成过程，包括任务分工、任务完成过程影响要素、变化要素、参与者认知等。此外，还多次通过电话和邮件的方式与相关人员进行反复沟通。随着扎根理论分析过程的推进，作者于2016年6月15~20日对参与者进行了一次补充和深化调研，重点了解参与者的认知心理及特点。

表3-2　　　　天地华宇定日达惯例调研访谈对象与时间安排

访谈时间	访谈对象	主要内容	目的
第一轮：2015年6月12日，持续3.5个小时	集团总部定日达管理部相关人员	天地华宇的发展历程、定日达创新背景、定日达创新内容和实施过程等	了解定日达惯例形成的背景，锁定下一轮调研对象
第二轮：2015年7月20日，持续3个小时	郑州分公司总部相关人员	定日达的任务特点、关键环节和主要流程等	得出定日达任务的具体流程，找出流程中各环节的主要负责人并锁定五项定日达任务
第三轮：2015年7月30日到2015年8月20日，每次约2个小时，总共访谈40人次	定日达流程各环节代表性参与者（即惯例参与者）人员	任务分工、任务完成过程影响要素、变化要素、参与者认知等	识别惯例维度和各维度内容构成，完成组织惯例初步构念
补充和深化访谈：2016年6月15日到2016年6月20日	定日达流程各环节代表性参与者（即惯例参与者）	任务完成过程参与者的认知心理及特点	补充扎根理论分析过程所需的信息，使理论架构更为饱和

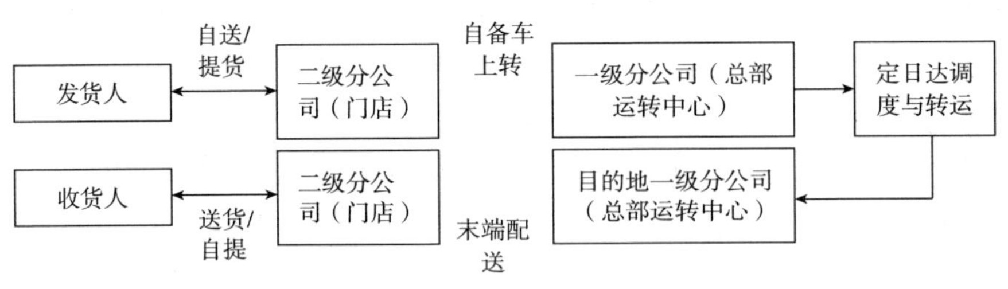

图3-1　天地华宇定日达任务流程

类似地，作者前后对宏康针织进行了四轮访谈如表 3－3 所示。第一轮访谈的对象为公司的两名管理者创始人 A 和 B，A 为公司最大股东，占 51% 的股份，也是公司法人代表和最主要的管理者，B 为第二大股东，占 20% 的股份。访谈时间为 2013 年 10 月 12 日，持续 3 个小时，访谈内容主要涉及宏康针织的成立和发展、公司的主要任务、任务流程、主要环节、各环节主要参与者，目的是识别组织任务流程（见图 3－2）和惯例主要参与者。第二轮访谈时间为 2013 年 10 月 21 日～27 日，访谈对象为各环节主要参与者（包括创始人，如其中一名创始人主要负责图纸设计，另一名创始人主要负责零部件外包），访谈采用半结构一对一的方式，每次时间约为 2～2.5 小时，主要内容为任务分工、个人对组织任务的理解、任务完成过程的情境要素、不同任务完成过程的差异性等。第三轮访谈时间为 2014 年 2 月 15 日，采用集体访谈的方式，对象为组织任务的参与者，持续约 3 小时，访谈内容主要为参与者之间的相互理解和相互行为预期以及对组织任务的共同理解。第四轮访谈为 2016 年 5 月 16 日～19 日，采用一对一半结构化模式，对象为组织任务的参与者，访谈内容为针对创始人提供的近期三项特定订单完成过程进行针对性调研，包括情境要素和心理要素及变化等，补充扎根过程对信息的需求。

表 3－3　　宏康针织订单完成惯例调研访谈对象与时间安排

<table>
<tr><th>访谈时间</th><th>访谈对象</th><th>主要内容</th><th>目的</th></tr>
<tr><td>第一轮：2013 年 10 月 12 日，约 3 个小时</td><td>公司两个创始人</td><td>宏康针织的成立和发展、公司的主要任务、任务流程、主要环节、各环节主要参与者等</td><td>识别组织任务流程和惯例主要参与者</td></tr>
<tr><td>第二轮：2013 年 10 月 21～27 日，一对一访谈，2 到 2.5 小时</td><td>各环节主要参与者</td><td>任务分工、个人对组织任务的理解、任务完成过程的情境要素、不同任务完成过程的差异性等</td><td rowspan="2">初步进行扎根理论分析</td></tr>
<tr><td>第三轮：2014 年 2 月 15 号，集体访谈，约 3 小时，</td><td>各环节主要参与者</td><td>参与者之间的相互理解和相互行为预期以及对组织任务的共同理解</td></tr>
<tr><td>第四轮：2016 年 5 月 16～19 日，一对一访谈</td><td>各环节主要参与者</td><td>针对创始人提供的近期三项特定订单完成过程进行针对性调研，包括情境要素和心理要素及变化等</td><td>补充扎根理论分析过程所需的信息，使理论架构更为饱和</td></tr>
</table>

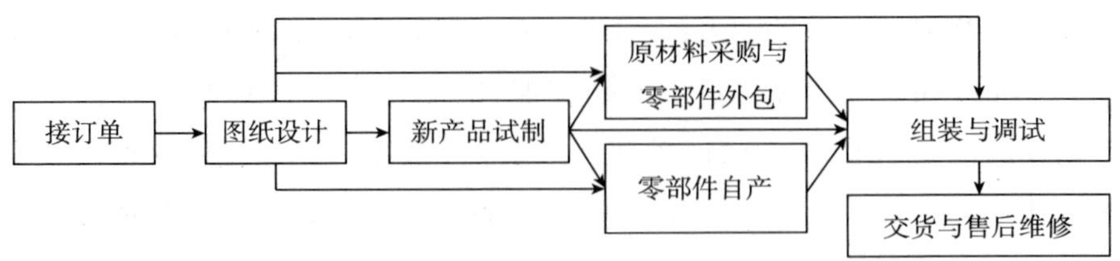

图3-2 宏康针织订单完成流程

在调研上海移动之前，我们通过中国移动集团公司得知上海移动于2012年开展了构建闭环投诉管理系统创新活动。截至2013年底，上海公司的服务效率得到大幅提升，实现了“3天发现问题，1周反应处理，1个月内改善率达到80%”，同时使得上海移动的客户满意度、百万客户申诉率均排在行业首位。近两年，该创新效果呈现出持续性，相关部门包括客服中心、属地分公司、电商中心、视频中心、网络部以及各层级管理者均对完成投诉处理形成了统一的行动范式，即形成了投诉处理惯例。针对上海移动投诉处理惯例的调研过程主要经历了三轮如表3-4所示。第一轮为2015年9月12日，访谈了上海移动总部负责客服和网络建设的副总经理及助理，持续约2小时，内容涉及上海移动的发展状况、上海移动投诉管理系统创新的背景和主要措施、创新后投诉处理的过程，目的是识别投诉处理流程和主要环节（见图3-3）。第二轮为2015年11月13日~25日，访谈了上海移动投诉处理过程各环节的代表性参与者。由于整个过程涉及客户服务部和网络部两个部门，因此分别进行了访谈。访谈采用半结构一对一的方式，每次时间约为1~1.5小时，主要内容为任务分工、个人对组织任务的理解等。同时，从上海移动常见的投诉问题中选出新业务资费及营销问题、基础服务类问题、基本语音资费及营销问题、基础通信类问题、信息安全类问题、集团业务资费及营销问题以及定制终端类问题各5个，进行针对性访谈，关注任务完成过程的情境要素和同类任务完成过程的差异性。第三轮为2016年8月到9月份，进行了补充性调研，主要通过邮件和电话的方式进一步了解投诉处理惯例的主要参与者在任务完成过程中的心理认知情况。

表 3－4　　上海移动投诉处理惯例调研访谈对象与时间安排

访谈时间	访谈对象	主要内容	目的
第一轮：2015 年 9 月 12 日，持续约 2 小时	访谈了上海移动总部负责客服和网络建设的副总经理及助理	上海移动的发展状况、上海移动投诉管理系统创新的背景和主要措施、创新后投诉处理的过程	识别投诉处理流程和主要环节
第二轮：2015 年 11 月 13 日～25 日，一对一，每次为 1～1.5 小时	上海移动投诉处理过程各环节的代表性参与者	任务分工、个人对组织任务的理解，以及任务完成过程的情境要素和同类任务完成过程的差异性	初步进行扎根理论分析
第三轮：2016 年 8～9 月份，邮件和电话的方式	上海移动投诉处理过程各环节的代表性参与者	在任务完成过程中的心理认知情况	补充扎根理论分析过程所需的信息，使理论架构更为饱和

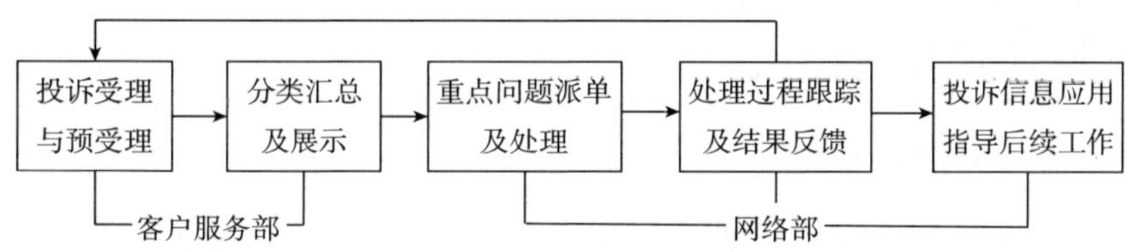

图 3－3　上海移动投诉处理流程

2. 观察

在每次实地调研过程中，作者均观察了各公司的实际运作情况，包括天地华宇定日达产品的装卸货过程、宏康针织丝袜机的试装和测试过程、上海移动客户部关于新业务资费投诉的处理过程等，关注员工在完成任务过程中的表现、互动情况和情境要素并做了详细的记录。同时，充分利用缝隙时间如食堂用餐时间、午间休息时间或下班休息时间与惯例的参与者开展相对随意的交谈，获得更为详细的信息。

3. 文档资料

天地华宇的文档资料一部分由研究团队成员之一在该公司实习期间从其办公自动化系统中直接下载，包括定日达任务完成量和完成情况指标及评价信息等；另一部分由定日达管理部和郑州分公司综合办公室提供，包括公司介绍、定日达创新过程和效果评价资料、公司制度与规章、定日达业务培训资料等。宏康针织的文档资料主要由公司行政办公室提供，包括公司介绍及产品宣传册、公司管理制度与规章、典型产品结构及主要零部件构成、员工名单等。上海移动的文档资料一部分从其客户服务信息平台直接获取，包括投诉问题的分类和处理情况；另一部分由分公司综合办公室和客户服务部行政办公室提供，包括投诉闭环管理系统创新的内部评审资料、效果评价资料、投诉管理制度与相关处理规定等。文档资料一方面有助于更完整了解样本企业及样本惯例的背景和现状；另一方面则间接为组织惯例构念提供了重要的补充与支撑。

3.4 扎根理论分析过程

借鉴斯特劳斯和科尔宾（1990）提出的扎根理论编码步骤和技术，本书研究按照开放性编码、主轴编码和选择性编码三个阶段进行实质性编码并在此基础上进行理论编码。

3.4.1 开放性编码

开放性编码是指将大量通过访谈、观察和文档资料等方式获取的数据经过初步整理后形成的记录加以逐级缩编，通过发现概念与范畴并予以命名来正确反映资料内容，并把资料记录以及抽象出来的概念彻底打碎、分类重组并重新整理和归纳的过程，旨在实现资料记录的逐步概念化、范畴化和收敛化（斯特劳斯和科尔宾，1990）。为确保编码结果的可靠性与有效性，本书研究的访谈与开放性编码同步进行，每轮访谈结束后便开始对资料进行整理与编码，然后才开始下一轮访谈。同时针对三家企业均做了补充性访谈，以提升编码结果的可靠性。针对三家企业的调研原始资料记录独立进行了标签化和初步概念化处理（见表3-5、表3-6和表3-7），进一步概念化和范畴化合并进行。a表示对原始资料的直接标签化，aa则表示对标签化的初步整理，此时并未将所有标签彻底打乱，而是相近整合，如初步概念aa1运行模式稳定化来自对标签a1和a3的初步整合。

表 3 – 5　天地华宇定日达惯例初步概念化举例

<table>
<tr><th rowspan="2">内容来源</th><th colspan="2">调研原始资料记录标签化</th><th colspan="2">初步概念化</th></tr>
<tr><th>调研原始资料记录</th><th>标签码</th><th>概念码</th><th>初始概念</th></tr>
<tr><td rowspan="14">管理者描述记录</td><td>自 2009 年公司开展定日达创新以来，经过全体员工的共同努力，这几年我们在定日达业务方面已经形成了相对稳定的运行模式，</td><td>a1</td><td colspan="2" rowspan="14">aa1 运行模式稳定化　(a1，a3)
aa2　业务流程规范化(a2，a12)
……
aa6　专业化管理(a8，a9)
aa7 制定针对性政策与制度(a10，a11)
……
aa16 每次任务具有差异性(a25)
aa17 统一高标准(a26)
……
aa21 员工对标准形成统一认知(a32)
aa22 员工之间团结一致(a33)
aa23 员工行为一致(a34，a35，a61)
……</td></tr>
<tr><td>业务流程越来越规范化和标准化，</td><td>a2</td></tr>
<tr><td>……定日达在整个公司的业务中已占据主导地位，新体系运行也步入正轨，</td><td>a3</td></tr>
<tr><td>……专门针对定日达业务成立的定日达管理部，</td><td>a8</td></tr>
<tr><td>不仅能够全权负责处理定日达的相关业务，</td><td>a9</td></tr>
<tr><td>还制定并向集团相关部门提交了有关定日达的一系列政策建议，</td><td>a10</td></tr>
<tr><td>包括绘制定日达流程图，制定定日达业务品质管理建议、申诉规范和品质检查及考核建议、定日达员工及路区考核制度以及门店考核和激励建议等，通过集团管理者决议，成为正式文件，</td><td>a11</td></tr>
<tr><td>规范了定日达业务的运行与管理……</td><td>a12</td></tr>
<tr><td>尽管每次定日达承载的物品在属性方面存在差异性，</td><td>a25</td></tr>
<tr><td>如电子产品与家具类产品对货物包装、湿度以及装卸货的要求不同，但都以“准时、安全、优质服务”的标准完成，</td><td>a26</td></tr>
<tr><td>更重要的是，定日达标准已经深入到每一位员工的心里，</td><td>a32</td></tr>
<tr><td>公司上下团结一致，</td><td>a33</td></tr>
<tr><td>实现公司服务质量的根本性改善，甚至带动了公司零担业务服务质量的提升。</td><td>a34</td></tr>
<tr><td>客户对我们的服务越来越满意……</td><td>a35</td></tr>
</table>

续表

内容来源	调研原始资料记录标签化		初步概念化	
	调研原始资料记录	标签码	概念码	初始概念
门店包装员描述记录	回想定日达创新之初，觉得难度非常大，现在却发现一切都那么自然。	a50	aa32 对新任务形成认知（a50） aa33 任务分工明确（a51，a67，a79，a120） aa34 受任务要求和规定影响（a52，a53，a68，a146） aa35 员工对任务分工形成一致认知（a54） aa36 内部员工之间形成默契（a55，a61） …… aa39 受公司任务标准的影响（a62，） …… aa42 环节之间存在互动（a66，a85，a103） aa43 每次操作存在差异性（a69，a87） aa43 每次任务差异（a70） aa44 行为一致且规范（a71，a92，a145） aa45 员工行为倾向一致（a72） ……	
	我和我的同伴主要负责定日达产品的包装，	a51		
	公司对于定日达产品的包装有一系列明确的要求和规定，	a52		
	刚开始总是想蒙混过关，怕影响进度，毕竟那时候我们靠数量拿奖金，现在就不用怕了，我们经理反复强调服务质量是关键，	a53		
	我们团队对于装卸货已达成了一致的认识	a54		
	且相互之间非常有默契	a55		
	……事实上，公司上下都这么做……	a61		
	努力让定日达服务达到公司制定的标准	a62		
	每次任务到达之前，我们的上一环节收货员和验货员会将货物记录一起给我们，进行交接，	a66		
	我们再根据货物的属性进行归类，	a67		
	针对不同的产品有不同包装要求，	a68		
	因此在操作过程当中也存在差异，	a69		
	服装产品的包装除了满足大小规格的影响，主要考虑防潮……电子类产品主要考虑易损问题	a70		
	……但我们对于每一个细节的要求和把握是一致的，	a71		
	都一样用心做到最好……	a72		

续表

内容来源	调研原始资料记录标签化		初步概念化	
	调研原始资料记录	标签码	概念码	初始概念
运转中心理货员描述记录	……货物从各门店上来以后,我们与门店送货员之间会进行简单的交接,主要由他们向我们传达有关货物特殊性的信息并给我们货物记录单。	a103	aa77 aa78 …… aa81 aa82 …… aa87 …… aa92 aa93 …… aa97 ……	不同环节员工之间形成默契(a104) 不同环节员工之间相互信任(a105) 不同环节员工之间相互依赖(a112) 不同环节员工之间相互传递信息(a113) 了解连接环节的任务分工(a121) 对任务分工认知明确(aa36) 对责任认知清晰且一致(a131) 任务存在差异性(a147,a148)
	我们之间(与上一环节参与者)已经形成了默契,	a104		
	交接过程简单明了并不会因为怕承担责任的问题而隐瞒或欺骗	a105		
	……尽管信息系统里已有货物的信息,但这种交接还是很重要的,	a112		
	特别是对于客户的某些特殊要求我们能够及时获知……	a113		
	我们团队(理货员团队)的任务是重新对货物进行分类和扫描,	a120		
	并将特殊包装的任务分配给下一环节,以便于进入调度和长途运输环节	a121		
	……就我们团队内部来说,每次收到任务,我们组长不管把任务分给谁,都会很努力地去完成,	a130		
	我们很清楚自己的职责,我们是定日达整个流程中很关键的一步,不可以掉链子	a131		
	……您(作者)提到的五项具体任务,对我们来说,处理流程是一样的,	a145		
	都是按照公司的规定严格执行,	a146		
	但货物属性不同我们会把它们分到不同的类别里,在录入的时候系统要求有不同的操作,	a147)		
	这样做的目的是为了分类包装,如易碎品需要特殊铁笼包装和运输……	a148		

续表

内容来源	调研原始资料记录标签化		初步概念化	
	调研原始资料记录	标签码	概念码	初始概念
目的地门店送货员描述记录	……定日达规定实施后，不仅对时间的精确度提出了很高的要求，为确保货物安全送达还要仔细检查提货人的提货密码和有效证件，公司要求差错率控制在 0.08% 以内……	a184	aa108 ……	任务分工明确(a184)
	我们公司做的大多是要附加值较高的产品，不能像一般的快递送货，往物业或是周边的商店一扔就完事	a188	aa111 ……	对任务的特殊性认知清晰(a188)
	……对于定日达提出的一系列新要求刚开始并不适应，但现在已经习惯了，	a192	aa113	熟悉标准和流程(a192)
	公司对我们进行了多次培训，并且制定相关手册指导我们进行操作，	a193	aa114	受任务手册影响(a193)
	更重要的是，我们的考核标准不再是送货量，而是包括差错率、客户满意度等指标，	a194	aa114 ……	受新考核和工资制度影响(a194，a195)
	工资也不仅是根据送货量提成，还设置了定日达系数，其中就包含送货完成质量……	a195		
	客户对我们的服务非常满意，除了严格按照定日达的送货标准完成，主要是我们的上几个环节对物品的包装、运输、装卸等都做的很好，确保了物品的完好无损且按时按点，不耽搁	a200	aa118 ……	各环节行动一致(a200)
	……公司最后测算出来的定日达系数，对于所有参与完成定日达任务的员工是共享的，也就是说，该系数影响所有人的利益……	a205	aa119 ……	各环节目标一致(a205，a335，a430，a438)

续表

内容来源		调研原始资料记录标签化		初步概念化	
		调研原始资料记录	标签码	概念码	初始概念
观察和文档资料记录	场景8	由于天气原因，高速公路运输速度受限，定日达货物达到青岛公司的时间超过了预期设定的时间点	a422	aa261 aa262	环境因素变化(a422) 环境因素变化导致意外情况(a423)
		货物到达门店后，离定日达承诺的送货时间只有一个多小时……	a423	……	
		司机下车后，并没有因为自己的任务已经完成就离开，而是加入了卸货和检货环节，	a430a431	aa268	连接环节之间紧密相连(a430)
		还一再嘱咐其他员工："这批货都是电子产品，价值高，容易损坏，大家要特别小心！"司机之所以对产品信息了如指掌则是源于上一个环节一级分公司检货员的特意交代……	a432 a433	aa269	连接环节之间存在互动(a432，a433，a438)
		门店其他负责包装、理货的人员也加入卸货和检货中	a438	aa270	参与者对任务的理解一致(a443)
		……现场井然有序，且所有人员都动作娴熟，毫不马虎，严格按照定日达的标准作业……	a443a444	aa271	受组织标准的影响(a444)
	文档资料10	公司制定并实施了新的路区经理、门店及员工的业绩和奖金制度	a512	……	
		如新的门店员工奖金制度为"奖金=(个人奖金基数×产值折扣×ABCD 系数+非整车超产奖)×定日达系数+到货奖+投诉扣罚+整车奖+涨尺涨称扣罚"，增加了定日达系数，	a513	aa320 aa321	制定新制度(a512) 新制度与新任务挂钩(a513，a514)
		到货奖和投诉扣罚中增加了定日达业务的比重……	a514	……	
		与以往的制度相比，在定日达业务中，整个流程是一个整体，如针对"差错率低于0.08%，严重货损率低于0.8%，货损修复率高于95%"的指标，一旦未能达标则追究整个流程的责任，若达标则各个环节都能得到奖励……	a520	aa326 ……	新制度引导所有环节的行动(a520，a521)
		奖金计算公式中的到货奖、投诉扣罚、整车奖和涨尺涨称扣罚都是在定日达流程各环节之间按比例分配……	a524	aa328 ……	新制度强调流程的整体性(a527)
		新考核模式将整个流程捆绑在一起……	a527	(共计 442 个标签)	

注：截取部分零碎片段作为例证。

表 3－6　　宏康针织订单完成惯例初步概念化举例

内容来源	调研原始资料记录标签化		初步概念化	
	调研原始资料记录	标签码	概念码	初始概念
管理者描述记录	……针织机器行业这几年受经济形势影响非常大，行业内每年都有大批企业扛不住压力倒下了，我们公司规模小，历史短，但是非常幸运还活着，我想其中最根本的原因是公司全体成员团结一致，	a681	…… aa461 aa462 …… aa465 aa466 aa467 aa468 …… aa473 aa474 aa475 aa476 aa477 …… aa481 aa482 aa483	 员工高度凝聚（a681） 目标一致（a682） 目标明确（a686） 形成理念（a687） 员工对公司理念认知深刻（a688） 员工对公司理念认知一致（a689） 订单过程规范化管理（a678，a679） 任务分工明确（a680） 员工沟通交流自由（a701） 每次任务存在差异性（a702） 员工互动频繁（a703） 制定质量手册（a709） 制定任务要求和标准（a710） 制定例会制度（a711）
	为了共同的目标在努力和坚持，	a682		
	……由于这个市场两极分化严重，实力大企业主要做高技术批量生产，传统大量家族企业由于技术实力不强，主要提供低技术要求的低价位产品，而我们的目标是满足“实力企业不愿做、传统企业做不到”的“高要求、低批量”这一夹缝市场的需求。	a686		
	因此，我们提出公司的生产理念是“以最先进的设计、最细致的生产和最贴心的服务创造每一台机器”，	a687		
	所有员工从进入公司那一刻起就要把这个理念牢牢记在心里，	a688		
	事实上，他们的一言一行都体现出我们的理念，	a689		
	这也是我们的产品能够得到客户高度评价的根本原因	a690		
	……	……		
	为有效完成每一笔订单，我们将订单过程进行规范化管理，	a698		
	划分为接订单、图纸设计、新产品试制、零部件生产与采购、组装、产品调试以及交货与售后等具体环节，	a699		
	并且在每个环节都指定了负责人。	a700		
	我们公司提倡一种相对自由宽松的沟通交流氛围，	a701		
	由于每个客户对产品的要求都不一样，	a702		

续表

内容来源	调研原始资料记录标签化		初步概念化	
	调研原始资料记录	标签码	概念码	初始概念
管理者描述记录	几乎每个环节都需要尝试和讨论，经常可以看到不同工种、不同环节的员工聚在一起	a703		
	……	……		
	针对订单完成过程，我们制定了详细质量手册，	a709		
	且针对每一个环节的作业制定具体的要求和标准，	a710		
	制定严格的例会制度，每周一上午进行质量问题反馈和讨论，	a711	aa484	制定人事制度（a712，a718）
	而且我们形成了完善的绩效考核和员工管理制度，	a712	……	
	……	……	aa491	公司运行稳定（a719）
	不单是用来约束员工行为，更重要的是激励他们……即便受到用工荒的影响技术工人的招聘较为困难，但公司在招聘和培训员工过程仍坚持高要求	a718		
	……虽然整个行业员工流动率非常大，但我们公司的情况却比较稳定，这也是订单完成的保障	a719		
	……	……		
负责零部件自产的员工描述记录	……零部件自产是一个中间环节，我们不仅要与前面的产品设计和原材料采购员沟通，还要与后面负责组装和调试的人员进行互动，才能让生产出来的零部件与各类机器相匹配……	a762	aa550	环节互动频繁（a762，a782）
	不同的机器对自产零部件的要求不同，哪怕同样是袜机每次客户的需求也不一样	a773	……	
			aa558	任务存在差异性（a773）
	都需要调整，但是我们的原则是一样	a774	aa559	员工认知稳定且一致（a774）
	我们始终坚持做到最好，而且我们员工确实有能力，积累了相关技术……	a775	aa560	员工技术积累与技术（a775）
	在为越南客户生产 6F 袜机的时候，我们自产的双层机架是一个关键的零部件，我们跟设计员和组装师傅前后讨论并试制了一个多月	a7872	……	
	反反复复考虑了所有零部件的有效摆放和连接问题，尤其是电机、变压器的装备，最后才做出来	a783	aa564	任务完成的专业性（a783）
			……	

续表

内容来源	调研原始资料记录标签化		初步概念化	
	调研原始资料记录	标签码	概念码	初始概念
订单完成过程记录整理	……文档资料4(单小时400m产量卫生巾全自动化成套设备):……当时国内市场上普遍的机器都是单小时100m,因此要提高产量必须整体改进机器,而成套设备的结构和工艺甚至更为复杂……	a921	aa670 …… aa678 …… aa681 …… aa687 …… aa689 ……	任务差异性(a921) 任务分工明确(a930,a934) 环节之间互动(a935,a942) 各环节目标一致(a943) 任务顺利完成(a946) (共计379个标签)
	客户同意给三个月时间设计和试制,在此期间,设计师张华(创始人之一)和负责新开品试制的王师傅查阅了国内外大量生产卫生巾的机器和设备,全方位了解这类产品的特点和结构,走访了江苏金卫机械等多家专业厂家,并购买了两台不同型号的机器进行反复拆装试验……	a930		
	张华根据机械原理重新设计了整体构成和各零部件的有效组合,然后直接向各环节的负责人解读设计方案	a934		
	并一起探讨原材料需求以及对自产和外包零部件的要求 ……	a935		
	初步准备就绪后,进入组装和调试环节,这个过程反复进行了几十次,几乎各环节的负责人包括负责设计、新产品试制、原材料采购和零部件外包、零部件自产的师傅都参与其中	a942,a943		
	逐步改进和提高……最终将产量约单小时400m的样机按时交给了客户,后续完成了26台机器的订单	a946		

注:因为编码过程内容非常多,只能展示一部分

表 3－7　上海移动投诉处理惯例初步概念化举例

内容来源	调研原始资料记录标签化		初步概念化	
	调研原始资料记录	标签码	概念码	初始概念
管理者描述记录	……我们负责的是投诉处理的第一环节，也是投诉处理闭环的起点，大部分基本语音资费、新业务资费和基础服务类问题我们都能够处理，及时给投诉客户满意的答复	a1104	aa822 …… aa824 …… aa828 aa829 aa830 aa831 …… aa833 …… aa853 ……	任务分工明确（a1104，a1135） 任务分工专业性（a1106） 每次任务的差异性（a1112） 不同任务参与者的差异性（a1113） 参与者对组织任务认知一致性（a1114） 参与者行动一致（a1115，a1136） 相连环节之间存在互动（a1119，a1147） 每次任务背景差异性（a1179） （共计 198 个标签）
	……还有部分投诉可以利用知识库提高一次解决率……	a1106		
	尽管客户投诉问题多种多样，甚至每个人对问题的描述都不一样	a1112		
	不同的员工可能做出不同的解答	a1113		
	但我们都想解答客户的疑问，给他们最好的体验	a1114		
	我们会对问题进行分类，针对性的解答……	a1115		
	对于我们无法做出解答的，如涉及信息技术的安全问题、定制终端问题等，我们在收到投诉后第一时间将问题描述传递到下一环节，即负责问题分类汇总及展示的相关人员……	a1119		
	……我们的任务是对问题进行精准分类，实现同类合并对投诉问题排序、显性化展示，快速识别重点问题，以便进行批量处理，这样可以大大节约投诉处理时间且处理地更专业……	a1135，a1136		
	我们的下一环节在收到我们传递的重点问题后，及时进行派单，落实具体责任人对相关投诉问题进行处理，并且对整个进度进行全程监控，及时回复客户……	a1147		

表 3-8　开放性编码过程

<table>
<tr><th>初步概念化</th><th>概念化</th><th>范畴化</th></tr>
<tr><td>aa1 运行模式稳定化(a1,a3)
aa2 业务流程规范化(a2,a12)
aa3 任务完成高效率(a4)
aa4 任务参与者积极主动(a5)
aa5 任务流程清晰(a6)
aa6 管理专业化(a8,a9)
aa7 制定针对性政策与制度(a10,a11)
……
aa21 员工对标准形成统一认知(a32)
aa22 员工之间团结一致(a33)
aa23 员工行为一致(a34,a35,a61)

aa16 每次任务具有差异性(a25)
aa17 统一高标准(a26)
……
aa21 员工对标准形成统一认知(a32)
aa22 员工之间团结一致(a33)
aa23 员工行为一致(a34,a35,a61)
……
aa32 对新任务形成认知(a50)
aa33 任务分工明确(a51,a67,a79,a120)
aa34 受任务要求和规定影响(a52,a53,a68,a146)
aa35 员工对任务分工形成一致认知(a54)
aa36 内部员工之间形成默契(a55,a130)
……
aa39 受公司任务标准的影响(a62,)
……
(共计 844 个初始概念)</td><td>A1 任务流程规范(aa1,aa2,aa5)
A2 流程管理专业(aa6,aa8,aa9)
A3 制定政策与制度(aa7,aa12)
……
A10 任务标准统一(aa17,aa18,aa19)
A11 任务分工明确(aa33,aa184……)
……
A17 参与者对组织任务的认知一致(aa50,aa131……)
A18 参与者对标准认知一致(aa21,aa37,aa192,aa443)
……
A21 参与者之间具有高度凝聚力(aa22,aa44,aa461)
A22 参与者行动一致(aa23,aa61,aa85)
……
A28 参与者默契(aa36,aa77,aa95)
A29 参与者互动频繁(aa42,aa49……aa475)
……
(共计 126 个概念)</td><td>AA1 流程规范(A1,A2,A9,A30 等)
AA2 制度规范(A3,A4,A15,A35 等)
AA3 标准规范(A10,A12,A58 等)
AA4 分工明确(A11,A14,A39 等)
……
AA7 任务认知(A17,A19 等)
AA8 制度认知(A18,A55 等)
AA9 高度凝聚(A21,A24,A45 等)
……
AA11 行动一致(A22,A23,A55 等)
AA12 默契配合(A28,A69,A82 等)
AA13 互动交流(A29,A30,A34 等)
……
AA16 任务差异(A36,A38,A40 等)
AA17 情境差异(A43,A73 等)
……
AA19 知识存储(A81,A84,A92 等)
……
(共计 23 个范畴)</td></tr>
</table>

分别对来自三家样本企业的原始调研资料进行初步概念化后，对所获得的 1019 个初始概念进行重复性剔除后得到 844 个初始概念，被剔除后的概念为空号。对这些初始概念进行初步合并和无效剔除，得到 126 个有效概念和 23 个范畴如表 3－8 所示。其中有效概念来源于对初始概念的合并，如概念 A1 任务流程规范是在合并了 aa1 运行模式稳定化、aa2 业务流程规范化和 aa5 任务流程清晰等初始概念后获得的有效概念，A2 流程管理专业则是在合并了 aa6、aa8 和 aa9 等初始概念后获得的有效概念；范畴则是在彻底打乱所有有效概念的基础上重新进行分类整理和归纳而获得的，如范畴 AA1 流程规范是对 A1 任务流程规范、A2 流程管理专业以及 A9 和 A30 等多个有效概念进行归类和提炼后得出的。

3.4.2　主轴编码

主轴编码指将各相对独立的范畴联系起来，发现和建立各范畴之间的潜在联系。具体来说就是指通过运用“因果条件→现象→脉络→中介条件→行动/互动策略→结果”的编码范畴，将开放性译码中得出的各范畴联结在一起（斯特劳斯和科尔宾，1990）。因此，我们对开放性编码得到的概念和范畴进行重新归类，逐个详细分析，最后得到 8 个主要范畴，分别为执行异动、显性规范、资源储备、专业提升、共同理解、角色扮演、行动协同和共同倾向。各主范畴对应的具体范畴和意义如表 3－9 所示。

表 3－9　　主轴编码形成的主范畴

主范畴	对应范畴	范畴内涵
执行异动	任务差异	每次组织任务都存在差异
	情境差异	每次执行任务的时间、地点、氛围、气候等情境要素不尽相同
	员工差异	每次执行任务的员工或员工个人要素存在差异
显性规范	制度规范	组织针对任务的执行形成一套完善的考核、监督、人员管理、薪酬等方面的规章制度
	流程规范	组织针对任务的完成形成完整的流程体系，并对每个环节做出有效界定
	标准规范	组织针对任务完成的结果以及每个环节任务完成的质量形成统一的标准或参照
	分工明确	组织对任务每个环节参与者的职责进行明确的分工

续表

主范畴	对应范畴	范畴内涵
资源储备	知识存储	个体参与者在反复执行任务过程中不断进行知识的积累和储存,形成知识库
	技能存储	个体参与者在反复执行任务过程中不断进行技能的积累和储存,形成技能库
	网络构建	参与者在反复执行任务过程中不断进行社交网络构建及网络资源积累
专业提升	经验积累	个体参与者在执行任务的过程中实现经验积累
	效率增强	个体参与者在执行任务的过程中不断提升处理问题的效率
共同理解	文化认同	各环节参与者对组织文化形成共同认知
	任务认知	各环节参与者对组织任务、任务标准、任务目标形成共同认知
	制度认知	各环节参与者对组织规范和制度形成共同认知
角色扮演	任务互赖	各环节任务之间相互依赖
	行动互赖	各环节参与者之间相互依赖
	互动交流	各环节参与者之间为更好地完成组织任务进行频繁的显性或隐性沟通、交流与互动
	行为预期	各环节参与者能够领悟其他环节参与者尤其是紧密相连的参与者的认知并预测他人行动
行动协同	高度凝聚	各环节参与者之间形成高度凝聚力,为组织任务的完成共同努力,协同一致
	默契配合	各环节参与者在执行组织任务的过程中形成默契,相互配合
共同倾向	行动规范	各环节参与者的行动均受组织文化、理念、任务标准和制度等因素的影响,而保持规范性
	行动一致	各环节参与者能够在相互行为预期的基础上采取一致性行动

3.4.3 选择性编码

扎根理论分析实质性编码的第三阶段是选择性编码，即进一步系统地处理范畴与范畴之间的联系，在所有已发现的范畴中通过描述现象的“故事线”来梳理和挖掘出能囊括最大多数研究结果、起到提纲挈领作用的核心范畴并发展出系统理论（斯特劳斯和科尔宾，1990）。通过对开放性编码和主轴编码抽象出的23个范畴和8个主范畴继续进行深入剖析并结合背靠背编码提升结果的可信性和有效性，组织惯例这一概念的逻辑结构自然浮现，即组织惯例可能是组织任务的参与者在差异性条件下反复执行组织任务的过程中（执行异动），在组织层面逐渐形成各种组织规范（显性规范），在参与者集体层面形成共同理解和有效角色扮演（共享基模）并产生共同、协调性行动倾向（共同行动倾向），同时在个体层面实现知识与技能存储与增长以及专业提升（专业能力）。本章研究中选择性编码过程如图3－4所示。形成组织惯例概念结构的故事线可概括为，组织惯例由执行异动、显性规范、共享基模、共同行动倾向和专业能力五个维度构成，其中执行异动表示组织任务及其执行的变化性，体现出组织惯例的动态性，而显性规范、共享基模、共同行动倾向和专业能力均表示指导组织任务执行的显性及隐性规范与认知，体现出组织惯例的稳定性。

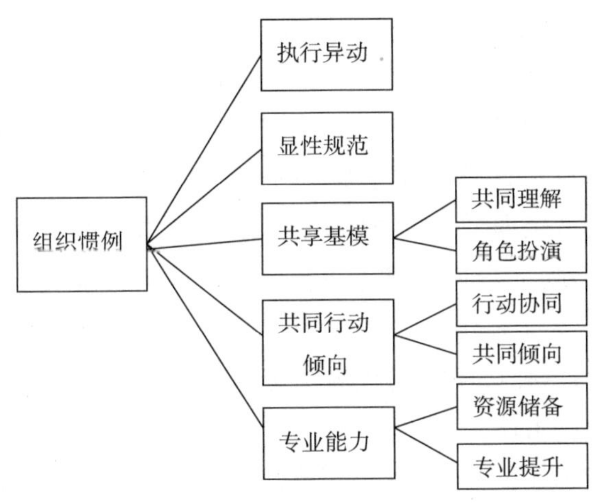

图3－4　选择性编码过程

3.5　组织惯例概念模型构建

结合组织惯例的二维观及动态性研究，即组织惯例由执行面和启示面构成而两者的互动是组织惯例动态性产生的根源，考虑上述实质性编码得出的组织惯例五维度，我们进一步梳理维度之间的关系并构建组织惯例的概念模型，如图3－5所示。组织惯例的五个维度构成中，执行异动相当于二维观中的执行面，代表组织惯例参与者在特定情境下执行特定任务时的具体表现，体现出惯例的即兴属性，也体现出惯例差异性的根本来源，即当参与者在执行差异性任务过程中，受到差异性情境的影响，加上参与者自身要素在不同情境下的差异性展示，为组织惯例的动态性提供了源泉。显性规范、共享基模、共同行动倾向和专业能力则构成组织惯例的启示面，尽管已有研究反复强调组织惯例属于集体层面的概念（弗尔德曼和彭特兰，2003），但本书研究认为组织惯例是组织层面、集体层面和参与者个体层面共性的共同体现。具体来说，显性规范代表组织惯例启示面在组织层面的体现，包括制度规范、流程规范、标准规范和分工明确等方面，代表传统组织惯例理论对组织惯例最为狭隘的理解，但无疑也是组织惯例构成中不可或缺的部分。共享基模和共同行动倾向代表组织惯例启示面在集体层面的体现，是启示面最为核心的构成部分，这与狄奥尼修和祖卡斯（2013）提出的组织惯例启示面最核心和最本质的构成为参与者对组织任务形成共同理解并基于此产生共同行动倾向的观点一致，同时也体现了弗尔德曼和彭特兰（2005）将组织惯例界定为集体行动范式的内涵。专业能力则代表组织惯例启示面在参与者个体层面的体现，已有研究在界定组织惯例的时候往往只关注集体层面或组织层面，但不可否认个体参与者一直都是组织惯例研究的主体或突破口，如艾贝尔等（2008）认为行动者是理解组织惯例的先决条件，尤其是行动者的动机和技能直接影响惯例的形成，因而强调行动者是组织惯例的微观基础。有关组织动态性的研究甚至认为个体参与者的心理特征或认知能动性是揭开惯例谜团的关键，如参与者共享心智模式的程度决定组织内在工作动机和任务承诺，从而影响组织行为范式的产生及惯例的形成以及组织绩效，行动（显性）和记忆（隐性）之间的动态互动关系决定惯例的效能等（威特，2011；米勒等，2012）。但这些研究均未将个体层面纳入组织惯例的概念范畴，或者说，未在组织惯例的概念体系中体现个体层面的基础性作用，而本书研究则认为个体层面在反复执行任务的过程中实现资源储备和专业提升，从而强化个体专业能力是组织惯例启示面的基本构成。

基于组织惯例二维观的组织惯例动态性研究强调执行面与启示面之间的互动关系并认为两者的互动是惯例动态性甚至组织创新变革的根源，但研究主要强调惯例执行面与启示面的集体层面之间的互动，即反复执行的结果导致集体认知或行动范式的改变，而启示面或改变后的启示面则进一步指引参与者执行下一个组织任务（狄奥尼修和祖卡斯，2013）。执行异动对启示面的影响具体体现在三个方面：首先，影响启示面的集体层面构成，即共享基模和共同行动倾向。共享基模的形成源于参与者在执行任务过程中存在互动沟通并基于此形成有效的角色扮演，即能够对他人尤其是任务紧密相连的其他参与者的行为或意图进行有效预测和内化，实现从他人的视角审视自我，最终保持个体认知与集体认知的统一以及个体行动流与集体行动流的统一（威特，2011）。共享基模作用的结果便是产生共同行动倾向，即参与者在对组织任务和情境形成共同理解以及相互协同性行为预期的基础上相互之间配合默契，形成高度凝聚力，从而对组织任务产生一致性联合行动的倾向性。可见，共享基模和共同行动倾向的基础均是执行过程中的有效互动和角色扮演，而互动范式和角色扮演无疑会在执行异动中逐渐调整，从而影响启示面的集体层面的改变。如宏康针织的订单完成惯例中，尽管每个订单完成的流程相似，但客户对每个订单的需求并非完全一样，即存在显著的任务差异，如东南亚某客户的 20 台高产量衣领机订单对换色、接缝、针数、边缝都提出了特殊的要求，非洲某客户的订单为一批生产卫生巾的全自动化成套设备且要求单小时 400 米产量等。尽管如此，各环节的参与者在按照流程反复完成订单的过程中通过互动和角色扮演逐渐对“用最好的技术、最高的质量创造每一台针织机器，满足实力企业不愿做、传统企业做不到的高要求、低批量”这一夹缝市场的核心组织任务形成共同认知，即对组织任务形成共享基模（林海芬等，2015）。在形成共享基模的基础上，组织任务的参与者采取了一致性行动，即严格把握各自所在环节的质量，确保针织机械产品从接订单到最后交货和售后服务的高质量。其次，执行异动会促使组织层面显性规范的改变，即在差异性任务执行过程中，对制度规范、任务流程、任务标准以及任务分工等方面均会提出新的要求，促使组织对显性规范做出调整或创新。如天地华宇的定日达惯例除了任务差异即每次定日达产品不同，还表现出显著的情境异动，即在每次完成定日达产品运输过程中气候条件、运输环境、路况等要素均不同，但反复执行的结果则对天地华宇的显性规范进行了修正，如形成了全新的基于定日达业务的品质管理制度，对差错类问题、异常签收问题、丢货类问题等品质问题均作出了详细规定，同时制定出申诉规范和品质检查及考核制度，以及各类人员的考核制度，包括事业部层级考核制度、大区层级考核制度、路区考核制度以及门店考核制度等。最后，执行异动还会促进个体层面专业能力的改进或提升，即对个体参与者的知识、技能、效率和资源等提出新要求，促使个体参与者的认知发生改变并促进个体资源储备的增强以及专业能力的提升。比如宏康针织的设计师在反复完成无缝袖口、帽子、围巾以及各类新产品的过程中不断积累设计经验，提升设计能力，在产品外观、实用新型等方面申请了多项专利（如专利号 201130031449、201320265273 等），还设计出发圈机（HC - M3000）、海绵擦机（HC - 3000）、直筒换色袜机（HC - M4000）等新产品，实现了由电动改气动、增加卡针自停装置、全封闭钣金箱体造型等创新。

相比较于执行异动对启示面的影响，启示面对执行异动的影响更为明显，即组织层面、集体层面及个体层面惯例启示面均会对惯例执行过程及结果产生影响。首先，组织层面启示面直接规范惯例的执行。如天地华宇围绕“定日达”准时、安全、优质服务的价值需求制定的“定日达”的标准，包括长途车发车时间晚 1 分钟都算晚点，在 6 个小时内完成最大载货量的装卸，所有定日达车辆均安装 GPS 并实行 24 小时全程监控，设立定日达专用库区从而使货物差错率控制在 0. 08% 以内，服务时间达标率设为 95% 以及服务票数设为 95% 等，同时设计制定了各类管理制度。这些显性规范直接规范每次任务的完成过程，直接导致员工改变以往基于零担业务的任务模式。其次，集体层面启示面隐性引导惯例的执行。比如宏康针织的员工针对产品高质量形成共同认知以及采取的共同行动确保每次惯例执行过程的高质量，进而决定订单完成结果的高质量。最后，个体层面启示面则支撑惯例的执行。个体层面的专业能力是每次惯例执行的支撑，正如上海移动的投诉处理惯例中，个体参与者专业能力的提升确保了每个环节乃至每个环节内部各细节任务完成的效率和可靠性，最终无疑从整体上确保投诉处理任务的高效执行。因此，本书研究认为组织惯例的启示面与执行面之间存在互动关系，且启示面三个层面与执行面之间的互动机理不尽相同。

此外，由于组织惯例的启示面代表了惯例的精髓和原则，因此启示面的构成本质上就代表惯例是什么（弗尔德曼和彭特兰，2003）。实际上，针对组织惯例基本概念的探讨都是围绕组织惯例的构成展开，更确切地说，是围绕组织惯例启示面的构成展开。然而，组织惯例能够重新吸引大量学者的关注源于对组织惯例认知的改变，即研究颠覆了传统对“组织惯例代表组织客观存在的制度、规则或程序因而具有显著的稳定属性且会阻碍组织创新”的认识，而从集体主观认知的层面重新界定了组织惯例尤其是组织惯例的启示面（彭特兰和鲁特，1994；弗尔德曼和彭特兰，2003）。同时，研究还认为组织惯例所代表的集体性认知或集体行为范式应独立于任何个体层面（弗尔德曼和彭特兰，2003）。因此，已有研究在界定组织惯例的启示面时均有意或无意的忽略组织层面和个体层面内容。而本书研究则发现组织惯例是由组织层面、集体层面和个体层面三者共同构成的系统，其中集体层面代表的共享基模和共同行动倾向是核心，组织层面代表的显性规范是提升，个体层面代表的专业能力是基础。同时，组织层面内容是组织惯例中可直接识别的外显部分，但只不过是组织惯例内容体系中浮出水面的一角，而集体和个体层面均代表惯例体系中不易观察和识别的隐性构成。三个层面内容之间存在相互影响关系，其中参与者个体专业能力的提升在互动中不断促使集体层面共享基模和共同行动倾向的形成且作为共享基模和共同行动倾向的基本单元，促使其整体水平和程度的提升，而高水平的共享基模和共同行动倾向则进一步促使形成更有效的组织制度规范和流程等，即促进显性规范的提升与完善。反之，显性规范是参与者形成集体认知的重要参照，即显性规范指引集体层面共享基模和共同行动倾向的形成和变化，类似的，集体层面认知或集体行动范式则是个体行为与认知的重要参照并成为个体专业能力的有效依赖。可见，组织惯例启示面的三个层面内容之间相辅相成，相互影响，共同形成一个有效的惯例内容体系（见图 3－5）。

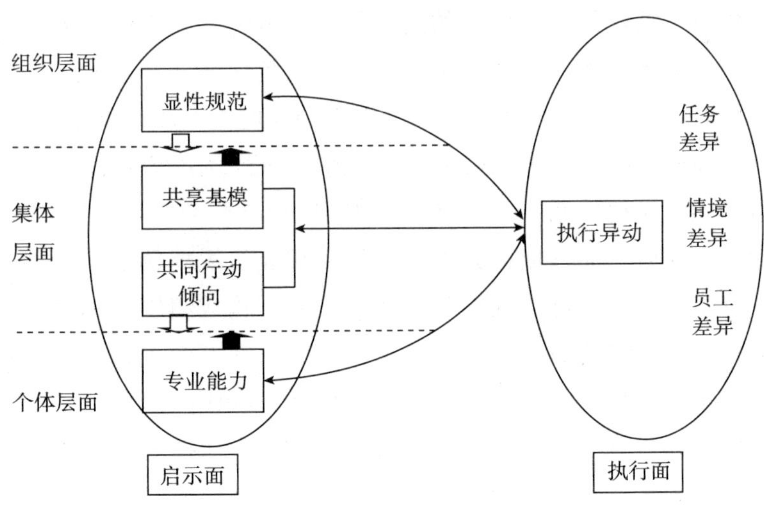

图 3－5　组织惯例构念模型

3.6 本章小结

本章通过对天地华宇定日达任务、宏康针织订单完成任务以及上海移动投诉处理任务的完成过程进行广泛调研，在确定三者均形成有利于任务高效完成的组织惯例的基础上，对所获取的大量调研资料进行基于扎根理论的探索性研究。按照扎根理论实质性编码和理论编码的基本流程和要求，首先通过开放性编码、主轴编码和选择性编码得出组织惯例这一核心范畴及其五个维度内容，再通过理论编码和已有理论的对比形成组织惯例的构念模型。研究主要得出以下结论。

首先，界定了组织惯例概念的构成，得出组织惯例概念由执行异动、显性规范、共享基模、共同行动倾向和专业能力五个维度构成。其中执行异动体现组织任务及其执行的变化性以及组织惯例的动态性，而显性规范、共享基模、共同行动倾向和专业能力共同体现组织惯例的基本原则及组织惯例的稳定性。研究通过扎根理论开放性编码抽象出23个范畴，主轴编码得出8个主范畴，而选择性编码进一步锁定组织惯例这一个核心范畴，并得出其五个维度的构成。同时，可将组织惯例的“故事线”描述为组织任务的参与者在差异性条件下反复执行组织任务的过程中，在组织层面逐渐形成各种组织规范，在参与者集体层面形成共同理解和有效角色扮演并产生共同、协调性行动倾向，同时在个体层面实现知识与技能存储与增长以及专业提升。

其次，建构组织惯例构念模型，验证了组织惯例由启示面和执行面构成以及两者之间的互动关系。与已有组织惯例二维观一致，本书研究认为组织惯例由执行面和启示面构成，其中执行异动代表组织惯例的执行面，而显性规范、共享基模、共同行动倾向和专业能力共同构成组织惯例的启示面。同时，研究认为组织惯例的执行面和启示面之间存在互动关系，这种互动关系正是组织惯例动态性的来源，也是组织惯例之所以成为组织创新与变革的源泉和基础的根源。但已有研究只强调执行面与启示面核心构成就是共享基模和共同行动倾向之间的互动关系，本书则认为，组织惯例执行面与组织惯例所包含的显性规范和个体专业能力之间也存在互动关系，且这种互动是组织惯例动态性的重要构成。

最后，清晰化组织惯例启示面的内部构成及相互关系。研究打破对组织惯例启示面单一集体层面构成的认知，得出组织惯例的启示面除了其最核心和本质的构成即代表集体层面认知或集体行动范式的共享基模和共同行动倾向，还包括组织层面的显性规范以及个体层面专业能力。三者相互影响、相互连接，共同构成组织惯例的启示面，共同体现惯例的精髓和思想。其中，集体层面代表的共享基模和行动共倾是核心，组织层面代表的显性规范是提升，个体层面代表的专业能力是基础。专业能力是共享基模和共同行动倾向形成的基础，进而促进组织层面显性规范的完善与提升；显性规范为集体认知和行动范式提供参照，进而为个体认知与行动提供指引。

第 4 章

组织惯例核心构成：共享基模及其形成

组织共享基模代表组织成员对整体任务形成的共同理解及由此产生的共同行动倾向，是组织惯例最核心的构成，也是组织内动力和凝聚力的根本来源。因此，组织共享基模的形成在很大程度代表了组织惯例的形成，而惯例的形成无疑是其动态演化和作用机理的基础。本章从参与组织整体任务完成的核心成员之间的互动范式演化视角，采用探索性案例研究方式系统分析组织共享基模的形成过程，总结提炼各阶段的特点并构建共享基模形成过程模型。

4.1 问题提出：组织共享基模是如何形成的?

针对组织惯例为何能够对组织产生根本性作用的问题，狄奥尼修和祖卡斯（2013）从参与者互动视角揭示了组织惯例内生机理，尤其指出组织惯例最为核心的构成正是参与者之间建立共同理解，产生有效角色扮演，从而形成组织共享基模。类似的，第 3 章，我们通过扎根理论同样发现组织惯例最核心的构成是组织共享基模。那么，组织共享基模是什么？是如何形成的?解答这些问题将能够弥补组织惯例根基的缺失。

从有关基模的研究来看，心理学领域主要关注个体层面的基模，探讨个体基模的重要性、基模变化、结构属性等基本问题（施明克等，1997；埃尔斯巴赫等，2005；戴恩，2010；纳德卡尔尼和纳拉亚南，2007）。这部分研究最突出的贡献在于，提出了类比迁移能够通过将已有基模中的属性种类和关系映射到新情境中形成新的属性与关系从而创造新基模（金特纳，1983）。在此基础上，学者将基模研究延伸到组织情境，除了继续探索组织中个人基模的基本理论，更指出在组织情境下对群体基模的探讨具有更重要的价值（吉克和霍利约克，1983；加韦蒂等，2005；宾厄姆和卡尔，2003）。已有群体基模的研究初步揭开了熟悉和新奇两种悖论状态的共存之谜，并提出相对复杂的差异化多元类比观（宾厄姆和卡尔，2003）。然而，群体基模研究仍视群体成员为相对独立的个体，在探讨群体基模形成时并未考虑个体之间的相互关系，同时假设基模对象为特定明确的新事物或新技术。事实上，正如组织惯例理论所强调的，组织情境下的个体之间会因任务的关联性产生千丝万缕的关系，因而并非是独立的（彭特兰和鲁特，1994）。因此，本书研究中的共享基模作为组织惯例基本构成，强调同一组织情境中、承担相互联系的任务的参与者之间如何对组织任务形成共同理解。为充分体现共享基模从无到有的过程，借鉴狄奥尼修和祖卡斯（2013）“互动和角色扮演是组织惯例形成的关键”的观点，本章从参与组织任务的核心成员之间的互动范式演化视角对宏康针织这家初创企业共享基模的形成过程进行探索性研究，旨在揭示初创企业组织共享基模的形成机理，探寻组织惯例的根基，挖掘组织内部凝聚力的来源。

4.2　共享基模及其形成研究的理论基础

有关基模的研究最早出现在心理学领域，主要从个体层面开展研究。基模是指针对某一事物或情境形成的知识结构，由属性类型和属性关系构成，属于相对隐性的个体认知范畴（菲斯克和泰勒，1991；麦克维等，2005；戴恩，2010；哈格顿和法利内，2002）。个体基模的重要性体现为当个体所处的情境发生变化时能够赋予其意义，从而刺激个体行动的产生，以有效应对情境变化（纳德卡尔尼和纳拉亚南，2007；哈格顿和法利内，2002；哈里斯，1994）。因此，基模代表简化信息处理过程的认知结构（迪马乔，1997）。在组织情境下，基模能够促进管理者及员工个体对周围环境进行有效解读并将持续行动固化为相对稳定的行为范式以提高效率（米桑吉等，2008）。因此，基模被认为是组织成员应对情境变化所带来的认知挑战的重要武器（米桑吉等，2008）。除了基模的概念和重要性，有关个体基模的研究主要关注其属性结构和形成机理两个问题。

基模的属性结构主要体现在规模、复杂性和焦点三个方面（戴恩，2010；纳德卡尔尼和纳拉亚南，2007），其中基模的规模体现为基模属性类型的数量，复杂性涉及基模的属性种类和属性关系，焦点则代表基模的核心属性。纳德卡尔尼和纳拉亚南（2007）认为，复杂基模有利于个体在决策中容纳更多差异化战略方案。戴恩（2010）根据基模的复杂性对专家基模与非专家基模进行区分：一方面，专家基模比非专家基模的范畴更广，即专家基模包含更多属性类型；另一方面，专家基模包含更多属性连接关系（昂纳克等，1987；菲斯克和泰勒，1991；卢梭，2001）。总之，专家基模的规模较大，属性连接关系较多，其复杂性也较强（卢梭，2001；戴恩和普拉特，2007）。戴恩（2010）认为正是凭借复杂的个体基模，专家才能够通过认知固化提升解决问题的效率，提出创造性方案，并产生更高的适应性。此外，部分研究还关注了个体基模的变化问题，得出随着个体经验的积累和理解的深化，针对某特定事物或领域形成的基模变得越来越稳定，因此其基模属性种类和属性关系也越来越难以改变（戴恩，2010；菲斯克和泰勒，1991）。

在明确个体基模的结构属性和变化后，学者开始关注个体基模如何形成的问题。闰多瓦和佩特科娃（2007）认为根本性创新难以被理解的原因在于创新带来了已有个体基模中不存在的属性类型和属性关系。为克服新属性和关系带来的困扰，在理解新事物的过程中，个体会调用已有基模中与新事物关系紧密或具有相似性的属性或关系对新事物进行界定并赋予其意义。如克拉克（1985）发现，汽车最初被描述为“没有马的四轮马车”，正是人们利用其对马车形成的基模来理解汽车这一新事物。将已有基模的属性类型和关系映射到新情境中形成新认知的过程在心理学研究中被定义为类比迁移（金特纳，1983；吉克和霍利约克，1983）。心理学领域有关个体基模形成的研究中，最大的贡献正是提出类比迁移观点并一致肯定了类比迁移在个体基模形成中的根本性作用。研究甚至通过试验和计算机分析等方法对类比迁移的显著作用进行了有效验证（吉克和霍利约克，1983；诺维克和霍利约克，1991）。

在心理学研究的基础上，学者将基模研究延伸到组织情境，除了继续探索组织中个人基模的基本理论，更指出在组织情境下对群体（多个个体）基模的探讨具有更重要的价值（吉克和霍利约克，1983；加韦蒂等，2005；宾厄姆和卡尔，2003）。类似的，组织研究也肯定类比迁移作为解释新事物的一种有效认知机制，如在对新产品、新战略、新问题等进行认知时，组织中的个体均借助了类比迁移（加韦蒂等，2005；闰多瓦和佩特科娃，2007；哈格顿和萨顿，1997；埃奇翁和费拉罗，2010）。尽管理论相通，但组织的复杂性决定了组织情境中个体基模的形成更为复杂且动态性更强（宾厄姆和卡尔，2003）。心理学针对个体基模的研究主要采用实验方法，而在实验中个体面对的是清晰、明确、具体的情境，因此通过类比迁移形成新认知的过程是单一、明确、可识别的，能够直接与目标问题形成有效对接。而组织中的个体则面临相对复杂、动态的情境，因此在通过类比迁移形成新基模时，需要提供更多线索帮助个体识别类比源与目标之间的关系，而实践中清晰明确的线索则非常少（吉克和霍利约克，1983）。同时，在心理学实验研究中，个体往往一次只利用一种类比形成一个新基模。而在组织中，个体往往面临多个需要同时进行处理的竞争性类比。这些类比在熟悉度上存在较大差异，部分新奇，部分熟悉，因此很难清晰地识别哪些类比被采用以及为什么会被采用（宾厄姆和卡尔，2003）。此外，组织的复杂性和动态性使得个体基模的属性类型不断增加，属性关系越来越复杂，因此产生数量庞大、不可预期的潜在基模结构。拥有大量属性类型和复杂属性关系并不能保证新基模的形成，很多属性和属性关系可能是不相关的，甚至会阻碍新基模的形成（宾厄姆和卡尔，2003）。由此可见，实验情境和组织情境下个体基模的形成尽管都需借助类比迁移的作用，但后者更为复杂。

除了考虑组织情境下个体基模形成的复杂性问题，学者还指出不同于心理学假定基模的对象为单一个体，组织情境下的基模对象往往为群体即多个个体同时面临新情境或新事物（宾厄姆和卡尔，2003）。例如，宾厄姆和卡尔（2003）对 1945～1975 年人寿保险行业人员群体对新出现的计算机（新事物）形成共同理解即群体基模的过程进行了研究，得出群体基模的形成主要经历吸收、分解和联合三个阶段并指出组织群体基模的形成依赖于多元类比而非单一类比。有关个体基模形成的心理学研究将单一个体设定在一个可控的环境中，此时个体不受其他因素干扰且不与他人互动，因此总是能够通过持续搜寻和比较识别出与新情境最佳匹配的类比，从而忽视了多元类比的优点（吉克和霍利约克，1983；加韦蒂等，2005）。群体基模研究则强调多个个体在面临复杂的组织新情境时，需要通过差异化多元类比才能形成新基模（宾厄姆和卡尔，2003）。组织群体基模研究的最大贡献在于打破静止、单一的类比迁移观，提出动态、多元化类比观，即对个体层面心理学理论在组织层面的运用进行了差异化调整，从而改变以往组织研究者直接将个体层面心理学理论引入组织层面而产生排斥的尴尬局面。

尽管学者已将基模研究延伸至组织情境且将研究对象扩大为群体范畴，但相关研究尚未考虑群体成员内部的相互连接关系，同时也视基模对象为某特定、明确的新事物（如计算机）或新情境。事实上，同一组织情境下的个体尽管因劳动分工的不同而承担差异性任务，但个体任务均为组织任务的有机构成，因此个体相互之间存在紧密关联，同时个体在完成任务的过程中也会与组织其他个体产生各种连接关系。可见，组织中的个体除了对各自差异化任务形成相对独立的个人基模，还需对组织任务形成统一的理解即相互共享基模，才能从整体上确保组织任务的有效完成。尤其对于初创企业而言，组织群体的基模对象即组织任务并不是明确的，而同样需要经历一个复杂的清晰化过程，使得其共享基模的形成更为复杂。相对于个人基模和群体基模，探究组织内部相互连接的个体之间对组织任务形成共享基模对于组织发展的意义更为重大。有关组织惯例的研究也指出，由多个行动者参与的、重复的、可识别的组织行为模式，也就是组织惯例是组织最基本的属性特征和组织实现工作和目标的根本手段。组织惯例具有稳定与自我演化的双重属性：一方面，组织惯例能够确保组织稳定或规律性、持续性发展，有效确保组织问责、政治保护并减少冲突；另一方面，组织惯例具有自我演化属性，是组织创新变革的源泉、基础和基本分析单元（舒尔茨，2008；科恩，2007；法琼，2010；弗尔德曼和彭特兰，2003；纳尔逊和温特，1982；弗尔德曼，2000；彭特兰等，2011）。而组织惯例之所以能够对组织行为尤其是组织创新产生这些根本性作用的根源在于参与者之间形成广泛共享的理解和共同行动倾向，即对多个参与者对组织任务形成共享基模（特纳和闰多瓦，2011；狄奥尼修和祖卡斯，2013）。换言之，组织惯例理论指出差异性参与者之间形成共享基模是组织惯例最核心的构成（狄奥尼修和祖卡斯，2013）。狄奥尼修和祖卡斯（2013）提出组织共享基模的形成依赖于个体之间的互动关系以及由此形成的有效角色扮演。作为一种预期行为范式，角色扮演意味着联合行动的参与者通过对他人行为或意图的预测和内化，实现个人行动与他人行动一致化，亦即通过领悟他人意义和预测他人行动实现协同，使得个体“从他人的视角审视自我”（乔斯，1997；布鲁默，2004）。因此，个体可根据互动中其他参与者可能的反应引导自身行动，实现个体行动流相互适配，提升共同性。根据共享互动行为预期是产生共同行动的先决条件的观点，强调行动者之间固有关系本质的互动和角色扮演机制能够促使参与者之间形成有效预期，针对组织任务产生共同行动（乔斯，1997；布鲁默，2004；埃米尔拜尔和米奇，1998；辛普森，2009）。然而相关研究尚未解答组织成员如何在互动中提高角色扮演效率进而实现基模共享的问题。

基于基模属性结构和形成机理的相关研究，结合组织惯例理论得出的参与联合行动的个体之间通过互动和角色扮演机制产生一致行动的重要观点（埃米尔拜尔和米奇，1998；辛普森，2009），这里采用探索性案例研究法揭示参与完成组织任务的核心成员之间互动范式的演化规律以及个体基模的形成和演变规律，探索初创企业集体共享基模的形成机理，展示组织新成员如何在表现出认知差异性的同时对组织整体任务形成共享性认知以共同完成组织任务，揭示组织凝聚力和组织惯例的根本来源或根基，从而为企业实践提供指导。

4.3 研究设计

4.3.1 样本选取：宏康针织

共享基模涉及为完成组织任务的成员之间形成的共同理解或成员针对组织任务的基模中相互重叠、共同分享的部分，因此直接与组织任务、参与者及其个体基模相关。为降低研究的复杂性，借鉴狄奥尼修和祖卡斯（2013）在组织认知形成研究中对情境做出的假设，有效研究共享基模的形成问题需要满足三个条件：一是，存在理想的新组织情境，其组织成员的个体基模相对简单，易于识别；二是，在共同参与完成组织任务之前成员之间相互没有接触或很少接触，不存在共享知识或价值观，能够有效识别共享基模形成的起点；三是，组织任务具有重复性，使得组织成员在反复执行任务的过程中，不断完善个体基模并产生联合行动倾向，从而促使共享基模的形成。为满足这些条件，并考虑案例典型性、数据可获取性和研究便利性等特点，本章研究选择浙江宏康针织有限公司（简称“宏康针织”）作为样本企业（尹，1994）。作为一家专业从事开发和生产罗纹机、毛圈机、刷洗大王设备等小型针织机械产品的企业，宏康针织成立于 2010 年 3 月，经过 4 年多的发展，经历了组织成员之间的有效融合，从年产值 300 万元增长到 2013 年的超过 1000

万元。更重要的是，形成高度凝聚的集体行动倾向性，成功得以在“实力企业不愿做、传统企业做不到”的“高要求、低批量”这一夹缝针织机械市场中立足并逐渐发展壮大。具体来说，宏康针织能够满足对开展共享基模形成研究提出的三个假设。

首先，宏康针织属于初创企业，经历了共享基模从无到有的过程。通过追踪提问能够较为准确地获取公司成立初主要成员的个体基模信息以及近年来的变化，该公司产品类型较少、流程简单，其核心任务单一即根据客户需求研发和生产小型针织机械产品，因此组织成员的基模较简单、易识别。

其次，宏康针织由两个创始人联合成立，其他成员均为公司新招聘的人员，在进入公司前相互之间未曾有过接触，加上任务分工不同，不存在共享的知识或价值观。即便是创始人之间，尽管曾有较为密切的来往，但为首次共同创业，且针对公司的核心任务各自拥有相对独立的基模，因此易识别共享基模的起点。

最后，宏康针织的产品具有高度相关性且公司按照统一的订单生产方式和流程完成，可视为重复作业。通过反复执行任务，任务流程不断清晰化，流程中各环节主要人员的基模逐渐专业化，形成联合行动倾向，确保高效率、高质量地完成任务。

4.3.2　数据获取

需要说明的是，尽管访谈、观察和文档资料获得的途径是一样的，但在访谈过程中的问题、结束各轮访谈后的资料整理、观察重点以及文档资料的选取和使用等均有不同的侧重。如表 4 - 1 所示，针对共享基模形成过程问题，我们在结束第一轮访谈后，通过归纳总结识别出宏康针织的核心任务是“用最好的技术、最高的质量创造每一台针织机器”且公司定位为“实力企业不愿做、传统企业做不到”的“高要求、低批量”这一夹缝市场，完成该任务的整个流程由 7 个关键环节构成：接订单—图纸设计—新产品试制—原材料采购与零部件外包—零部件自产—组装与调试—交货与售后维修。同时，根据管理者的推荐在各环节分别识别出一位重要员工作为形成共享基模的研究对象，分别用字母 a - f 表示。这些员工不一定是负责人，而是在各环节做出较大贡献者且在公司成立初便进入公司，至今所承担的任务没有显著变化。根据所识别的核心任务、关键环节及核心人物，于 2013 年 10 月 21 ~27 日对管理者及各环节指定员工进行第二轮访谈，访谈采用半结构一对一的方式，访谈时间为 2 ~2. 5 小时，内容主要为个体从进入公司到访谈之日对个人任务及公司整体任务的理解及变化以及管理者之间、员工与管理者之间、员工与员工之间互动方式和特点变化，目的是明确个人基模的形成、基模变化过程及互动范式的演变。需要说明的是：对技术工人的访谈主要在下午 5 点以后进行以免影响正常作业。尽管公司负责人提及了公司会计、办公室秘书等员工的重要作用，但由于这些员工并未直接参与核心任务的完成，因此未被列为访谈对象。2014 年 2 月 15 日进行的第三轮访谈，主要目的是进一步明确个体之间有效角色扮演的形成及组织集体共享基模的形成，分别针对管理者和其他 7 位核心员工以集中访谈的方式进行访谈，其中针对两位管理者的集体访谈时间为 2 个小时，针对其他核心员工的集体访谈持续约 3 个小时，访谈内容主要为相互行为预期和对公司核心任务的理解。在第四轮访谈中并未涉及有关共享基模形成的问题。此外，我们还采用电话和邮件的方式与公司管理者和员工进行互动，实现信息的补充。

表 4 –1　　访谈对象与时间安排

<table>
<tr><th>核心任务环节</th><th>主要负责人</th><th>第一轮访谈</th><th>第二轮访谈</th><th>第三轮访谈</th></tr>
<tr><td>公司管理</td><td>A(占股 51%)</td><td rowspan="9">2013 年 10 月 12 日,A 和 B 参与,集体访谈,约 3 个小时</td><td rowspan="9">2013 年 10 月 21 日至 10 月 27 日,所有人员包括 2 名管理者和 7 名来自不同环节的员工,一对一访谈,2 ~ 2.5 小时</td><td rowspan="9">2014 年 2 月 15 号,A 和 B 一组集体访谈 2 小时,a – f 一组集体访谈 3 小时(18:00 – 21:00)</td></tr>
<tr><td>公司管理</td><td>B(占股 20%)</td></tr>
<tr><td>接订单</td><td>a</td></tr>
<tr><td>图纸设计</td><td>b</td></tr>
<tr><td>新产品试制</td><td>c</td></tr>
<tr><td>零部件外包</td><td>d</td></tr>
<tr><td>组装和部分零部件自产</td><td>e</td></tr>
<tr><td>产品调试</td><td>f</td></tr>
<tr><td>交货与售后服务</td><td>g</td></tr>
</table>

注：大写字母表示股东和创始人，其他股东未参与公司经营；小写字母表示从外面招进来的各环节核心人员。

观察。调研期间，作者观察了公司的现场运作情况，包括员工相互之间的沟通交流过程以及具体作业过程，并进行记录。同时利用中午在公司食堂用餐以及员工下班后的业余时间进行相对随意的交谈，以获得更多更详细的信息。尤其是2013年10月21～27日期间，宏康针织正在开展丝袜机图纸设计和试制工作，在不影响员工作业的前提下进行了现场观察，跟部分员工进行交流。在该订单中，客户提出机器操作简单、维护方便的要求，据此图纸设计负责人A与c反复讨论后决定改变传统源自德国的袜机原理，采用大圆机原理进行新产品设计。

文档资料。本章研究的文档资料主要由宏康针织行政办公室提供，在承诺不泄露机密信息的条件下，行政办公室提供了公司介绍及产品宣传册、HC－M5000型高速毛圈机结构及主要零部件清单、公司2010～2013年的财务报表、公司员工工资清单、公司主要零部件合作企业清单等资料。文档资料一方面有助于更完整地了解宏康针织的历史、主营业务及当前运营状况，另一方面则间接为分析组织员工个人基模、集体及共享基模提供数据支撑。

4.3.3 数据分析

本章研究旨在根据宏康针织管理者及核心任务流程各环节主要人员的描述识别个体基模的形成与变化、互动范式演化以及共享基模的形成。首先，根据基模由属性和属性关系构成的观点，研究团队多名成员参与识别个体基模的属性类型、属性关系及核心属性，通过对比和讨论加以确定，并分析出个体基模的形成和变化规律。其次，识别管理者之间、管理者与员工之间（权力范式）及员工与员工之间互动范式的主要特点及演变规律。再其次，根据个体基模及互动范式的演变，将组织共享基模的形成过程划分为个体基模形成、局部共享基模形成和集体共享基模形成三个阶段，并分别探析各阶段的特点。最后，概括出组织共享基模形成过程的特点与规律性，构建组织集体共享基模形成过程模型。本章研究采用的数据分析技术是扎根方法，即带着研究问题直接从实地调研着手，通过反复概括和比较提炼概念与范畴，从而上升到理论层面的一种自下而上的质性研究方法。数据收集与分析同步进行，并不断对理论进行归纳与修正，把新的范畴纳入理论，直至达到理论饱和，形成一个能够反映现象本质和意义的理论（格拉泽和斯特劳斯，1967）。由于本书研究从个体基模的属性及属性关系出发，因此采用卡利（Carley，1993）的认知映射方法识别认知基模。认知映射是内容分析的一种方式，从调研获得的详细资料中识别出属性类型和关系结构。此外，借鉴戴恩（2007）的基模表示方法对个体基模进行形象化展示，即采用大圆圈表示管理者或员工个体基模，小圆圈表示基模属性，白色小圆圈代表核心属性，黑色小圆圈表示一般属性，连线表示属性之间的相互关系。

4.4　案例分析：组织共享基模的形成过程

根据对宏康针织 2 名管理者和 7 名员工对组织任务的理解（第三轮访谈），可得出宏康针织全体成员对于“用最好的技术、最高的质量创造每一台针织机器”满足“实力企业不愿做、传统企业做不到”的“高要求、低批量”这一夹缝市场的核心组织任务已形成共同认知，意味着宏康针织集体共享基模的形成。根据个体基模和互动范式的演变，可将共享基模形成过程划分为个体独立基模形成、局部共享基模形成和集体共享基模形成三个阶段。需要说明的是，互动范式涉及管理者之间、管理者与员工之间以及员工与员工之间的互动，而管理者与员工之间的纵向互动范式亦表现为管理者的权力范式。

4.4.1　个体独立基模形成

个体基模识别。根据被访者在公司成立初对各自任务的描述和理解，识别出此时核心管理者与员工个体基模的属性类型、核心属性和属性关系特点。以负责图纸设计的员工 b 为例（见表4－2），可识别出 b 的个体基模属性为设计软件运用（PROE）、机架设计、箱体造型、设计讨论、辅助管理者 A 等，核心属性为辅助管理者 A，属性关系简单。采用同样的方法，对所有被访个体在公司成立初针对各自任务的基模均进行了概括。如将管理者 A 对公司管理（个人任务）的基模属性归纳为新产品开发、原材料采购、外包商选取、员工招聘与管理、生产协调与指导、业务推广、日常管理等，确定新产品开发、业务推广、员工招聘为核心属性。由于管理者需要处理的事务较为杂乱，属性关系表现出较强的不确定性。员工 a 对“接订单”工作的基模属性可概括为介绍公司与产品、报价、协调公司与客户关系、拟订合同、签订合同、客户联系，其中协调公司与客户关系、签订合同为核心属性。总体上，在公司成立初期个体基模的特点为：基模属性类型较少，属性关系简单，核心属性尚未稳定。

表4-2　　员工b的个人任务描述及其基模识别

阶段	个人任务描述(图纸设计)	基模属性	属性关系	核心属性
第一阶段	2010年我从学校毕业,学的是机械工程专业。我们公司用的是Pro/E软件,虽然制图软件在学校里学了不少,但具体用来设计产品时,还需要学习。刚开始主要是老板(A)设计,他会根据客户对新产品的要求,对整个机身进行设计或改进,主要是选针机构、给纱机构和牵拉卷取机构之间的有效配合问题,如客户要求从6针改成12针时,整个体系都要重新设计,有时候我们也会一起讨论。我主要辅助老板,完成机架和箱体造型等简单设计……	设计软件运用(PROE),机架设计,箱体造型,设计讨论,辅助管理者A等	关系简单、模糊	辅助管理者A
第二阶段	后来老板看我做得挺好,而且对我们公司的产品和结构也越来越熟悉,他就把重要的任务慢慢交给我做……我记得2012年有个越南客户,需要单色袜子机,以前他们用6F袜机,成本高,产量低,我设计出6路纬纱袜机,比6F袜机的产量高出一倍,价格更便宜。这个机器从机身、到机架和箱体以及斜面和整体构造几乎都是我完成的。机身设计是所有设计的核心环节,包括选针机构、给纱机构、牵拉卷取机构、传动机构、控制系统等客户非常满意,现在已经成了我们的老客户……完成设计后向老板汇报,有时候一起做改进……	机身设计,整体构造,机架设计,箱体造型,斜面设计,向老板汇报,改进设计等	复杂化、清晰化	机身设计,设计改进
第三阶段	现在人工费越来越高很多工厂都想寻找高产量、自动化程度高的机器来替代人工从而提高生产率。我现在的主要任务是开发新机器,经常跟老板跑各种展会,搜寻大公司的新产品和技术,然后开发出高性能的产品。我们的客户虽然不是大客户,但对产品性能和质量的要求都很高。同时,根据客户的需求对已有的产品设计做出改进……此外,我还负责给其他几个设计员分配任务,指导他们。除了给试制和生产环节工人进行图纸解读和问题讨论,还经常参与公司例会,讨论公司发展战略,产品定位,或直接与重要客户交谈,了解客户需要,解答客户疑问……	开发新产品,追踪最新技术和产品,改进产品,指导其他设计员,图纸解读,参与公司战略制定,与客户交流等	进一步复杂化、清晰化	开发新产品,改进产品

个体基模形成。尽管宏康针织的管理者和员工进入新组织后承担的任务并不相同，但都在不同程度上应用了类比迁移形成新的个体基模，完成各自的任务。如管理者 A“毕业于某重点大学机械专业，创立宏康针织前为某针织机械公司研发负责人，负责袜机、螺纹袖口机、洗刷大王等针织机械产品的设计研发，同时协同公司老板完成市场推广、生产协调等部分管理工作”，因此其在宏康针织成立初形成的个体基模将新产品开发定位为最核心的属性，同时其他属性与属性关系均是在借鉴已有情景的结构和关系范式后形成的。尽管管理者 B 在宏康针织成立前为某装潢公司创立者与主要负责人，与针织机械属于不同行业，但其曾负责除设计以外的市场推广、原材料采购、施工组织以及客户关系维护等事务，其情境与宏康成立后开展国内市场推广、供应商选择与谈判、外包商选择与谈判、客户联系等事务的情境具有较强的相似性，因此也体现了类比迁移的作用。类似的，员工 a－f，曾分别为外贸公司外贸员、机械制造专业应届毕业生、模具公司中级钳工、纺织机械公司销售员、新材料公司铣工、精密机械厂铣工、机械厂车床工，进入宏康针织后对接订单、图纸设计、新产品试制、原材料采购与零部件外包、零部件自产、组装与测试以及交货与售后维修等任务形成的基模中均体现出认知相似性。几乎所有被访者均提到了以往经验与当前任务的相似性，如员工 e 提到“还好当初在公司（新材料公司）的时候，对刮削、研磨、矫正、弯曲和铆接等技术要求都很高，尤其在做模具时，要求达到非常高的精度，这些经验到这里（宏康针织）后都能用上。”可见，个体基模的形成依赖于对以往相似情境的识别和复制，验证了类比迁移在个人基模形成中的重要作用。值得注意的是，由于类比迁移具有潜在性和抽象性，其程度则较难识别。总之，公司成立之初，个体通过搜索以往经历过最为类似的情境并通过认知映射将已获得的经验应用于新情境中，识别出新情境相关的属性与关系，从而采取行动。

权力范式。除了类比迁移，员工个体基模的形成还依赖于管理者的指令性领导。管理者 A 和 B 凭借其对针织机械行业以及企业经营管理的理解，在公司成立初，对新员工采取了指令性领导，即强制性分配任务和岗位并明确提出作业步骤、进度和要求（如产品参数）等。根据 A 的描述，“公司刚成立，我们就接到一个 10 台换色护腕机的订单，对我们来说非常重要。我对每一个环节都做了详细规划，对图纸中提到的每个技术参数要求都向工人交代如何去完成……”员工也证实了这种指令性领导，如负责原材料采购与零部件外包的员工 d 提到“进入公司前，我在这个行业做了很多年销售，对产品、零部件、供应商以及客户都很了解。当时，我提出几家电机和风扇供应商，知名度高，产品质量有保障，但老板还是决定用他认定的两家企业作为供应商……”。尽管指令性领导在一定程度上限制了员工的自由，束缚员工的创造力，约束企业发展空间，但无疑能够更快地将管理者的意图落实下去，使员工更快适应新情境，对工作任务形成理解，从而结合类比迁移形成个人基模。指令性领导伴随的互动方式为管理者到员工的显性单项沟通，尽管在互动中员工体现出明显的被动性，但高频率互动使得两者之间就特定环节任务形成少量局部共享基模。

互动关系。在类比迁移和指令性领导的共同作用下，员工个体基模得以初步形成，此时个体基模之间相对独立。新员工在描述刚进入公司时的任务时均只关注“任务本身是什么和如何完成”的问题，如员工 a 的基模属性类型中未涉及任何组织层面的维度，其最关注的属性是“能签多少订单”，员工 b 的基模中同样未涉及图纸设计以外的维度且最关注的是“能否画出指定类型产品的图纸”。为了能够完成各自的任务，员工之间的互动主要停留在环节内部，而环节之间的员工间则只存在少量被动互动，如员工 a 在接订单的过程中需要向潜在客户描述公司产品的结构和技术特点，因此不得不向管理者或其他环节的技术员沟通，员工 d 为明确零部件的种类、规格和要求不得不与管理者或其他环节员工交流等。此时，员工将精力集中在各自的任务上，只有少量被动性互动，互动方式为显性沟通。管理者之间的互动情况则不同，两个管理者在成立初期针对公司各类事务进行反复交流与讨论，尤其针对订单完成过程中出现的问题进行大量探讨。加上由于两人在公司成立前便存在较为密切的来往，因此沟通顺畅，频率高。但相互之间的共同理解尚未形成，也未能进行有效行为预期，因此角色扮演强度仍较低。加上两者之间分工尚未明确，组织整体目标仍不够清晰，因此针对组织任务只形成少量局部共享基模。

根据上述分析，公司成立初管理者和员工基于各自任务初步形成个体基模，如图 4 –1 所示。员工个体之间的基模具有相对独立性，原因在于当个人面临新情境时，其注意力集中在对个人任务的界定和执行上，即通过类比迁移将已有对已有情景的认知转移到新情境中，同时在管理者指令性领导下，形成新基模。管理者同样通过类比迁移形成个人基模并通过频繁显性互动强化相互信息流动，但由于组织整体任务及管理者分工尚未明确，因此针对组织任务只形成少量局部共享基模。需要说明的是，在类比迁移过程中，由于新旧情境之间的显著差异性，个体能够识别的基模属性类型较少，属性关系较不确定，因而此时个人基模属于简单基模。

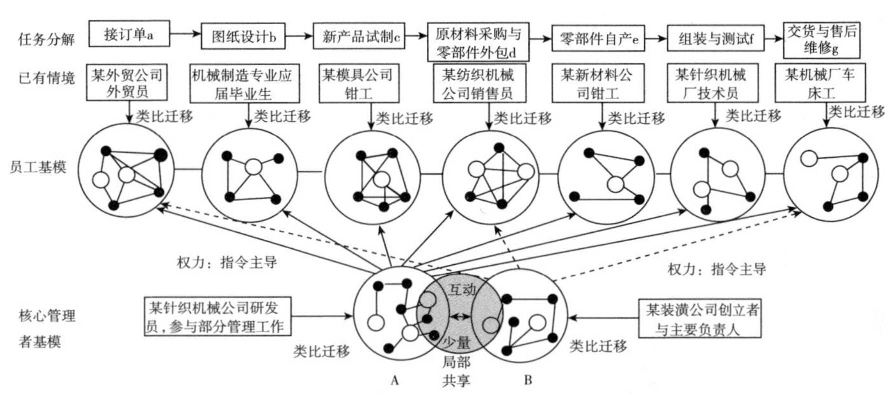

图 4－1　个体基模形成及相互关系

注：圆圈的大小不代表基模的大小，因此所有员工和管理者均采用大小一致的圆圈代表基模。

4.4.2　局部共享基模形成

从个体基模的变化来看，宏康针织的管理者和员工在重复作业的过程中不断实现个体基模专业化，此时个体基模的属性类型逐渐增加，属性关系逐渐复杂且清晰化，核心属性发生了转移。根据表 4－2 所示员工 b 的描述：一方面，基模呈现专业化变化，属性类型增加，如增加机身设计、整体构造、斜面设计、向老板汇报、改进设计等，同时属性之间的关系逐渐明确，“机身设计是所有设计的核心环节，包括选针机构、给纱机构、牵拉卷取机构、传动机构、控制系统等”；另一方面，核心属性由辅助管理者 A 转变为机身设计和设计改进。类似的，员工 a 对“接订单”任务的基模亦增加观察新产品开发过程、与技术员和老板沟通、掌握产品优势等属性，同时核心属性由协调公司与客户关系、签订合同转变为主动介绍公司与产品优势、维护客户关系。其他个体基模亦呈现类似的变化，如图 4－2 所示。管理者之间的分工逐渐明确，A 主要负责内部事宜，B 负责供应商、国内市场等外部事宜。管理者 A 的个体基模专业化并细化为最新技术与产品跟踪、竞争状况分析、新产品设计检验与修正、客户接待与洽谈、员工面试与新员工培训、员工日常管理、员工考核与薪酬调整、技术指导与技术问题处理、日常应急问题处理等，核心任务则转变为最新技术与产品跟踪、新产品设计检验与修正及员工考核与薪酬调整。尽管A需要处理的事务仍较多，但相对有序，使得属性关系逐渐清晰。总体上，在第一阶段个体基模初步形成的基础上，第二阶段个体基模的变化体现出专业化并伴随着核心属性转移的特点，这种变化主要源于重复作业。重复作业不断强化个体对其所处情境及要素的认知，促使个体不断探寻能够更有效完成其个人任务的流程、要素和手段，通过经验获取与积累以及伴随的隐性学习和实践学习从而形成专长，个人基模随之呈现专业化变化趋势。

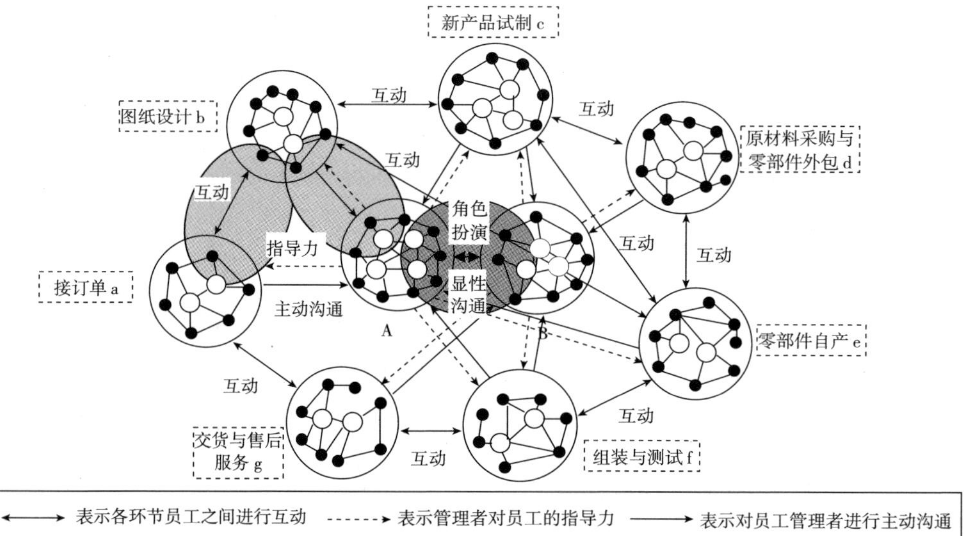

图4－2　局部共享基模形成与相互关系

注：阴影部分表示局部共享基模。

从组织整体基模变化来看，个体基模在局部范围内形成共享。尽管个体基模的专业化并不能直接导致组织共享基模的形成，但个体基模专业化是形成有效共享基模的基础。也就是说，个体基模若一直处于非专业化状态，即便形成共享基模，组织任务也无法有效完成。局部共享基模分别形成于管理者与管理者之间、管理者与员工之间以及员工与员工之间，主要源于权力范式和互动范式的变化。首先，管理者之间的互动范式从初期的宽泛性互动逐渐转变为针对性互动，重点聚焦公司目标定位，也涉及人才招聘及管理、技术提升、市场推广等事宜。经过较长时间的摸索，管理者逐渐将目标锁定在“实力大企业不愿做、传统中小企业做不到”的“高要求、低批量”这一夹缝市场。为满足该市场需求，管理者提出“跟踪、模仿和改进最新产品与技术”“确保整个过程高质量完成”“保证按期交货”三个要求（代表管理者意图）。尽管此时针对公司整体任务的共享基模在管理者之间已初步形成，但由于尚未在整个公司得到共同理解和贯彻，这种基模仅限于管理者之间，仍属于局部共享基模。同时，尽管分工已较为明确，但针对组织任务的具体策略尚未形成，管理者之间依然通过大量接触时间、高频率和高强度的互动进行信息交换，同时管理者之间对彼此在联合行动中的角色包括实际和潜在的理解、意见、想法和行动形成印象和认知，形成互锁行为范式，使得对当时具体情境形成共同、情境化理解，同时预测和识别彼此行动，因此管理者之间的互动范式除了显性沟通还呈现较高强度的“角色扮演”。即两者在相对独立完成管理任务的同时，对组织整体任务和战略目标以及组织情境已在一定程度上形成共同理解，相互能够预测彼此面对新情境时可能的想法和反应。

其次，随着员工能够相对独立的承担各自的任务，管理者逐渐转变指令性领导方式，采用参与性领导，此时管理者权力体现为指导力主导。如 A 将领导方式的转变描述为“刚开始总是担心员工做不好，产品质量出现问题，什么事情都想亲自看、亲自做，告诉他们（员工）怎么做，才放心……后来发现部分员工非常能干，该让他们做的就让他们做，在各个环节进度和质量上做掌控，具体问题进行指导就可以了……”员工也证实了领导方式的转变，如负责组装和测试的 f 提到“刚开始我们老板（A）跟我们一起组装机器，按他的要求自底向上安装，最后统一测试，寻找问题再改进……后来老板不参与组装，直接看测试结果……。在组装新型 HC－X2000 罗纹机的时候，考虑到这个机器结构复杂，我们采用了核心系统先行组装测试的方法，由核心零部件开始一步步完成组装，分步进行测试……”在领导力范式下，管理者和员工之间形成相互依赖，引起双方信息交换的认知弹性，因为双方均愿意倾听对方的观点，回顾信息并交换意见。此时，尽管接触时间不如指令性范式长，但是管理者积极寻求与员工之间的互动，以充分了解各环节任务完成的相关信息。对于员工而言，由于被给予了较大的自主权，在完成任务中发挥了较强的自主性，因此针对实践中遇到的问题会主动与管理者沟通，渴望得到管理者的肯定，甚至一起探寻解决问题的方法。当员工积极互动时，他们拥有更强烈的动机讨论相关问题。管理者与员工之间相对公平的互动有利于对特定环节的任务及要求形成共同理解。尽管双方互动的焦点为特定的环节任务而非组织整体任务，但由于员工由被动互动转为主动互动，此时管理者可适当强化组织层面任务及目标需求，员工也能较容易的接受。总之，管理者参与式指导范式的转变意味着其权力范式转变为引导力主导，有利于激发员工的积极性，强化两者的共同认知，从而在管理者和员工两个层面之间就特定环节任务形成局部共享。

最后，不同环节尤其是关系紧密环节的员工之间通过互动对环节之间的联合任务形成局部共享。如负责零部件自产的员工 e 表示："最早的时候是老板决定哪些零部件需要自产，并告诉我们怎么生产，比如三角、生克罩、收卷系统、输纱器等……后来由我们自己决定，便经常跟图纸设计员、原材料采购员以及负责组装和测试的师傅讨论怎样让我们的零部件质量更高，更好与各类机器匹配……比如我们的双层机架，原来老板想外包，怕自己做不了，我们跟组装的师傅（主要指 f）经过一个月的反复讨论和试制，几乎考虑了所有零部件的有效摆放和连接问题，尤其是电机、变压器的装备，最后还是做出来了，效率高且美观，老板非常满意……"类似的环节之间的互动不断增加，如负责交货与售后维修的员工 g 强调其与订单员、图纸设计员以及组装与测试员之间的互动，负责新产品试制的员工 c 则几乎提到了与所有其他环节的互动。员工之间的互动由于不受职位权力高低的影响，相对不受约束，同时整个公司只有一个办公室和一个大车间，沟通便利、顺畅。员工之间的互动一方面有利于信息交换，承担不同任务的员工通过互动首先相互寻求完成某些环节任务的针对性信息，共同解决问题，提高工作效率，交换相对宽泛的信息，使得彼此了解各自的任务。这种信息交换代表员工之间的一个双向过程，一方对信息提出要求，另一方提供信息，然后双方共同评价信息并产生价值。另外，员工横向互动有利于形成相互影响。员工在互动过程中逐渐对两个紧密环节之间的任务和要求形成共同理解，彼此形成承诺以更好的相互配合。除了围绕工作任务，员工之间对个性、价值观等亦做出相互评价，从而形成局部凝聚力。

根据这一阶段个体基模和互动范式的变化，从公司整体层面而言，管理者之间在高频率显性互动、较高强度角色扮演的影响下对组织任务形成了局部共享基模，同时管理者与员工之间就某特定环节任务形成局部共享基模，而紧密相连的员工之间则针对联合任务形成局部共享，如图4－2中灰色部分显示。通过重复作业，个体逐渐积累经验，其针对各自任务的个体基模呈现专业化趋势。同时个体基模的核心属性发生转移，原因在于随着个体对各自任务的熟悉度增加，能够锁定完成任务所需最为核心的要素。

4.4.3　集体共享基模形成

个体基模在重复作业中进一步专业化并伴随着泛化的趋势。这里的泛化是指开始将注意力延伸至个人职责以外。根据员工b的描述，“2010年我从学校毕业，学的是机械制造（已有基模）……我主要辅助老板，完成机架和箱体造型等简单设计（简单基模）……这个机器从机身、到机架和箱体以及斜面和整体构造几乎都是我完成的（基模专业化）……我现在的主要任务是开发新机器……根据客户的需求对已有的产品设计做出改进（基模进一步专业化）……此外，我还负责给其他几个设计员分配任务，指导他们。除了给试制和生产环节工人进行图纸解读和问题讨论，还经常参与公司例会……（基模泛化）”。可见，个体形成简单基模后，经历了专业化过程，并呈现泛化趋势。类似的，其他员工的个体基模亦在重复作业的过程中进一步专业化，同时逐渐扩大认知范畴，强化对较大范围组织任务的认知。

从组织整体基模变化来看，在局部共享的基础上组织成员逐渐对组织任务形成集体共享基模。首先，管理者进一步将注意力集中到组织任务或战略层面：明确“高要求、低批量”整体任务，细化实现整体任务的途径和方法，如锁定国内外参照企业及产品系列（H公司的丝织机系列、D公司的针织大圆机等），开展技术和性能比较，形成本公司产品的技术比较优势；对公司员工进行整体任务解读和质量理念培训，如明确“以最先进的设计、最细致的生产和最贴心的服务创造每一台机器”的质量目标，制定公司质量手册，针对每一个环节的作业制定具体的要求和标准，每周一上午开例会进行质量问题反馈和讨论；即便受到用工荒的影响技术工人的招聘较为困难，但公司在招聘和培训员工过程仍坚持高要求，“员工素质是高质量的根本保证，我们宁可少生产、少接单，也要确保员工的质量，不允许生产和加工过程有半点马虎”（管理者A）。随着管理者A和B之间分工进一步明确，加上各种制度和政策的出台，两者在显性沟通时间、频率和强度上均呈现下降趋势，但对于整体任务的认知和理解却在潜移默化中达成一致且在总体目标的引导下形成了具体策略。此时，两者之间的互动范式转变为以“角色扮演”为主导，显性沟通为辅。

其次，管理者对员工的权力范式则由指导力转变为影响力主导。管理者的影响力主要体现在专业知识、社会技能和对稀缺资源的控制三个方面。第一，A 在机械设计和新产品开发方面展示了较高的专业水平：公司在成立前三年便牵头成功在产品外观、实用新型等方面申请了多项专利（如专利号201130031449、201320265273 等）；由 A 研发设计的发圈机（HC－M3000）、海绵擦机（HC－3000）、直筒换色袜机（HC－M4000）等新产品实现了由电动改气动、增加卡针自停装置、全封闭钣金箱体造型等创新，很好地满足了消费者提出的高产量、高自动化要求；A 凭借其产品试制、零部件生产以及产品组装和测试等重要环节的专业知识解决了大量生产技术问题，如在生产无缝袖口机（HC－X2000）时成功采用同步带传动，淘汰烦琐的皮带轮和部分齿轮，实现机器传动的超低噪音，延长传动零件的使用寿命。第二，两位管理者均在社会交往方面体现出较高的水平。根据员工对管理者的评价，A 能够做到“对组织日常秩序维护有佳”“对员工奖赏与惩罚得当”“对公司危机处理及时妥当”等；B 则能够“与供应商和外包商合作愉快”“有效衔接组织内部运作与外部发展”“管理者之间以及管理者与员工之间关系融洽”等。第三，管理者在经营过程中形成了特殊的组织内部关系、社会关系及社会影响力，从而能够掌控大量稀缺资料，加上他们是公司的所有者，无形中在员工之间形成较强的影响力，并逐渐扩大。此时，管理者尽管较少直接参与各环节具体任务的完成，而着重关注新技术开发、新产品试制结果、产品组装与测试结果以及客户满意度等关键点，但其战略意图反而能够更顺畅的在组织内部传递且被员工接受。员工不经常主动与管理者进行沟通，但通过长期的互动和参与联合行动，也对管理者的思想及要求形成认知并能够对管理者的行动做出有效预测。也就是说，员工能够对管理者进行有效角色扮演。管理者与员工之间显性沟通频率下降，加上相互权力不对等，权力较小的员工通过高强度角色扮演关注权力较大者即管理者的理解、预期和行动。

最后，不同环节员工之间的互动范式也由频繁显性沟通转变为以“角色扮演”为主。通过环节之间的频繁显性沟通，相互联合行动的经验不断积累，各环节个体不仅根据个人理解和行动进行抽象和概括，还根据共同的、相互主观形成的理解和行动进行抽象和概括。各环节个体的注意力逐渐从聚焦个体任务上升为关注整体任务，并视自身为整体任务的一部分，即形成归属于联合行动的自我。也就是说，个体对其他环节员工在联合行动中的角色逐渐形成认知，从而能够有效识别他人的行为或意图，并开始根据互动中其他员工可能的反应引导自身的行为，实现个人行动与集体行动的协同。通过角色扮演形成共同理解，加上管理者影响力的作用，使得每个环节的员工在整体任务中形成自我，逐渐形成基于整体任务的参与者角色。不同于前期相对独立的个体基模或局部共享基模，此时组织各环节之间形成基于关系自我的整体，因此个体基模逐渐在整体层面形成共享。随着共享基模在联合行动情境中因重复经历而得以形成，并逐渐条理化和详尽化，为参与者提供越来越多的行为指导。此时，不同环节员工之间的互动范式转变为以隐性"角色扮演"为主导，显性沟通为辅。

总之，在个体基模进一步专业化和泛化的基础上，互动范式和权力范式均发生了显著变化，促使组织集体共享基模最终形成。如图 4－3 所示，灰色椭圆形代表组织共享基模，除了管理者之间形成对组织任务的共同理解，所有环节员工均视自身为组织整体任务的一部分，通过角色扮演采取行动，完成组织任务。此时员工不再认为其任务是独立的，而是集体努力的结果。因此管理者提出的"高质量"要求在组织的整体层面形成共同理解。

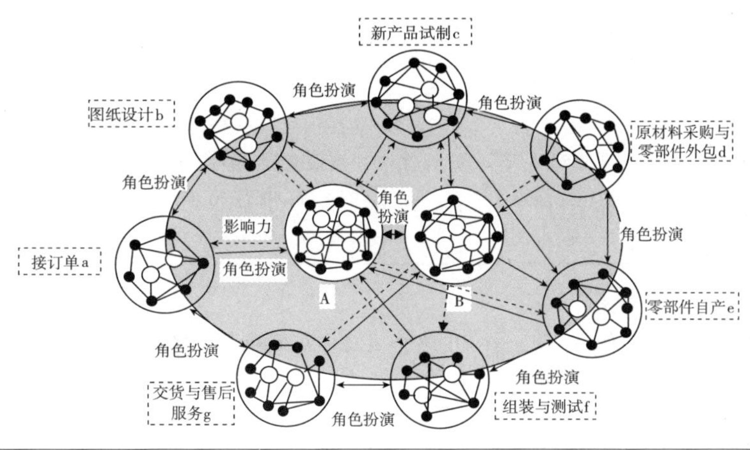

图 4－3　集体共享基模形成与相互关系

4.5 共享基模形成过程案例讨论

根据上述案例分析与探讨，初创企业集体共享基模形成过程主要经历个体基模形成、局部共享基模形成和集体共享基模形成三个阶段。初创企业成员首先形成相对独立的个体基模，然后在管理者之间、管理者与员工之间以及关系紧密的不同环节之间分别基于集体任务、特定环节任务以及环节之间联合任务形成局部共享基模，最后在组织层面基于组织整体任务形成共享基模，产生联合行动倾向，如表 4－3 所示。

表 4－3　初创企业共享基模形成过程个体基模、互动范式及权力范式的演化

分类	个体基模形成阶段	局部共享基模形成阶段	集体共享基模形成阶段
个体基模变化	简单基模形成	基模专业化	基模（进一步）专业化和泛化
管理者之间的互动范式	显性沟通频率高；角色扮演强度低	显性沟通频率高；角色扮演强度高	显性沟通频率低；角色扮演强度高
权力范式（管理者与员工之间的互动范式）	指令主导（从管理者到员工的单向显性沟通，频率高；隐性角色扮演强度低）	指导力主导（管理者与员工互动显性沟通频率高；角色扮演强度提高）	影响力主导（管理者与员工显性沟通频率降低，角色扮演强度提高）
不同环节员工之间的互动范式	显性沟通频率低；隐性角色扮演强度低	显性沟通频率高；角色扮演强度低→显性沟通频率高；角色扮演强度高	显性沟通频率低；角色扮演强度高

从个体基模变化来看，在初创企业共享基模形成的过程中，管理者及各环节员工首先通过类比迁移（及管理者指令）对各自任务形成相对独立的个体基模，然后不断实现专业化甚至泛化。这种专业化体现为基模属性类型的增加和属性关系的复杂化和清晰化。具体而言，从第一阶段到第二阶段，个体基模专业化体现出基模属性类型增加和属性关系复杂化、清晰化的特点，同时伴随着核心属性的转移，而从第二阶段到第三阶段的过程中个体基模则

呈现进一步的专业化并伴随着泛化，此时核心属性则相对稳定。需要说明的是，个体基模的专业化尽管不能直接导致组织共享基模的形成，但这种专业化是形成有效共享基模的基础。也就是说，集体共享基模最终能否有效促使组织整体任务的完成依赖于个体基模的专业化。个体基模泛化则是确保个体能够将其认知对象从个人任务向联合任务再向组织任务转移的根本。

从管理者之间互动范式的变化来看：在公司成立最初期，管理者或创始人之间的互动方式主要是为确保正常运营而进行的高频率显性沟通，此时由于相互之间尚未能形成有效认知，隐性角色扮演强度低。随着管理者之间分工的明确，加上在反复完成任务过程中共同理解的形成，管理者之间在保持高频率显性沟通的基础上，逐渐提高角色扮演的强度，即结合沟通和基于对对方的思想和行为的认知和有效预测，采取相应的行动，以应对组织特定情境下出现的组织任务。随着管理者之间角色扮演强度的提升，相互进行显性沟通的频率降低，因此在共享基模形成阶段主要依赖角色扮演形成有效“界面”共同完成组织任务。

从权力范式演化或管理者与员工之间的关系来看，主要经历了从指令主导到指导力主导再到影响力形成的过程。管理者在公司成立初期为确保组织任务的完成，采用指令性领导方式对员工行为进行较为严格的控制，使得员工完全按照管理者的意愿采取行动。此时，两者之间的互动主要体现为从管理者到员工的单向高频率、显性沟通。当员工逐渐能够胜任其岗位后，管理者开始将权力范式转变为以指导力为主导的参与式管理，给予员工足够的空间开展活动，但仍会参与各环节的关键点，提出方案或给予指导。此时，管理者与员工之间出现较高频率的互动性沟通，高频率沟通促使相互角色扮演的强度得以提升。随着管理者逐渐凭借其专业知识、社会技能和对稀缺资源的控制等形成有效影响力，其与员工之间的显性沟通频率降低，但两者之间有效角色扮演的强度进一步提高。即使没有频繁互动，亦能相互有效预测对方的想法与行为，对组织任务形成纵向一致性理解。

从不同环节员工之间互动范式的变化来看：在公司成立之初，各环节员工主要关注各自相对狭小范围内的任务，彼此显性沟通的频率较低且尚未形成有效的角色扮演。任务关联性促使某些紧密相连的环节之间需要通过交流才能更有效地完成任务，从而使得部分环节员工之间出现较高频率的显性互动并相互间形成一定的共同理解，高频率互动促使角色扮演强度逐渐提升，产生基于联合任务的局部共享基模。随着相互角色扮演效力的不断提升，使得非互动情况下依然能够有效预测对方的思想和行动，使得显性沟通频率下降，形成横向一致性理解。

此外，初创企业集体共享基模形成过程中个体基模、互动范式和权力范式的演变不是同步推进的，而是相互之间存在时序及影响关系。因此构建初创企业集体共享基模形成过程模型，如图 4－4 所示。管理者之间、管理者与员工之间以及员工之间在各自互动范式变化的影响下分别沿着特定的路径逐渐形成局部共享基模，最后受高强度角色扮演效力的影响，以及组织成员认知对象的转移，形成基于组织任务的共享基模。

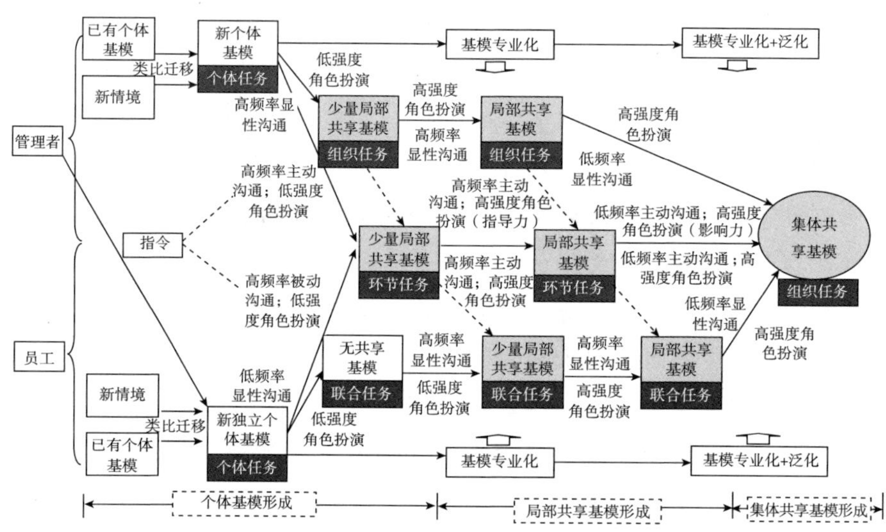

图 4－4　初创企业组织共享基模形成过程模型

首先，个体基模、互动范式及权力范式的演化共同促成组织集体共享基模的形成。已有关于组织集体基模的研究尽管考虑了组织群体基模较之于个体基模的复杂性和情境性（宾厄姆和卡尔，2003），但并未考虑群体成员之间的相互连接关系，同时视基模对象为某特定、明确的新事物，本章研究则结合组织惯例研究领域关于参与者任务相关性和互动性的观点，探究组织内部承担不同任务的成员如何对组织任务形成相互共享基模从整体上确保组织任务有效完成的过程。管理者之间基于组织任务的集体基模变化具有超前引导性，能够推动管理者与员工之间共享基模的形成，进而推动不同环节员工之间共享基模的形成。不同群体形成局部共享基模时的认知对象具有差异性，管理者处于组织最高层，因此其相互间形成局部共享基模时的认知对象直接为组织任务，而管理者与员工之间形成局部共享基模旨在更好地完成特定环节的任务，因此认知对象为特定环节任务，员工之间形成共享基模的认知对象则为关系紧密的环节之间的联合任务。可见，组织集体共享基模的形成意味着大部分员工需要转变其认知对象，即从较小范围的个体任务到联合任务再到组织整体任务的转变，体现了个体基模泛化的作用。总之，本章研究从互动范式及变化视角开展研究，充分体现了组织共享基模及组织惯例研究的动态性。

其次，类比迁移是形成个体新基模的重要途径，但新员工个体基模的形成还受到管理者指令的影响。与有关个体基模形成的观点一致，本章研究得出，在公司成立初，当管理者和员工均面临新情境时，个体会通过搜索以往经历过最为类似的情境并通过认知映射将已获得经验应用于新情境中，识别出新情境相关的属性与关系，从而对新情境下的个体任务形成新基模（吉克和霍利约克，1983；加韦蒂等，2005）。换言之，为减少新情境不确定性，个体通过推理将情境知识感知为熟悉的情景，即通过类比迁移形成新基模（金特纳等，2001；李和霍利约克，2008）。需要说明的是，类比迁移通常是潜意识的，个体往往没有意识其利用了已有的经验（类比），更难识别出类比影响的程度（金特纳等，2001；金特纳等，2003；舒恩和邓巴，1996）。此外，在组织新员工形成新基模的过程中，除了基于已有情境通过类比迁移进行认知转移，还受到管理者指令的影响。

再次，个体基模专业化和泛化是形成有效共享基模的基础。个体基模专业化和泛化与共享基模形成本质上处于不同的维度，前者强调个体基于个人任务或专业领域实现专业知识的积累和结构优化，后者则强调集体基于组织任务形成共同的理解并产生共同行动倾向。然而，一方面，个体基模在重复作业过程中不断实现专业化甚至泛化，不仅能够确保个体更有效地完成个人任务，还能将个体的注意力逐渐从个人任务中转移到联合任务以及组织整体任务层面（戴恩，2010）。另一方面，形成集体共享基模的目的在于通过共同理解和共同行动倾向的形成更有效地完成组织任务，而组织任务的完成依赖于个体任务的有效完成以及在此基础上的有效整合，因此唯有确保个人任务高效完成才能促成组织整体任务的实现。类似的，有关组织惯例的研究也指出，组织惯例之所以能够对组织行为产生根本性稳定与变革的作用源于参与者在各自完成任务分工的过程中对组织整体任务形成共享基模（狄奥尼修和祖卡斯，2013）。

最后，角色扮演是形成共享基模的关键。管理者之间、管理者与员工之间及员工之间局部共享基模的逐渐形成以及到最后组织集体共享基模的形成均伴随着互动范式的不断转变。总体上，高频率显性沟通促成高强度角色扮演，进而形成共同理解并产生共同行动，即形成共享基模。由此验证了基于连接形成的角色扮演在共享基模形成中的关键作用，这与有关组织惯例的研究强调“角色扮演代表惯例形成和反复出现的重要过程”结论是一致的（戴恩和普拉特，2007）。个体对其他环节员工在联合行动中的角色逐渐形成认知，从而能够有效识别他人的行为或意图并开始根据互动中其他员工可能的反应引导自身的行为，实现个人行动与集体行动的协同（布鲁默，2004）。通过角色扮演形成共同理解，使得个体在整体任务中形成自我，逐渐形成基于整体任务的参与者角色（埃米尔拜尔和米奇，1998；乔斯，1997）。经常较长时期的互动和反复作业，管理者及员工基于组织整体任务通过增加新规则、修正或废弃旧规则形成新的有效规则，使得组织成员相互之间形成有效的行为预期，产生有效协调，形成集体凝聚力（菲斯克和泰勒，1991；洛德和克南，1987；彭特兰等，2011）。

4.6 本章小结

本章采用探索性案例研究法，从互动范式演化视角对初创企业集体共享基模的形成过程进行研究，识别出个体基模形成、局部共享基模形成到集体共享基模形成三个主要阶段，提炼各阶段的特点并构建共享基模形成过程模型，得出：个体基模、互动范式及权力范式的演化共同促成组织集体共享基模的形成；类比迁移是形成个体新基模的重要途径，但新员工个体基模的形成还受到管理者指令的影响；个体基模专业化和泛化是形成有效共享基模的基础；角色扮演是形成共享基模的关键等结论。本章研究对管理实践具有重要的启示：一是，组织集体共享基模的形成是组织内生动力或集体凝聚力的重要来源，也是确保组织惯例能够对组织行为产生稳定与变革双重根本作用的保证，因此管理者需要对组织共享基模的形成给予足够的重视；二是，在高频率显性沟通基础上形成的有效角色扮演是形成共享基模的关键，因此为确保相互之间角色扮演效率的提升，管理者需从组织横向及纵向构建有效的沟通渠道与机制，促进有效沟通；三是，考虑到个体基模专业化及泛化在组织集体共享基模形成中的重要性，管理者需为员工提供学习、培训的机会，强化员工的专业知识增量及结构，提升个体任务的实践效率，进而提升对组织任务共享基模的形成效率，促进组织任务的完成；四是，管理者之间基于组织任务的集体基模变化具有超前引导性，但共享基模的形成不能仅限于组织管理层，而是要在整个组织对组织任务形成共同理解，才能确保组织任务的有效完成。

第 5 章

组织惯例的动态演化

组织惯例除了稳定性，还具有动态性和演化性，代表组织稳定与变革共存的悖论性态势，因此揭示组织惯例的动态演化机制成为核心问题。根据组织惯例的动态演化源于惯例启示面和执行面之间交互作用的观点，本章在矩阵化表达惯例启示面和执行面的基础上，利用 Markov 矩阵及其转移概率构建两者之间的交互作用数学模型，模拟组织行动之间的路径依赖和交互依赖以及依概率变化和选择性保留过程进行仿真实验。研究结果证实了组织惯例具有持续的自我演化性并揭示了组织惯例的动态演化规律。

5.1　问题提出：组织惯例如何动态演化？

组织惯例是组织的基本属性和组织完成任务的根本手段，对组织发展的重要性日益显著。传统研究认为稳定性是惯例的基本特征，学者甚至使用物理学中“惯性”来描述组织惯例的稳定属性。直至 1982 年纳尔逊和温特创新性地提出，组织惯例具有显著的变革性和动态演化潜质，是组织发展和演化的基础，组织惯例的动态演化问题才引起了关注。此后，学者进一步从惯例内涵及构成等理论层面明确了组织惯例的内生动态性或变革性机理（弗尔德曼和彭特兰，2003；贝克尔，2005），突破了对组织惯例稳定性及阻碍作用的传统认知。基于对组织惯例动态演化性的认知，近年来学者已经开始关注组织惯例对组织创新的促进作用（林海芬等，2017），甚至探究组织惯例产生的既阻碍又促进的悖论性作用（弗尔德曼等，2016；伊等，2016；克列姆塞尔和施雷格，2016），如提出惯例与创新的二元理论等（索南沙因，2016）。因此，组织惯例的动态演化机理研究已成为组织惯例研究领域最为核心的基础问题（林等，2017；姜涛和熊伟，2014），其意义不止在于验证组织惯例的变革属性，更是为深化组织惯例领域研究构建根基。

弗尔德曼和彭特兰（2003）提出惯例的二维构成观，从理论层面分析得出执行面与启示面的持续互动是惯例动态性的来源。在此基础上，学者进一步开展了有关组织惯例如何动态演化的研究（彭特兰等，2011，2012；高闯和陈彦亮，2012）。大部分研究以惯例参与者的动机、认知等隐性特质作为微观基础开展研究，得出参与者的隐性特质是组织惯例动态性的来源（艾贝尔等，2008）。事实上，组织惯例动态演化表现为组织惯例新内容和旧内容之间的"新陈代谢"，而组织行动之间的交互作用或许是惯例执行面与启示面之间的交互作用（弗尔德曼和彭特兰，2003）正是这种"新陈代谢"过程得以持续进行的基础，因此立足组织行动视角能够更直接的揭示组织惯例的动态机理。组织行动之间存在交互依赖关系，即已经形成的行动序列会作用于有可能生成的行动序列，影响行动排序、状态和变化趋势。组织惯例的动态演化过程实质上就是组织行动之间交互作用并且对组织惯例内涵进行反馈的过程。那么，组织惯例是如何在组织行动交互中实现动态演化的呢？对此，本章研究采用 Matlab2015a 对组织惯例动态演化的过程进行仿真建模，将组织惯例构建为服从于依概率变化和选择性保留的动态演化过程的数学模型，通过转移概率矩阵和行动矩阵的交互作用，探究组织行动序列的表达范式以及组织行动之间的交互作用对组织惯例动态演化的作用，以期丰富组织惯例动态理论。

5.2　组织惯例动态研究的理论基础

5.2.1　组织惯例的动态性研究

传统研究强调组织惯例的稳定属性，认为惯例是组织保持稳定或规律性、持续性发展的保证且组织惯例将组织锁定于非弹性、稳定不变的行动范式中，阻碍组织创新变革（科恩，2007；汉纳和弗里曼，1984）。直到学者发现惯例具有固有的自我演化或内生变革属性即动态性（纳尔逊和温特，1982；弗尔德曼和彭特兰，2003），才得出组织惯例体现了最典型的稳定与变革共存的悖论态势（法琼，2010）是组织持续变革的来源，从而开启了有关组织惯例动态理论研究的新篇章。尤其是弗尔德曼和彭特兰（2003）率先构建了惯例执行面和启示面之间的递归循环分析框架，从交互视角清晰化惯例动态性基本理论，该研究随后得到了高度关注和广泛引用。组织惯例的动态性不仅意味着组织惯例是持续变化的，还强调组织惯例能够同时产生稳定性和变革性（弗尔德曼和彭特兰，2003），说明组织也是稳定性和变革性的共存体，从而为理解组织惯例和组织创新与发展提出了新视角。

有关组织惯例动态性的研究主要围绕影响因素和动态机理两个方面展开，前者旨在说明组织惯例动态演化受到哪些因素的影响，而后者则关注组织惯例如何动态演化。有关影响因素的研究中，部分直接关注外部环境变化对组织惯例演化的影响，认为外部环境变化是导致组织惯例演化的根本原因（高闯和陈彦亮，2012；高展军和李垣，2007），即组织通过推翻已有惯例并形成新惯例以应对环境的变化。其他研究则关注组织学习、领导行为、动态能力等内部因素的影响，如米捷等（2016）探究了组织学习对组织惯例变化的影响，得出组织采用“先探索、后利用”的组织学习策略时，组织知识水平和个体平均知识水平增长幅度最大，组织惯例的优化最为明显；王永伟等（2012）研究发现，变革型领导行为和组织学习倾向对组织惯例更新具有显著正向影响，组织学习倾向在变革型领导行为与组织惯例更新之间起着中介作用；陈彦亮和高闯（2014）则从组织双元能力视角探究了其对组织惯例复制的影响；佩特斯等（2014）认为组织通过形成吸收能力促成惯例的演化，最终实现组织创新的引进；邓修权等（2012）基于演化博弈论建立基于惯例的企业能力演化模型，结果表明企业能力演化的过程是企业不断进行惯例学习与变异的过程。

除了影响因素，更多的研究关注组织惯例的动态演化机理，即揭示相对隐性的惯例演化路径与规律，构建组织惯例演化过程模型等（埃瓦等，2017；伊等，2016）。如马里亚诺和凯西（2016）以新创科技企业为背景采用质性研究方法构建了一个组织惯例动态演化过程模型，体现了学习和忘记在惯例演化中的重要作用；林等（2017）探究了组织惯例在新创企业中的形成过程，揭示了互动、权力范式和角色扮演等机制在组织惯例演化中的作用；林海芬和王涛（2017）采用案例研究方法揭示组织创新过程中组织惯例的演化规律，得出惯例的演化过程经历已有惯例主导期、新惯例形成期和新惯例固化期三个阶段，通过互动和角色扮演促成新惯例的形成是组织惯例演化的关键，也是决定组织创新彻底性甚至决定创新成败的关键等。有关组织惯例动态演化机理的研究一方面旨在证实组织惯例存在自我变革和演化潜力，另一面则尝试揭开惯例演化的黑箱。总体上，研究已初步证实了组织惯例的动态性，得出惯例在执行过程中并非产生单一的行动范式，而是能够产生大量差异性行动范式，即便在保持外部环境不变的情况下，惯例也能够实现显著自我演化（彭特兰等，2011，2012）。李柏洲等（2015）以演化博弈模型为主要理论工具，基于特定的知识创造行为构建了组织惯例的演化博弈模型。

正是基于组织惯例的动态理论，学者们彻底改变了传统惯例与创新之间完全对立的观点（刘景东和杜鹏程，2015），开始探究组织惯例对组织创新的促进作用。如林海芬等（2017）构建了组织惯例内生性变革过程及其与组织创新的关系模型，得出参与者在每次执行惯例的过程中面临差异性情境要素，执行结果使得组织惯例的启示面处于持续演化的过程中，促使已有组织规则进行调整，即内生性触发组织创新。事实上，除了少部分自上而下的重要创新，组织中的大部分创新均源于组织惯例自我演化的内生性推动，即属于自下而上的创新（林海芬等，2017）。索南沙因（2016）以某品牌服装连锁零售店为案例，得出在惯例的指导下，不同店面在布置方面呈现出“熟悉的新奇性”特点，即每家店面既存在统一性又存在独特性或创新性；德肯（2016）等研究发现弯曲、拉伸和发明三项惯例作业中任一项或多项惯例作业发生作用均会产生新奇性，触发组织创新。因此，组织惯例对组织创新除了传统的规范或稳定作用，还体现出新奇性和创造性即促进作用（魏龙和党兴华，2017），体现了惯例与创新的二元性。

综上所述，组织惯例的动态理论是该领域的核心问题，也是深化相关问题研究的基础。考虑到参与者的隐性特质具有高度隐蔽性，不易观察和测度，而参与者隐性特质及改变直接体现为参与者的行动及改变，因此关注行动能够更直接的揭示惯例的演化特点与规律。

5.2.2 组织惯例动态演化的理论依据

组织惯例动态理论的基础是组织惯例的二维构成观，即弗尔德曼和彭特兰（2003）提出的组织惯例由执行面和启示面构成，两者之间的互动关系是惯例动态性的基础和来源。执行面和启示面分别代表惯例的具体内容和抽象内容。组织惯例的执行面塑造了组织惯例具体的执行模式，是组织惯例可以被直接观察到的部分，包括组织惯例动态演化过程中的时间、地点、事件等基本要素；组织惯例的启示面则是行动范式的特定执行结果集合，不容易被研究者直接观察到，隐性地存在于组织惯例的基本要素之中（弗尔德曼和彭特兰，2003；贝克尔，2005）。组织惯例的启示面和执行面之间存在不同态势的迭代递归和交互作用关系。参与者在反复执行惯例的过程中对启示面内容进行优化和更新，新的启示面则进一步指导惯例的执行（弗尔德曼和彭特兰，2003）。正是惯例启示面和执行面之间的这种交互作用促成了组织惯例的动态演化。

惯例启示面最核心的构成是组织共享基模（狄奥尼修和祖卡斯，2013；林海芬等，2015），即组织惯例多个参与者对组织任务形成的共同理解，具体表现为隐性的共同认知、技能和技巧以及显性的组织书面条令、组织任务执行程序和组织管理体系操作等（特纳 & 闰多瓦，2012）。而这些组织共享基模的载体均蕴含着组织记忆（狄奥尼修和祖卡斯，2013；林海芬等，2015），因此组织记忆是组织惯例启示面更深层的构成。也就是说，组织记忆是组织共享基模的重要内涵，同时也是组织惯例启示面的重要内容，是组织惯例动态演化过程中组织行动交互作用和依赖（路径依赖和交互依赖）的基础。根据比克哈德和坎贝尔 l（2003）的研究，记忆的运行与生物记忆相通，均利用变化、选择和适应等储存机制。

组织记忆包括三种类别（黄等，2014）：程序性记忆，陈述性记忆和交互记忆。其中，程序性记忆又称内隐记忆，存储专业技术信息（黄等，2014），即感知和运动技巧等习得性行为信息，难以用语言来表述。程序性记忆作用于组织惯例的稳定趋势，产生长期持续的、难以改变的集体行动倾向，在组织任务完成的过程中起到因势利导的作用。纳尔逊和温特（1982）认为程序性记忆储存的个体专业技术能力是组织惯例基本特征得以实现的微观基础单元。陈述性记忆储存事实情境及其相互关联的信息，是知识教学教育的主要内容，易于用语言来表述（黄等，2014）。陈述性记忆分为情景性记忆和语义性记忆，是组织任务情境的重要组成部分。通过对陈述性记忆的合理运用，个体可充分了解组织任务情境并做出合适的反应，因此陈述性记忆能够体现个体行动的动态性（王建安和张钢，2010）。相比之下，程序性记忆的清晰程度具有衰减趋势，和时间负相关；程序性记忆的清晰程度越高，越容易迁移到新的组织任务情境中；而陈述性记忆则没有这种倾向。交互记忆储存不同个体之间交互作用的历史记录（黄等，2014），是一种基于个体之间人际互动的信息，可以在组织内部进行共享。在惯例执行中，当个体不能独立完成任务时，个体尝试通过求助于其他个体，记录其他个体所拥有的专业技术和专业知识并存储这种求助行动的历史记录，以便在未来的工作任务中再次获取帮助。随着组织成员共事时间的增加，彼此之间的交互记忆也会加深，有利于组织内部个体对完成特定任务所需要的专业知识的掌握，形成了对组织任务情境的共同理解，即组织共享基模（狄奥尼修和祖卡斯，2013；林海芬等，2015）。

综上所述，已有研究指出，动态演化是组织惯例研究领域的重要内容，组织惯例的启示面和执行面之间的交互作用是组织惯例动态演化的基础。那么，组织惯例到底是如何在其启示面与执行面的交互中实现演化的呢？本章将进一步结合组织惯例二维观和组织记忆等理论，从行动视角延续惯例动态性研究，探究组织行动序列的生成、变化及其交互作用，以及启示面和执行面之间的交互作用对组织惯例的持续动态演化的作用和影响，充实组织惯例动态理论。

5.3　研究设计

5.3.1　研究方法：仿真建模

本章研究致力于在明确组织行动序列的生成、变化和交互作用的基础上，揭示惯例行动之间的交互作用或是惯例启示面和执行面交互作用如何促成组织惯例持续动态演化的内在机理。基于组织惯例的流程属性，我们首先从组织管理实践中提炼出组织惯例流程，然后基于该流程构建代表组织惯例执行面的行动矩阵以及代表组织惯例启示面的一阶 Markov 矩阵（即转移概率矩阵），模型化惯例启示面与执行面之间的交互作用关系，再通过 Matlab2015a 构建基于交互作用关系的组织惯例动态演化数学模型并对组织行动之间的依赖性进行仿真模拟。转移概率矩阵代表组织记忆，转移概率矩阵的变化生成行动矩阵（数字行动序列集合），因此行动矩阵表示惯例动态演化的结果。通过转移概率矩阵和行动矩阵之间的交互作用模拟组织惯例的动态演化过程。

借鉴科恩和巴达扬（1994）的研究，本章研究将组织惯例的执行面描述成行动序列，行动序列中的个体行动可以触发他人行动，从而对其中的交互作用和依赖性进行仿真。因此，构建组织惯例动态演化函数表达式为：组织惯例 =（行动，交互作用），即 Routines =（Actions，Interactions），可以简要表达为 R =（A，I），其中 A 表示组织惯例动态演化过程中组织行动的选择集合，I 表示组织行动之间的交互作用关系。通过组织行动之间的交互作用将组织惯例构建为服从于依概率变化和选择性保留的动态演化过程的行动函数。

5.3.2 组织流程

组织惯例的载体是组织流程，因此惯例的动态演化表现为组织流程的具体运行（达文波特，1993）。在特定条件下实现组织流程涉及特定的组织任务，可通过预先设定行动集合代表不同的组织任务并从中进行选取（巴苏和布兰宁，2000）。依据概率，一个组织流程存在若干生成路径，因此组织流程可以被构建成生成包含若干不同模式的行动序列的动态生成结构（马龙等，1999）。对于特定的组织流程，根据输入端条件的变化，依概率会有若干种不同的输出端结果（马龙等，1999）。因此，在组织流程中，应该确定量化绩效指标来完善选择机制的具体内容，同时保证组织任务惯例变化和选择性保留的程度，即工作任务行动和任务行动衔接的先后顺序处于合理的程度区间之内。在必要时，可以通过增加或减少任务行动环节，或者更改任务行动的顺序来保证组织行动的异质性，控制组织惯例演化动态态势。

为了更好地理解惯例的流程属性及其模型化表达方式，我们收集了辽宁省沈阳市某医联体医院的医护人员选聘流程的相关数据，抽象出仿真模型流程框架，并实现仿真设计，用于揭示组织惯例动态演化机理。通过对该医院负责招聘的人事科相关人员进行访谈，梳理整个选聘流程并描述各环节的主要任务和发生概率。该医院选聘流程能够符合组织惯例“多个参与者参与”“反复”“可识别”“交互依赖”等特点（弗尔德曼和彭特兰，2003：96），满足本书研究的需要。选聘过程涉及多个环节的不同员工，体现多个参与者参与的特点；该医院周期性进行选聘工作，体现选聘流程的反复性；各环节的参与者均能够很好地描述各自的任务，体现可识别性。各环节之间尤其是相邻环节之间的任务具有较为显著的相关性，体现出交互依赖性。根据访谈资料，整理得出该医院医护人员简化选聘流程如图5－1所示，具体包括报名及确认应聘者、在线筛选应聘者、笔试、笔试通过或未通过、面试应聘者、面试通过或未通过、入职体检以及入职培训等环节，图中各环节之间的数字表示进入下一环节的概率，比如1.0表示全部候选人进入下一环节，0.3则表示30%的概率进入下一环节。该数字也代表两个环节之间的相关性。

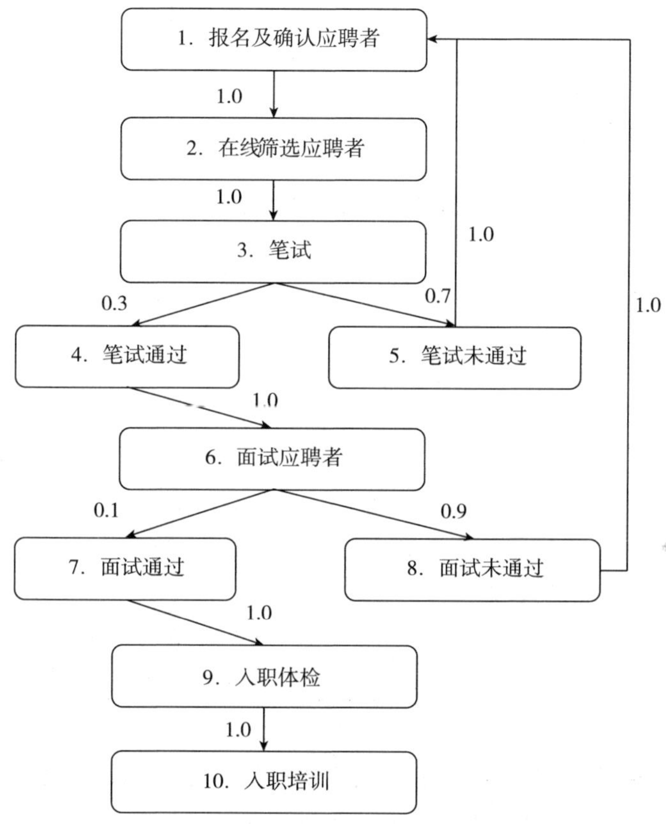

图5－1 某医院选聘流程的行动网络

5.3.3 惯例执行面与启示面矩阵化构建

借鉴彭特兰等（2011，2012）的研究，我们用行动矩阵表示惯例的执行面，展示具体时间、地点的具体情境化任务的实现过程。在行动矩阵中，行动指组织惯例中完成特定组织任务的步骤，关联体现了行动序列中行动之间的顺序和联系，结点指代抽象意义上的行动，连接结点的边代表行动之间的相继关系（即依赖性、交互作用）。也就是说，行动及其交互作用组成的序列共同构成惯例动态演化的行动矩阵（彭特兰等，2011）。

组织惯例的启示面则用转移概率矩阵来表示。转移概率矩阵即一阶Markov矩阵，矩阵中的元素P_{ij}表示行动i发生后，行动j跟随行动i发生的概率。以上述某医院选聘流程为例，可构建相应的转移概率矩阵，如表5－1所示。矩阵中的“0”表示两个环节之间没有关联性，其他数字则表示某行动发生后另一行动随之发生的概率。需要注意的是，转移概率矩阵中的行动（结点）可以自我关联，即当$a_{ii} \neq 0$时，则表示同一个行动可以连续发生两次。

表5－1　某医院选聘流程的转移概率矩阵

	1	2	3	4	5	6	7	8	9	10
1	0.0	1.0	0.0	0.0	0.0	0.0	0.0	0.0	0.0	0.0
2	0.0	0.0	1.0	0.0	0.0	0.0	0.0	0.0	0.0	0.0
3	0.0	0.0	0.0	0.3	0.7	0.0	0.0	0.0	0.0	0.0
4	0.0	0.0	0.0	0.0	0.0	1.0	0.0	0.0	0.0	0.0
5	1.0	0.0	0.0	0.0	0.0	0.0	0.0	0.0	0.0	0.0
6	0.0	0.0	0.0	0.0	0.0	0.0	0.1	0.9	0.0	0.0
7	0.0	0.0	0.0	0.0	0.0	0.0	0.0	0.0	1.0	0.0
8	1.0	0.0	0.0	0.0	0.0	0.0	0.0	0.0	0.0	0.0
9	0.0	0.0	0.0	0.0	0.0	0.0	0.0	0.0	0.0	1.0
10	0.0	0.0	0.0	0.0	0.0	0.0	0.0	0.0	0.0	0.0

基于具体执行任务的特定路径，行动矩阵可以表示出许多不同种类的动态演化方式和结果。在行动矩阵动态演化的过程中，转移矩阵的作用是依据转移概率元素生成行动序列。通过基于转移概率的路径依赖和交互依赖方式，行动矩阵表达组织惯例动态演化过程中实际的、已经发生的行动范式和潜在的、可能发生的行动范式。

5.3.4　惯例动态演化的依赖机制及模型构建

惯例的动态演化是惯例执行面与启示面交互作用的结果（弗尔德曼和彭特兰，2003）。惯例启示面和执行面之间的互动过程可以通过转移概率矩阵和行动矩阵之间的交互作用来表达。而这种交互作用的背后则是内在依赖机制：一种是组织行动之间的路径依赖，它表示过去的行动影响未来的行动的趋势和可能性，体现了组织惯例可重复、可识别的本质；另一种是行动之间的交互依赖，表示某个行动依赖于其他行动的程度，是组织行动之间相互组合的机制，体现了组织惯例交互依赖的本质。

路径依赖实质上是组织内部不同构成元素之间的交互作用。组织惯例行动之间的路径依赖主要有两种情况：一种是组织内部单次执行内的路径依赖；另一种是组织内部多次执行之间的路径依赖（彭特兰等，2012）。在单次执行过程中，转移概率矩阵是针对可以直接观察到的、生成的行动序列所进行的数学化总结，是对历史的记录，即组织行动记忆（彭特兰等，2012）。而在多次执行之间的路径依赖中，新的执行或行动范式在某种程度上依赖于之前的执行历史，此时路径依赖机制是通过依概率变化和选择性保留机制中的变化和适应过程来表达的。例如，在惯例生命周期理论中的演化阶段，变化是动态演化的决定性力量；而在形成和稳定阶段，选择性保留起主要作用（赛多等，2009）。在组织惯例动态演化中，上述因素之间的交互作用的合力影响惯例动态演化态势。

类似地，交互依赖也反映了组织中不同元素之间互相影响的效果。交互依赖现象是组织惯例动态演化中常见的现象，惯例动态演化的内在作用机制会影响行动之间的交互依赖性。科恩和巴达扬（1994）将组织惯例描述成技术性行动序列，行动之间的交互依赖性提供了一种选择标准，交互依赖性可以用于衡量特定的逐次迭代过程的效果。交互依赖性提供的选择标准在客观上推动了组织惯例的动态演化。在惯例实践中，动态演化选择的标准是依据惯例动态演化中行动交互作用产生收益的具体情形，以及管理者对惯例的动态演化结果的要求而确定的。

惯例动态演化路径依赖和交互依赖通过行动序列的变化、选择和保留（适应）三种机制实现（彭特兰等，2012）。变化指根据转移概率生成行动序列，选择指代对生成的行动序列进行筛选，适应指对符合选择标准的行动序列进行保留。本章研究用图 5－2 表示执行面与启示面之间的关联性，其中 P 代表执行面，O 代表启示面，V 代表变化，S 代表选择，K 代表保留（适应），箭头代表它们之间的交互作用，符合螺旋式的循环迭代数学关系。

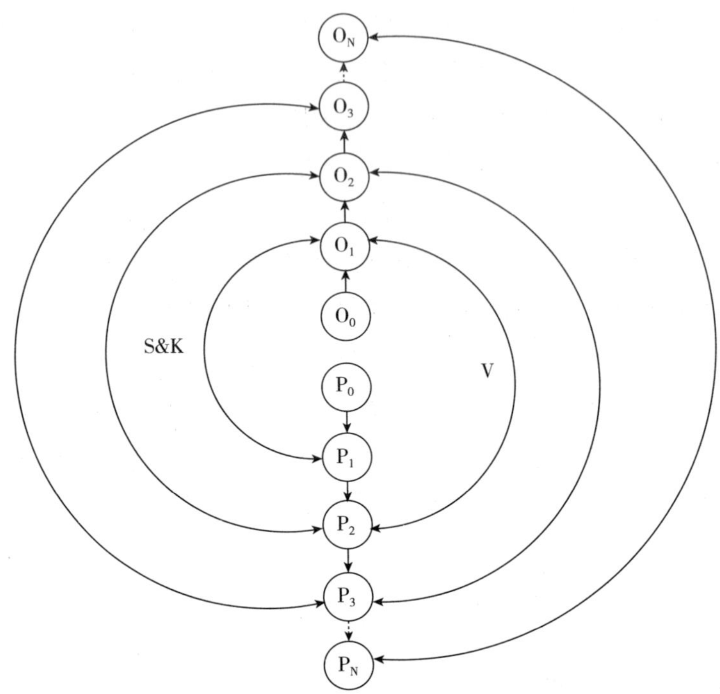

图 5-2　执行面和启示面之间的循环交互作用关系

惯例执行面与启示面的交互过程是一个依概率变化和选择性保留的过程（佐洛和温特，2002）。行动序列的动态演化对转移概率矩阵进行反馈，根据历史矩阵中行动序列的范式，转移概率矩阵可根据转移概率生成行动序列。也就是说，转移概率矩阵可以根据行动矩阵得到服从于依概率变化和选择性保留的行动范式。在某种程度上，每个新发生的行动都依赖于先前惯例动态演化的历史和行动发生的历史。在行动序列生成过程结束后，根据动态演化结果，依概率变化和选择性保留机制实现对转移概率矩阵的持续更新。在此过程中，一些序列会被选择性地保留并通过基于矩阵的行动矩阵的动态演化过程再次生成。启示面和执行面之间的交互作用关系使得组织惯例得以生成一系列的输出结果并且持续生成遵循依概率变化和选择性保留机制的行动范式。依概率变化和选择性保留过程倾向于促进组织生成有益于自身的变化情形，这种变化可以通过行动之间的重新组合而产生（萨尔瓦托，2009）。

需要说明的是，作为惯例启示面核心内容的组织记忆在模型设置中的作用体现在两个方面：转移概率矩阵中的元素（转移概率），会根据行动序列保留区间（即行动矩阵）中的不同行动（数字）的比例进行更新，体现了记忆的存储和更新机制。任意两个行动之间的转移概率反映的是二者之间的依赖程度（交互作用），存在一定可能性后者随着前者的发生而发生（依概率的关联性），也是记忆形式的表现。

总之，本章研究通过构建代表惯例启示面和执行面的转移概率矩阵和行动矩阵，将组织惯例的动态演化构建为服从于依概率变化和选择性保留过程的数学模型，并使用 Markov 转移矩阵将组织共享基模（即组织记忆）的内容和组织惯例动态演化结果中的行动范式结合起来，探究组织惯例动态演化过程中组织行动范式对于之前组织惯例重复动态演化的各种结果的规律性表达态势，从而说明在依概率变化和选择性保留机制下组织惯例发生持续动态演化的机理。

5.4　仿真实验过程

本部分在说明 Markov 性和 Markov 决策过程的基本特性的基础上，进行相关变量设置和模型设定并描述仿真实验过程的几个关键步骤。

5.4.1　Markov 性和 Markov 决策过程

设一随机变量序列 $\{x_m: m \geqslant 0\}$ 只在有限正整数集合中取值，即 $A = \{1, 2, \cdots, n\}$，$\forall i, j \in A$，在 $x_0 = i_0, x_1 = i_1, \cdots, x_{m-1} = i_{m-1}, x_m = i$ 的条件下，$p(x_{m+1} = j)$ 与 $x_0 = i_0, x_1 = i_1, \cdots, x_{m-1} = i_{m-1}$ 无关，只和条件 $x_m = i$ 有关，即 $p(x_{m+1} = j \mid x_0 = i_0, x_1 = i_1, \cdots, x_{m-1} = i_{m-1}, x_m = i) = p(x_{m+1} = j \mid x_m = i)$，则称 $\{x_m: \geqslant 0\}$ 为有限状态 Markov 过程，上述性质称为Markov 性，又称无后效性，其特点是当前 T 时刻的状态仅仅和之前相邻的 T－1 时刻状态有关，和之前的 T－2、T－3 等时刻的状态无关。

Markov 过程的骨干结构是 Markov 链。Markov 链是具有 Markov 性质的离散时间随机过程的载体。在 Markov 过程中，给定当前时刻下动态的情形，过去（即当前时刻之前的历史状态）对于未来是无关的。对遍历的 Markov 链，系统有唯一渐进稳定平衡状态（即解的表达）。

Markov 链模型在组织惯例中的应用主要是分析某一特定问题在某一阶段内由一个主体传递到另一个主体的可能性，这个可能性即转移概率。Markov

模型的基本假设是过去的内部问题的传递方式和概率与未来的趋势大体相一致；运用 Markov 模型可以分析组织团队内部对于问题解决过程的转移趋势和概率，以便为组织对内部资源进行协调安排提供依据。

Markov 链是 Markov 决策过程的核心，Markov 决策过程是从某一状态转移到其他任何可能的状态的系统，在每一步执行中决策者需要基于一个适当的选择集合来采取行动，此行动会影响下一步执行的转移概率，并且产生直接的受益（或者损失）和后续的受益（或者损失）（Altman，1995；White，1996）。

5.4.2 变量设置

选择集 P，由 1 到 A 的连续正整数组成（A 为待定正整数），每个正整数表示一个行动（正整数和行动之间构成单射关系）。

扩充集 Q，由 1 到 2A 的连续正整数组成，每个正整数表示一个行动（正整数和行动之间构成单射关系）。

保留 K，表示对满足条件的行动序列保留的个数（模拟记忆中历史记录的深度，是选择性保留的具体表现）。

记忆 O，转移概率矩阵（组织记忆载体的数学化表示，是组织共享基模的矩阵化总结），记录组织行动之间的是路径依赖和交互依赖关系。

历史 H，受到行动序列影响的历史保留区间，即由行动序列构成行动矩阵。

收益 U，表示行动对应的受益值，平均收益可以用来表示组织行动的绩效。

演化动态 M，表示行动矩阵的动态演化程度，本章研究使用欧几里得距离对其进行度量。转移概率矩阵的行向量是由转移概率组成的，其行向量的欧几里得距离之和，可以表示转移概率的变化程度，即组织记忆的变化程度。而转移概率的变化，实质上是组织行动之间交互作用趋势的变化。组织记忆和组织行动的变化一起作用于组织惯例动态演化。

5.4.3 模型设定

组织惯例执行面和启示面之间的交互作用和循环迭代关系如图 5－3 所示，转移矩阵代表启示面，通过转移矩阵依概率变化机制生成的行动序列组成的历史区间代表执行面，行动序列通过选择性保留机制反作用于启示面。

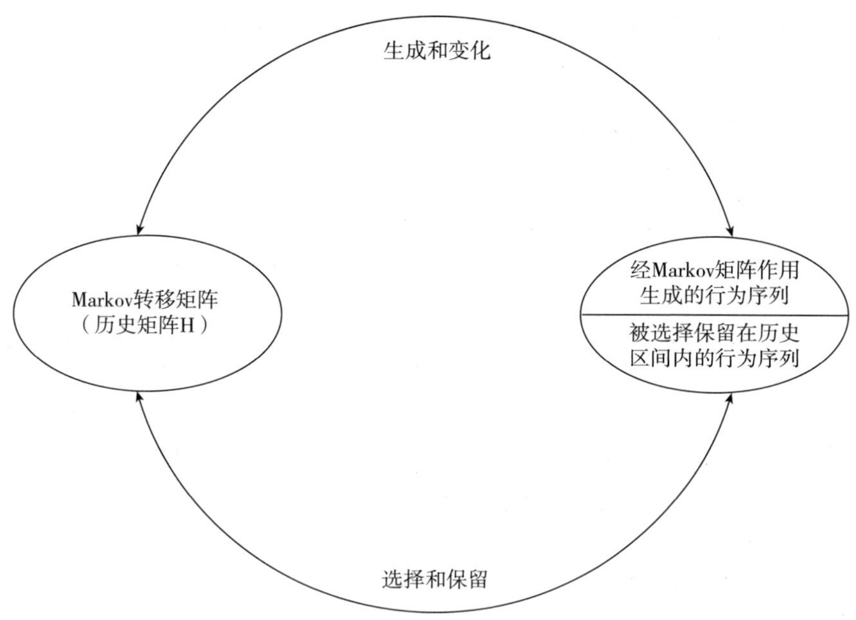

图 5 - 3 行动序列的依概率变化和选择性保留机制

根据图 5 - 3 所示的惯例启示面和执行面之间的交互作用规律进行如下设定：

（1）一个选择集 P（由 1 到 A 之间的 A 个正整数组成，初始设定为 {1，2，…，A - 1，A}），每个数字（元）表示一个行动。

（2）一个阶 Markov 转移矩阵 H（前 A - 1 行的前 A - 1 列元均为 1/A 的，最后一列的前 A - 1 行元均为 1/A【对应选择集中的元，即选择集中元代表的（所在的）列前 A - 1 行元素均为 1/A，其余元为 0，最后一行元素恒为 0，这样设定是为了保证生成最后一个行动时程序终止】；Markov 转移矩阵里面某一元 P_{mn} 表示在数字序列中，行动 n 跟随行动 m 生成的概率（转移概率）。

（3）收益 U，行动对应的收益，因为现实中行动的收益分布近似服从正态分布规律，所以本章研究从标准正态分布 N（0，1）中随机抽取，并对其取绝对值进行度量；历史保留区间内行动序列收益权重可以依次设定为 $\frac{1}{\frac{K(K+1)}{2}}$，$\frac{2}{\frac{K(K+1)}{2}}$，……，$\frac{K}{\frac{K(K+1)}{2}}$，这样可以对行动序列进行类似于记忆的历史时间模拟，对历史保留区间内较早的行动赋予较小的收益计算权重，而对较新的行动赋予较大的收益计算权重。

（4）保留 K，被选择性保留在历史区间的行动序列数，可取 1 ~ 30 之间的正整数。

（5）记忆 O，转移概率矩阵（组织记忆载体的数学模型表达），记录被选择性保留的行动序列对矩阵产生的反作用。

（5）历史 H，历史矩阵，保存符合选择条件的行动序列。

（6）扩充集 Q（由从 1 至 n A 的正整数组成，在本章研究中取 n = 2），每个元表示一个行动，可以满足对选择集中的行动进行增加或减少操作的要求。当选择集规模发生 + 1 时，Markov 转移矩阵按照本章研究中的设定进行更新，其中的各转移概率依规则发生变化。

（7）行动矩阵动态演化过程中演化动态 M，本章研究将其定义为转移概率矩阵对应行向量之间的欧几里得距离之和。

5.4.4 关键步骤

（1）对选择集中元素总数 A 进行赋值（可取 5 的整数倍，5 ~ 50 依次递增）；定义保留 K 的值（取值为 1 至 100 依次递增），保存最近 K 次执行的行动序列。

（2）将 1 从扩充集中选出，依照一阶 Markov 矩阵（转移概率矩阵）中的元（转移概率）将数从选择集中选出，直到选出 2A，或者行动序列长度达到 10A 时为止。

（3）每次实验，从标准正态分布 N（0，1）中随机抽取收益值分配给选择集 A 和扩充集 B 中的每个行动，在每次执行中各行动的收益为定值，即收益值取绝对值。

（4）根据依标准正态分布分配的收益，计算历史保留区间内保存的行动序列的平均收益，历史保留区间内序列收益权重可以依次设定为$\frac{1}{\frac{K(K+1)}{2}}$，$\frac{2}{\frac{K(K+1)}{2}}$，……，$\frac{K}{\frac{K(K+1)}{2}}$，这样可以对行动序列进行类似于记忆的历史时间模拟，以及当下序列生成的平均收益，如果当下序列的平均收益高于原有历史保留区间的序列平均收益，则将当下序列保留在历史保留区间内，并将历史区间内最早的一条行动序列舍去，如果当下序列的平均收益等于或低于原有历史保留区间的序列平均收益，则将新生成的序列舍去。

（5）根据历史保留区间内保存的行动序列中行动 m 转移至行动 m 出现的频次，除以行动 m 转移至所有行动出现的频次之和，求得其占区间内发生的总转移次数的比例，即为下一次执行中 Markov 转移矩阵中对应元的值（转移概率）；对没有出现过但是所对应的行数在选择集中的行动，其对应行内转移概率保持不变。

（6）每次运行生成上千个行动矩阵，并且进行 100 次独立重复实验取平均值，对比得到的 Markov 矩阵和初始 Markov 矩阵，求它们的行向量的欧几里得距离之和 M，即演化动态；对比处于两个不同时间点上的 Markov 矩阵，求它们之间的演化动态。

（7）每 1000 次进行一次判断，增加选择集 P 中的行动，从集合 Q/P 中选择要加入的行动；增加行动时，如原有选择集内含 X 个元，则新增行动所在列的转移概率设为 1/（X+1），所在行的转移概率设为 1/（X+1）（最后一行除外），其余各转移概率按行保持原有比例分配剩余概率值 X/（X+1）。

再次执行（6）生成千个以上行动矩阵，对比得到的 Markov 矩阵和初始 Markov 矩阵，求它们的行向量的欧几里得距离之和，即演化动态。

5.5 仿真实验结果及分析

仿真试验主要围绕执行次数与矩阵演化动态性的关系、演化矩阵达到稳定时的执行次数和保留的情况以及执行次数和行动平均收益的关系三个方面进行。仿真试验结果主要以图像的方式展示。需要说明的是，本部分所展示的实验图像是取 100 次独立平行实验的结果；变量取值区间为：保留 K 可取 1~30的正整数，执行次数 N 上限可以取到 10000，矩阵演化动态 M 上限可以取［5，15］这一区间。

5.5.1 执行次数和矩阵演化动态

图 5-4 表示执行次数 N 和矩阵演化动态 M 的相关趋势图像，图中 X 轴表示执行次数 N，Y 轴表示演化动态 M（转移概率矩阵对应行向量欧几里得距离之和）。图 5-5 系列表示固定 A 的取值，调节 K 的取值。其中，图 5-4（a）表示 A=5、K 分别取 1，5，10，15，30 时演化动态 M 和执行次数 N 的

关系变化图像；图 5－4（b）表示 A＝10、K 分别取 1，5，10，15，30 时演化动态 M 和执行次数 N 的关系；图 5－4（c）表示 A＝15、K 分别取 1，5，10，15，30 时演化动态 M 和执行次数 N 的关系。

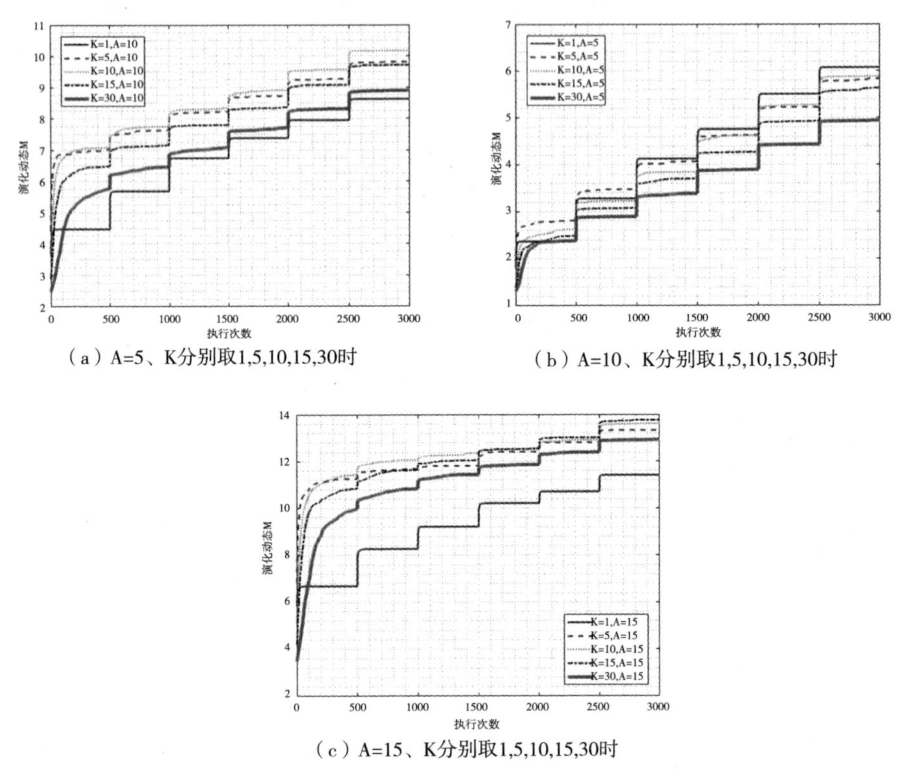

（a）A=5、K分别取1,5,10,15,30时

（b）A=10、K分别取1,5,10,15,30时

（c）A=15、K分别取1,5,10,15,30时

图 5－4　固定 A 的取值、调节 K 的取值时矩阵演化动态 M 和执行次数 N 的相关趋势

根据仿真图像 5－4 显示，当行动选择集规模 A 固定时，执行若干次后演化动态 M 趋于稳定；除个别保留 K 的取值情况，K 取值越大，演化动态 M 越小，选择集规模 A 越大，稳定后演化动态 M 上限越高。

图 5－5 系列表示固定 K 的取值、调节 A 的取值时矩阵演化动态 M 和执行次数 N 的相关趋势图像。其中，图 5－5（a）表示 K＝1、A 分别取 5，10，15 时演化动态 M 和执行次数 N 的关系；图 5－5（b）表示 K＝5、A 分别取 5，10，15 时演化动态 M 和执行次数 N 的关系；图 5－5（c）K＝10、A 分别取 5，10，15 时演化动态 M 和执行次数 N 的关系；图 5－5（d）表示 K＝15、A 分别取 5，10，15 时演化动态 M 和执行次数 N 的关系；图 5－5（e）表示

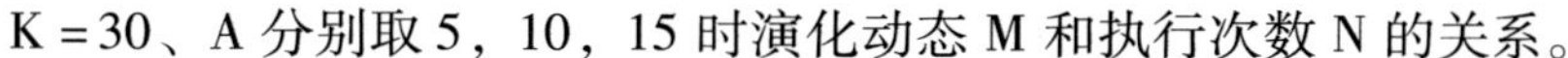

K＝30、A 分别取 5，10，15 时演化动态 M 和执行次数 N 的关系。

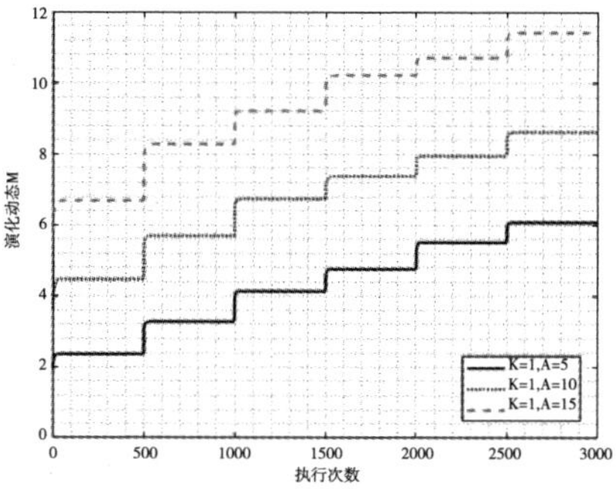

（a）K=1、A分别取5,10,15时

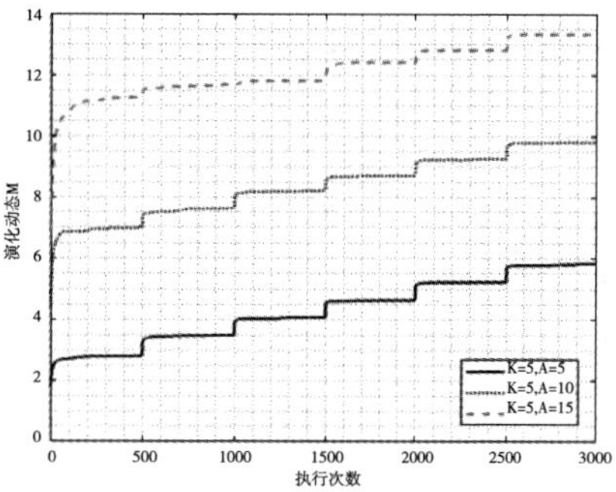

（b）K=5、A分别取5,10,15时

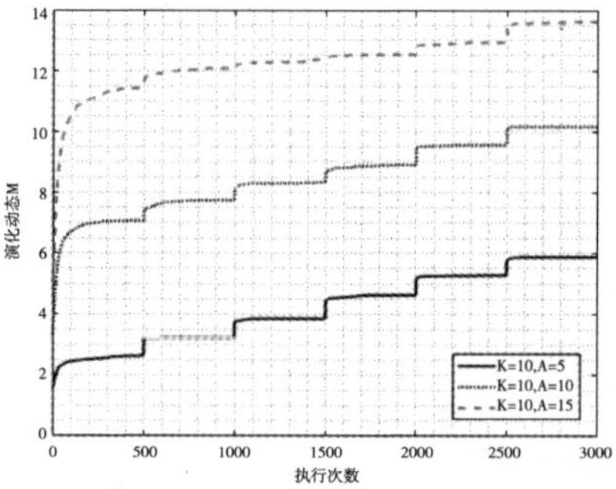

（c）K=10、A分别取5,10,15时

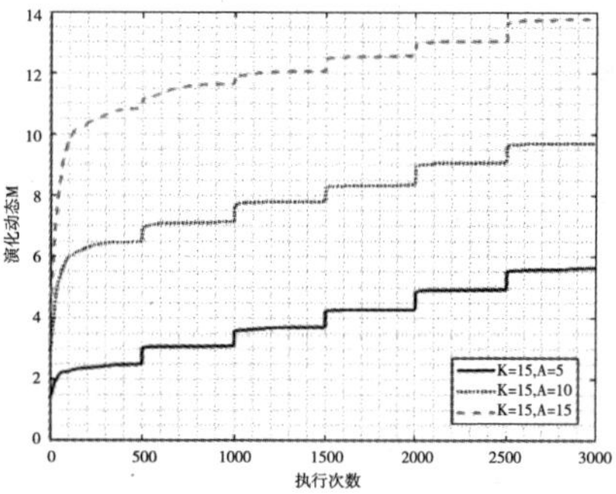

（d）K=15、A分别取5,10,15时

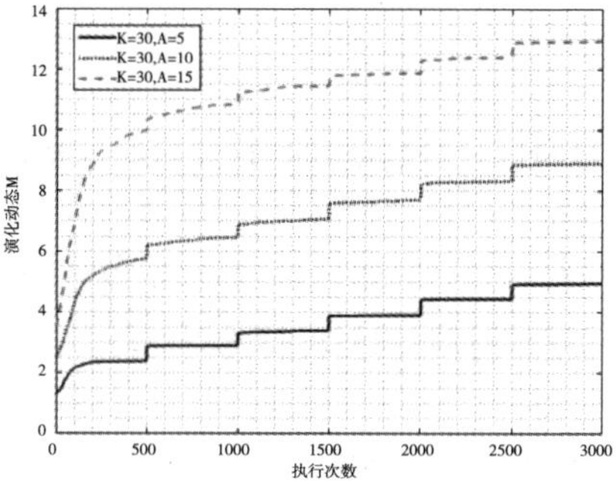

（e）K=30、A分别取5,10,15时

图 5－5　固定 K 的取值、调节 A 的取值时矩阵演化动态 M 和执行次数 N 的相关趋势

根据仿真图像 5－5 显示，当 K 固定时，执行若干次后演化动态 M 趋于稳定；选择集规模 A 越大，演化动态 M 上限越高；除个别取值情况外，K 取值越大，演化动态 M 越大。

5.5.2 达到稳定时的执行次数和保留

图5－6表示达到稳定时的执行次数N和保留K的相关趋势，即X轴表示保留K，Y轴表示达到稳定时的执行次数N。判断稳定点时，本章研究利用了e的数学性质，设定 $-10e^{-7} < M(i) - M(i-50) < 10e^{-7}$ 这个标准来判断演化是否达到稳定状态。当然，此差值（10e^（－7））限制只要e的指数足够小，系数取正整数即可。

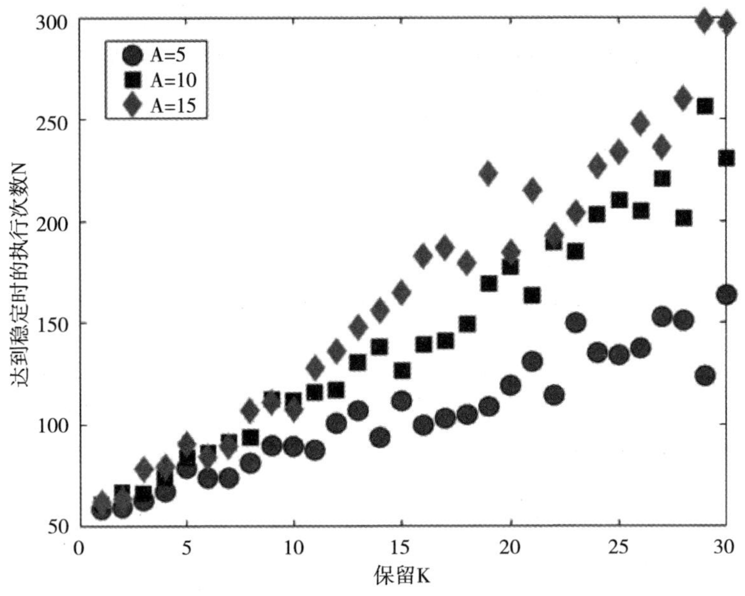

图5－6 达到稳定时的执行次数N和保留K的相关趋势

根据仿真图像5－6显示，随着K取值的不断增大，选择集规模A越大，演化动态达到稳定时所需要的执行次数越多。

5.5.3 执行次数和行动平均收益

图5－7和图5－8表示执行次数N和行动序列中行动平均收益U的相关趋势，X轴表示执行次数N，Y轴表示生成行为序列中各行为平均收益U。

图5－7系列表示固定A的取值、调节K的取值时执行次数N和行动序列中行动平均收益U的相关趋势。其中图5－7（a）表示A＝5、K分别取1，5，10，15，30时执行次数N和行动序列中行动平均收益U的相关趋势；图

5－7（b）表示 A＝10、K 分别取 1，5，10，15，30 时执行次数 N 和行动序列中行动平均收益 U 的相关趋势；图 5－7（c）表示 A＝15、K 分别取 1，5，10，15，30 时执行次数 N 和行动序列中行动平均收益 U 的相关趋势。

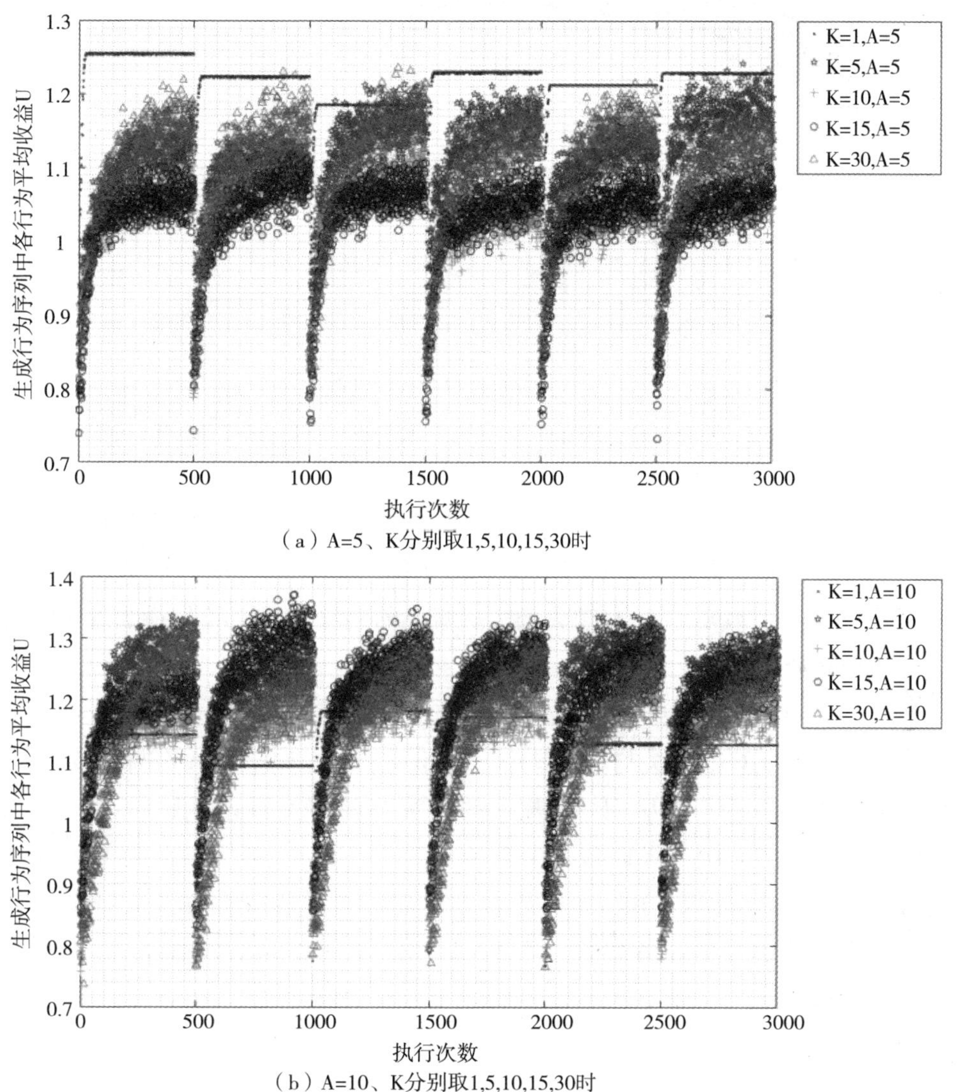

（a）A=5、K分别取1,5,10,15,30时

（b）A=10、K分别取1,5,10,15,30时

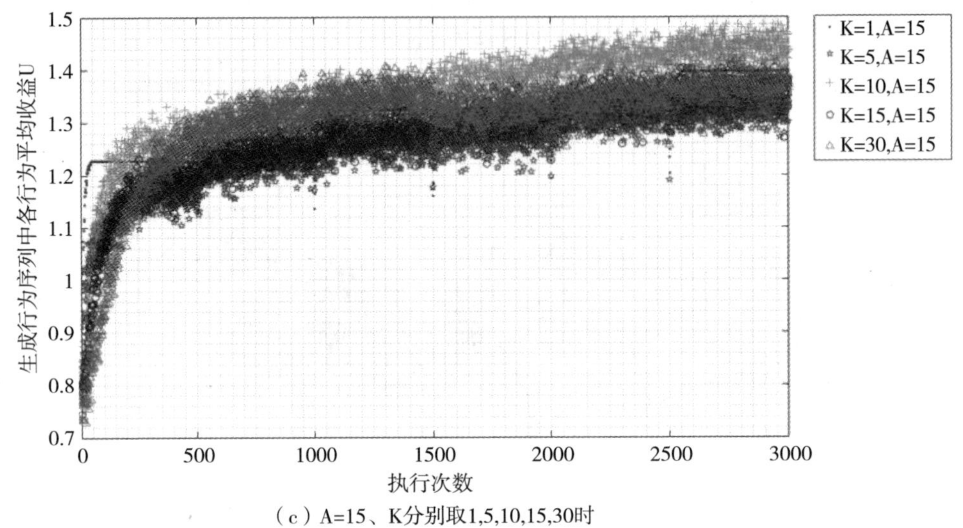

（c）A=15、K分别取1,5,10,15,30时

图 5－7 固定 A 的取值、调节 K 的取值时执行次数 N 和行动序列中行动平均收益 U 的相关趋势

根据仿真图像 5－7 显示，当选择集规模 A 固定时，随着执行次数 N 的增加，平均收益 U 不断增加并趋于稳定；对于同一个 N 值，在 K 取值从 1 变化到 30 过程中，平均收益 U 呈现先增大后减小的趋势，即在 K 取适当的中间值时达到局部最优。

图 5－8 系列表示固定 K 的取值、调节 A 的取值时执行次数 N 和行动序列中行动平均收益 U 的相关趋势。其中，图 5－8（a）K＝1、A 分别取 5，10，15 时执行次数 N 和行动序列中行动平均收益 U 的相关趋势；图 5－8（b）K＝5、A 分别取 5，10，15 时执行次数 N 和行动序列中行动平均收益 U 的相关趋势；图 5－8（c）K＝10、A 分别取 5，10，15 时执行次数 N 和行动序列中行动平均收益 U 的相关趋势；图 5－8（d）K＝15、A 分别取 5，10，15 时执行次数 N 和行动序列中行动平均收益 U 的相关趋势；图 5－8（e）K＝30、A 分别取 5，10，15 时执行次数 N 和行动序列中行动平均收益 U 的相关趋势。

根据仿真图像 5－8 显示，当 K 固定时，随着执行次数的增加，平均收益 U 不断增加并趋于稳定；选择集规模 A 越大，平均收益 U 越高。

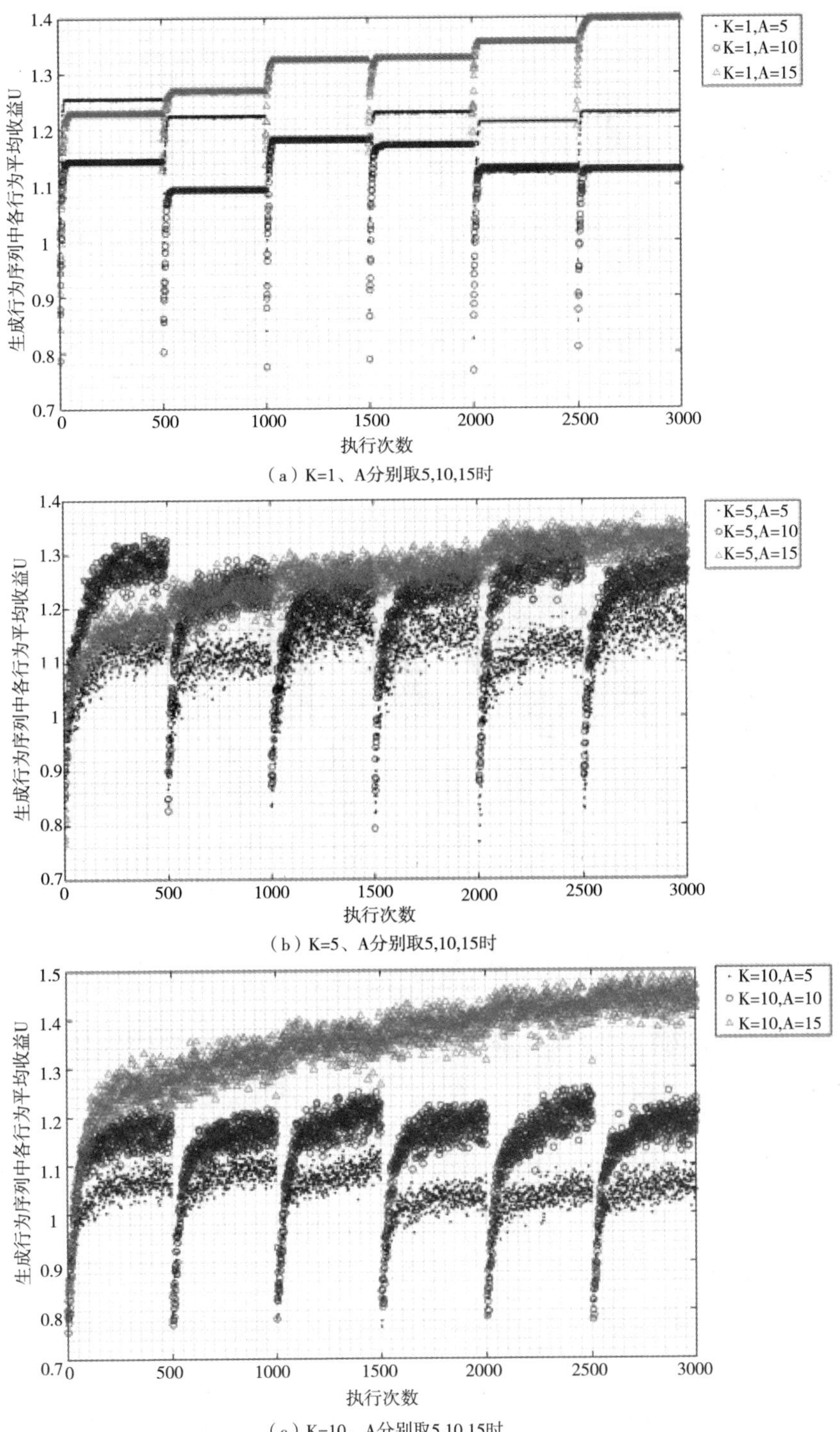

（a）K=1、A分别取5,10,15时

（b）K=5、A分别取5,10,15时

（c）K=10、A分别取5,10,15时

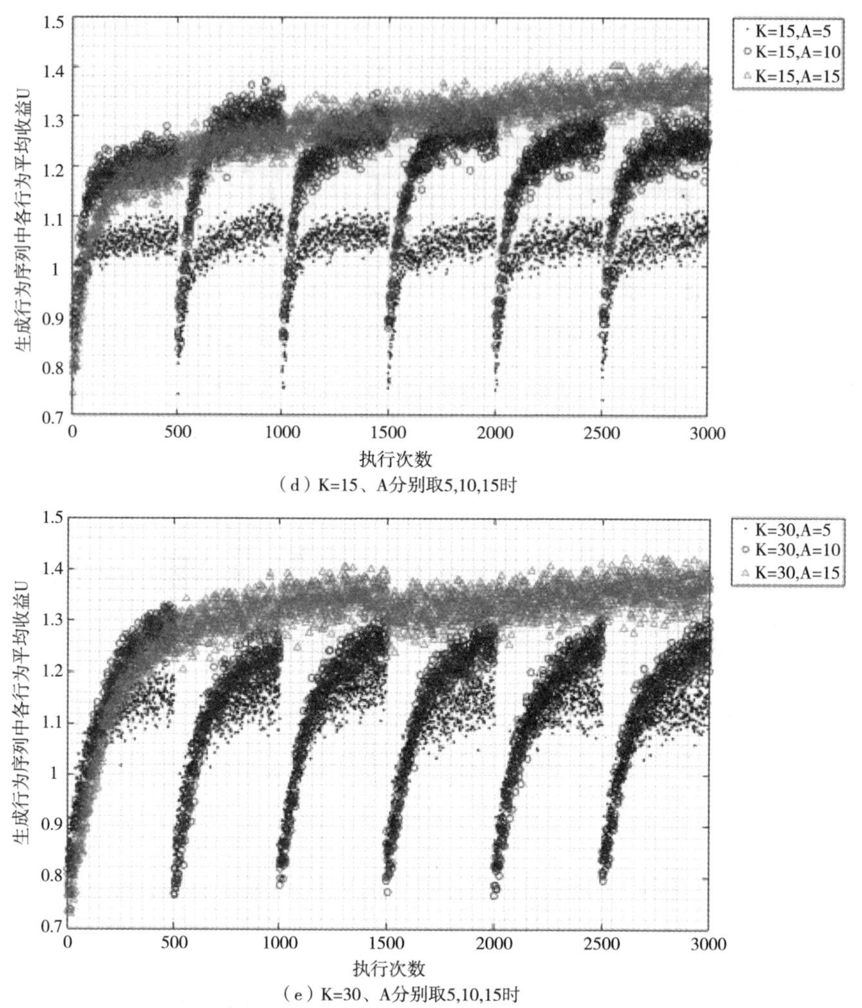

（d）K=15、A分别取5,10,15时

（e）K=30、A分别取5,10,15时

图 5－8　固定 K 的取值、调节 A 的取值时执行次数 N 和行动序列中行动平均收益 U 的相关趋势

5.5.4　仿真实验结果分析

图 5－8 实验结果是基于组织记忆（组织行动之间的交互作用，用转移概率表示）并通过其载体——转移概率矩阵的迭代得出的，各变量对数值的影响通过转移概率矩阵的运算来实现。图像分别展示了惯例演化动态 M 关于执行次数 N 的变化趋势，惯例演化动态 M 达到稳定所需要的执行次数 N 关于保留值 K 的变化趋势，以及行动平均收益 U 关于执行次数 N 的变化趋势。

（1）当选择集规模 A 不变，即选择集中所含行动不变时，随着执行次数

N 的增加，惯例演化动态 M 经历一段上升后逐步趋于稳定；当选择集规模 A 增大，即选择集中所含的行动增加时，组织惯例动态演化图像会突然发生改变，表明行动的增加会使得组织惯例动态演化处于短时间的非稳定状态；同样的，当选择集规模 A 减小，即选择集中所含的行动减少时，动态演化图像会突然发生改变，表明行动的减少也会使得惯例动态演化处于短时间的非稳定状态。

(2) 组织惯例动态演化和稳定需要经过的时间（即执行次数 N）和选择性保留程度（即保留 K）具有某种隐性函数关系，当保留值 K 很小时，组织惯例的动态演化会迅速稳定；随着保留值 K 的增大，组织惯例动态演化达到稳定需要更多的执行次数。这说明执行面选择性保留程度越大，组织惯例动态演化达到稳定耗时加长。选择性保留程度（即保留值 K）增高时，会减缓组织惯例动态演化的速率，因为选择性保留导致组织记忆存储空间中的可选择行动基数（选择集规模 A）增大，新的执行结果以及特定的执行结果产生的影响会因为求平均值的计算而被减弱（起到稀释作用）。在选择性保留程度极其低的情况下，如 K =1，转移概率矩阵和历史矩阵仅仅会对最新的执行进行处理。当依概率变化程度固定时，选择性保留越低，演化动态越明显，即依概率变化对惯例演化产生的影响效果越明显。

(3) 根据研究设计中的依概率变化与选择性保留标准，执行面选择性保留程度（保留值 K）越小，组织行动绩效期望（平均收益 U）上限越小；随着组织惯例演化时间（执行次数 N）增加，组织行动绩效期望（平均收益 U）稳步提高；选择集规模 A 越大，选择集中包含的行动个数越多，即组织惯例流程包含的任务环节越多，组织惯例的演化动态达到稳定状态耗时越长，组织行动绩效期望（平均收益 U）达到稳定状态耗时越长。

综上可得出：组织惯例的动态演化具有持续性特点；依概率变化和选择性保留对组织惯例演化动态起到相反的效果，演化动态和依概率变化具有正相关关系，演化动态和选择性保留具有负相关关系；当选择性保留程度（即保留值 K）固定时，演化动态和依概率变化程度正相关；当依概率变化程度固定时，演化动态和选择性保留程度负相关；依概率变化和选择性保留之间的交互作用会影响组织惯例演化动态。

5.6 本章小结

组织惯例的动态演化是组织惯例研究领域的重要问题，是拓展该领域研究的基础，也是揭示组织惯例对组织创新变革以及组织发展起积极推动作用的关键。尽管已有组织惯例的二维观以及组织惯例启示面与执行面的互动理论已经初步提出组织惯例动态演化的根源，但尚未揭示组织惯例动态演化的内在规律。根据组织惯例动态演化源于惯例启示面和执行面之间的交互作用的观点，本章研究借鉴交互记忆等记忆形式，通过转移概率表达交互记忆以及交互作用，在矩阵化表达惯例启示面和执行面的基础上，利用 Markov 矩阵及其元素转移概率构建两者之间的交互作用数学模型，模拟组织行动之间的路径依赖和交互依赖以及依概率变化和选择性保留过程进行仿真实验。研究结果证实了组织惯例具有持续的自我演化性并揭示组织惯例的动态演化规律，具体可得出以下结论。

（1）在组织惯例执行面和启示面连续不断依概率变化的情形下，组织惯例可以持续进行动态演化。这种演化的动力本质上来源于组织行动及行动序列之间的交互作用，以及启示面和执行面之间的循环迭代。

（2）组织惯例的动态演化是由依概率变化和选择性保留之间的相互制约、相互调节、相互作用的复杂交互关系来决定的。当研究设定因素处于适宜的条件下，惯例演化动态和依概率变化程度正相关，和选择性保留程度负相关。

（3）组织惯例的启示面和执行面之间的交互作用是其动态演化的内在根源。研究设定中选择集规模、选择性保留、执行次数等变量属于惯例执行面和启示面的重要内容，是启示面与执行面交互作用的关键要素，它们的变化趋势均会对惯例演化动态产生方向性和趋势性影响。

第6章

组织惯例与组织创新的内生性机理

组织惯例领域已逐渐明确“代表组织最基本属性特征以及组织实现工作和目标根本手段的组织惯例具有自我变革性而且是组织创新的基础和来源”的观点，颠覆了传统由外而内、自上而下的组织创新理论，创新性地提出组织创新代表了改进组织管理理念、方法或程序的一种持续内生性状态。对此，本章将从理论层面揭示组织惯例形成和演化过程与组织创新的内在关系以及组织创新的持续内生性机理，为构建自下而上的组织创新理论奠定基础。

6.1 问题提出：组织惯例如何驱动组织创新?

组织创新作为提升组织管理理念、方法或程序的一种持续状态或过程，无疑会受到外部要素的刺激，但更重要的是依赖于组织内部形成的创新内生性机制，吸收外部情境变化的同时自主激发组织创新（弗尔德曼，2000；弗尔德曼和彭特兰，2003）。因此，源自组织最深层次隐性、不易观察或识别的组织惯例被认为是组织创新成功的关键以及创新的根源（弗尔德曼，2000；弗尔德曼和彭特兰，2003，2008；纳尔逊和温特，1982；彭特兰和鲁特，1994；彭特兰和弗尔德曼，2005；彭特兰等，2011，2012）。近年来，组织惯例领域已打破了传统对于组织惯例阻碍组织创新的观点，开创性地提出组织惯例具有内生变革性，进而发现，组织惯例是组织能力和知识的储存库，是认知和分析组织创新、变革或转型的关键，亦是组织创新的源泉、基础和基本分析单元（弗尔德曼，2000；弗尔德曼和彭特兰，2003，2008；纳尔逊和温特，1982；彭特兰和鲁特，1994；彭特兰和弗尔德曼，2005；彭特兰等，2011，2012；法琼，2010）。“组织惯例的显著变革性及其作为组织创新来源与基础”观点的提出为从更深层次理解组织创新的内生机理提供了新的视角。

本质上，组织创新就是意味着组织惯例的不断调整与演化（弗尔德曼，2000；弗尔德曼和彭特兰，2003，2008；纳尔逊和温特，1982；彭特兰和鲁特，1994；彭特兰和弗尔德曼，2005；彭特兰等，2011，2012；法琼，2010；伯金肖等，2008）。

那么，组织惯例为什么具有变革性？组织惯例如何从是内部促成组织创新的呢？为此，本章尝试从组织惯例的核心构成出发，概括得出组织惯例之所以具有变革性以及能够促成组织内生性创新的根源，并揭示组织惯例形成与演化过程及其与组织创新的内在关系。

6.2 组织创新内生持续性根源：组织惯例的构成

有关组织惯例及其与组织创新的关系研究已逐渐明确，组织惯例具有变革性且能够内生性触发组织创新（弗尔德曼，2000；弗尔德曼和彭特兰，2003，2008；纳尔逊和温特，1982；彭特兰和鲁特，1994；彭特兰和弗尔德曼，2005；彭特兰等，2011，2012）。那么，组织惯例的变革性源于何处？或者组织创新内生性的根源是什么？组织惯例二维观指出，组织惯例由启示面和执行面构成，其中启示面正是惯例变革性以及对组织创新的持续内生性促进作用的根源，而组织惯例启示面的核心构成则为组织共享基模和共同行动倾向（弗尔德曼，2000；弗尔德曼和彭特兰，2003；狄奥尼修和祖卡斯，2013）。

组织惯例启示面代表惯例理想或基模形式，具有抽象性，是对惯例的一般性概括，或体现惯例的基本原则；执行面是指参与组织惯例的具体行动者在特定时间和地点采取的具体行动，或体现实践具有的固有即兴属性。换言之，惯例的启示面代表惯例的思想，而执行面则使得思想得以展现（弗尔德曼和彭特兰，2003；狄奥尼修和祖卡斯，2013）。二维观将惯例参与者的主观能动性甚至情境要素的重要性体现得淋漓尽致。二维观不仅打破了过去只关注惯例的抽象性、规则和结构的局面，强调惯例的具体性、情境和行动，还改变了过去只强调重复的行动范式、统一性和惯性的一贯做法，强调变异性、适应性和变化性（狄奥尼修和祖卡斯，2013）。在特定情境下形成一种惯例允许出现多种执行情况，体现了组织执行的差异性，而长期执行的结果则可能导致已有规则、流程甚至隐性认知的改变，即启示面的改变，产生惯例的演化；启示面进一步指引行动者完成下一个组织任务（弗尔德曼和彭特兰，2003；鲁普和弗尔德曼，2011；狄奥尼修和祖卡斯，2013）。总之，组织惯例在启示面与执行面的持续互动中实现自我变革，促成组织创新的持续内生性（弗尔德曼和彭特兰，2003）。

组织惯例的执行面体现惯例的即兴属性或行动性，而启示面代表惯例的精髓和原则（弗尔德曼和彭特兰，2003），因此组织惯例启示面的构成本质上就代表惯例是什么。在提出组织惯例二维观之前，有关组织惯例的研究都在探讨组织惯例的构成，更确切地说，是探讨组织惯例启示面的构成。早期的研究倾向于将启示面界定为单一、统一的物体，如标准化运作程序、规则或制度等，即启示面相当于程序性知识（汉纳和弗里曼，1984）。这种理解存在明显的误区，如果惯例只是组织客观存在的制度、规则或程序，那么组织惯例如何才能成为"组织任务参与者行为的共同行动范式"（弗尔德曼和彭特兰，2003）？更何况，惯例启示面代表的是所有参与者的集体主观理解，属于独立于任何个体的集体层面概念，应具备集体统一性特点（狄奥尼修和祖卡斯，2013；鲁普和弗尔德曼，2011）。因此，除了显性程序性知识，组织惯例的启示面还包含其背后更为核心的隐性构成（科恩和巴达扬，1994）。根据狄奥尼修和祖卡斯（2013）的研究，惯例启示面最核心和最本质的构成是组织共享基模和由此产生的共同行动倾向。两者均能体现参与者的集体主观性认知，展示组织惯例最根本的属性特征及惯例变革性和组织创新内生持续性的根本来源（弗尔德曼和彭特兰，2003）。

基模代表简化信息处理过程的认知结构，属于相对隐性的个体认知范畴（哈格顿和法利内，2002）。当个体所处的情境发生变化时个体基模能够做出释义，刺激个体产生行动，从而有效应对情境变化（哈格顿和法利内，2002；哈里斯，1994）。类似的，基模也是组织中个体应对情境变化所带来的认知挑战的重要武器，个体利用基模有效解读其所处的环境及变化情况，将具体行动固化为相对稳定的行动范式，提高效率（米桑吉等，2008）。共享基模则属于集体认知范畴，代表相互协调或完全一致的个人基模，即参与者完成组织任务的过程中、在面临共同情境时对所处情境形成的一致性理解以及针对特定情境所适合的行动形成相互协同性行为预期（狄奥尼修和祖卡斯，2013；克罗宁和温加特，2007）。在有效行为预期的影响下，每个参与者都能够准确预测并解读从其他参与者发出的信号并做出相互协调的反应，从而实现个体行动流之间相互适配，最终产生集体联合行动（温特，2006）。共享基模作用的结果便是产生共同行动倾向，即参与者在对组织任务和情境形成共同理解以及相互协同性行为预期的基础上对组织任务产生一致性联合行动的倾向性（狄奥尼修和祖卡斯，2013）。概括而言，共享基模促使组织任务的参与者对周围环境进行有效解读，对组织任务形成共同理解，产生共同行动倾向，并将持续行动固化为相对稳定的行为范式，确保组织在环境变化下稳定运行（狄奥尼修和祖卡斯，2013；林海芬等，2015）。这体现了组织惯例对组织运行的基本作用机理，不仅展示了组织惯例稳定性的来源，也说明了组织惯例潜在变革性的来源（狄奥尼修和祖卡斯，2013）。

个体基模的形成主要依赖类比迁移，而作为集体性认知，组织共享基模和共同行动倾向的形成则依赖于参与者在反复执行任务过程中进行互动并基于互动形成有效角色扮演（哈格顿和法利内，2002；哈里斯，1994；狄奥尼修和祖卡斯，2013；林海芬等，2015）。正如林海芬等（2015）研究得出，共享基模的形成过程涉及个体基模形成、局部共享基模形成和集体共享基模形成三个主要阶段，此过程中类比迁移是形成个体新基模的重要途径，而互动和角色扮演则是形成局部共享基模和集体共享基模的关键。角色扮演是指组织任务的参与者通过对其他参与者认知乃至行为的预测和内化从而让个人行动与他人行动保持一致化的过程，即通过领悟其他参与者的想法并有效预测其可能采取的行动引导自身行动，实现相互协同，重新找到联合行动中的自我关系，并实现个体行动流相互适配（布鲁默，2004）。戴恩（2010）甚至认为，角色扮演代表惯例形成和反复出现的重要过程。角色扮演的形成依赖于参与者之间的互动，尤其是参与联合行动的初期，需要通过高频率显性互动完成参与者之间的信息交换，而随着角色扮演的逐渐形成，互动频率和强度均呈现下降趋势（林海芬等，2015）。可见，强调参与者之间固有关系本质的互动和角色扮演机制能够促使参与者之间形成有效预期，针对组织任务产生共同行动，最终形成共享基模和相互凝聚的行动倾向性（辛普森，2009）。由于共享基模和行动倾向性均具有主观集体认知性且因受到参与者个体情境、组织集体情境、组织任务以及互动和角色扮演过程等因素的影响而处于持续变化中，使得组织惯例具有持续的自我变革性，从根源上持续内生地触发组织创新。

6.3　组织创新持续内生性实现机理：组织惯例的形成与演化

组织惯例的核心构成及其变革性是惯例之所以能够成为组织创新源泉和基础的根源。那么，组织惯例到底如何实现其变革性？组织如何实现持续内生性创新？狄奥尼修和祖卡斯（2013）基于符号互动理论探索了组织惯例的内生性形成过程，并强调组织惯例执行面与启示面之间的互动关系。基于此，这里结合组织情境要素，深化组织惯例的形成与演变过程，揭示组织惯例与组织创新的关系，挖掘组织创新持续内生机理。

6.3.1　组织惯例的形成与组织创新

对于新创企业或尚未建立组织基本规范与制度的企业来说，组织规范制度的建立代表了组织创新的过程，而这个过程伴随着组织惯例的形成（弗尔德曼和彭特兰，2008；林海芬等，2015）。由于形成组织惯例的起点和终点并不清晰，为简化惯例形成过程，假设在组织惯例形成之初组织成员面临全新的任务和组织情境，成员相互之间并不熟悉，且尚不存在已有的组织惯例，只存在少量组织规则（狄奥尼修和祖卡斯，2013）。此时，惯例参与者得到了新的任务分工，且处于任务流程中相互链接的不同环节，如在弗尔德曼和彭特兰（2003，2008）经常引用的组织招聘的例子中，惯例参与者处于发布招聘信息、筛选简历、面试或录用等相互关联的各个任务环节中。为理解各自的任务分工，降低新组织任务和情境带来的不确定性以及由此产生的焦虑和安全感缺失，惯例参与者首先会调用个人已有基模中与新情境紧密相关或具有相似性的属性或关系对新情境进行解读，即通过搜寻已有经验并进行类比迁移将新奇情境转化为熟悉情境（弗尔德曼和彭特兰，2003；纳尔逊和温特，1982；艾贝尔等，2008；金特纳，1983）。与此同时，惯例参与者还尝试将已有的组织规则如组织设定的岗位和工作职责、组织目标、已有规章制度等融入对新任务和情境的理解中，进而采取行动。总体上，新组织任务和新情境与参与者已有基模相似度较高且可利用的组织已有规则较多时，较容易对新组织任务与情境做出理解，从而采取有效的行动与措施；反之，当新组织任务和情境与参与者已有基模的相似度较低或可利用的组织规则较少时，则较难对新组织任务与情境做出理解，因而较难采取有效行动。

然而，已有个体基模和可利用的组织规则只能吸收部分不确定性，剩余不确定性加上参与者之间任务的关联性和整体性促使参与者之间尤其是某些紧密相连的环节之间开展互动，以更好地完成联合任务。在惯例形成初期，由于参与者之间相互较为陌生，主要通过面对面交谈、文件传递、会议等显性方式进行较高频率、较高强度的互动，完成信息交换（狄奥尼修和祖卡斯，2013；林海芬等，2015）。在重复完成任务的过程中，这种高频率、高强度的显性互动不断发生，参与者相互间逐渐对彼此在联合行动中的角色包括实际和潜在的理解、意见、想法形成印象和认知并能够相互对彼此在面临具体情境的行为做出有效的预测，从而在参与者之间形成有效“角色扮演”。角色扮演是互动的结果，与发生互动的情境紧密相关，因此也是情境化的结果（吉克和霍利约克，1983）。换言之，参与者通过角色扮演对具体情境形成共同、情境化理解，识别适当的行动并实现个人行动流与集体行动的有效协同（布鲁默，2004）。通过角色扮演形成共同理解促使每个参与者形成自我并找到其在联合任务中的角色和位置，从而为联合行动做出贡献。

基模理论指出，当参与者进行互动时，通过抽象化和一般化对主体、角色、情境、事件与结果以及行动等形成个人认知与基模，促使个体对其行动形成预期并产生控制理念，从而激发其采取行动（埃尔斯巴赫等，2005）。随着联合行动的经验不断积累，在具体联合行动情境下每个参与者不仅根据个人理解和行动进行抽象和概括，还根据共同的、相互主观形成的理解和行动进行抽象和概括（霍格和特里，2000）。互动发生于相互易受影响的参与者之间，这些参与者形成一个归属于具体联合行动的关系性自我（霍格和特里，2000）。抽象和概括过程的结果是每个参与者针对其在联合行动中的角色、位置和贡献形成一个基模。基模弱化了特定组织任务的独特性，即减少了联合任务之间的差异性。由于每个参与者在互动过程中根据与其他参与者共同建立的情境化意义进行抽象和概括，个人基模至少部分与其他参与者共享（乔斯，1997）。其结果使得参与者能够根据对他人的行为预期即对他人在既定情境下将如何行动的预期结果采取相应的行动，促进个人行动有效融入联合行动中，提升参与者之间的协调效应（纳尔逊和温特，1982）。值得注意的是，参与者主要关注对其行为产生直接和重要影响的其他参与者，并进行角色扮演（林海芬等，2015）。也就是说，每个参与者对其他参与者关注的程度不同，并非每个参与者均扮演其他所有参与者的角色，加上参与者可能拥有差异化知识储存和价值，执行联合行动中不同环节的任务，因此个人理解存在差异性（弗尔德曼和彭特兰，2003）。

在反复联合行动下，互动促使参与者之间角色扮演的程度越来越高，相互对组织任务的理解越来越一致化，且越来越容易预测彼此面对新情境时可能的想法和反应，从而意味着集体层面组织共享基模的形成（林海芬等，2015）。此时，参与者之间的显性互动频率和强度均有所下降，相互之间甚至不需要显性沟通便能形成一致性理解（林海芬等，2015）。在共享基模的引导下，参与者之间形成一系列相互凝聚、协同一致的行动倾向性，表现为程序性记忆（狄奥尼修和祖卡斯，2013；科恩和巴达扬，1994；弗尔德曼和彭特兰，2003）。正如科恩和巴达扬（1994）指出的，惯例可视为一系列相关的程序性储存行动，每一项行动既是其他活动的结果又是驱动因素。储存行动的“交互结构”或“相互关联”性意味着一致性或凝聚力的形成，并通过重复执行形成参与者行动倾向性（麦凯布，2002）。行动倾向性促使参与者对熟悉的输入以适当但未经反思的方式作出回应，节约参与者的认知资源（狄奥尼修和祖卡斯，2013）。

共享基模及对应共同行动倾向的形成代表惯例启示面或隐性面的形成，但从显性层面来看，在反复执行组织任务的过程中，在形成共享基模和共同行动倾向的同时，参与者会逐渐增加或改进组织已有的规则，尤其对完成任务的流程、资源分配制度和相关制度规定提出改进，从而形成显性、客观且具体的组织管理模式或制度，从根本上实现组织自下而上的创新（弗尔德曼和彭特兰，2003，2008）。部分新形成的组织规范如标准化作业流程、计算机程序、管理程序等甚至成为组织惯例的载体（彭特兰和鲁特，1994）。此时，组织规范和组织惯例保持高度一致性，共同对参与者未来的行为产生更强的引导效力。可见，惯例的形成过程代表了自下而上组织创新的过程，或者说，组织惯例形成的结果可能产生新的组织规范，从而从根本上持续性的实现组织创新。这也能够解释大量自上而下的组织创新最终无法取得预期效果的原因正是由于创新预期形成的规范与组织成员的集体认知不一致，甚至相互排斥。由此构建组织惯例形成过程与组织创新关系模型，如图 6 – 1 所示。参与者在反复执行组织任务的过程中，通过互动和角色扮演逐渐形成共同理解和一致行动，从隐性层面可提升为组织共享基模和共同行动倾向，从显性层面则直接产生新的组织规则。新组织规则构成组织创新的显性内容，而共享基模和共同行动倾向则成为组织创新内容背后的根本原则，也是组织创新的精髓所在。可见，组织惯例的形成过程代表了组织创新的内生过程。

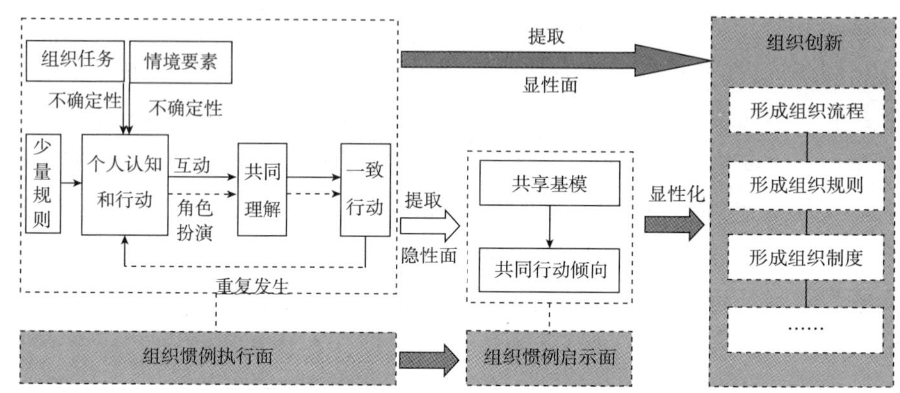

图6-1　组织惯例的形成过程及其与组织创新的关系

6.3.2　组织惯例的演化与组织创新

组织惯例形成或相对稳定的组织共享基模和共同行动倾向形成后，参与者便在组织惯例启示面和组织规范的引导下反复执行组织任务。根据惯例形成过程模型，引发组织惯例再形成或演化的原因可能来自情境和组织任务的变化，也可能来自参与者认知的变化（彭特兰等，2011，2012；艾贝尔等，2008；费林和福斯，2011）。这里分别进行探讨。

传统组织创新理论认为，组织创新的目的在于满足环境变化需求，因此组织创新的过程表现为环境发生变化带动组织的创新行为，进而对组织惯例进行根本性改造（麦凯布，2002）。大量创新实践的失败说明这种逻辑并未能揭示创新的本质（林海芬等，2015）。因此，惯例理论提出相反的创新逻辑，即环境变化促使组织惯例发生改变，进而自发式的实现组织创新（弗尔德曼和彭特兰，2003；彭特兰等，2011）。但当组织任务和组织情境变化不显著时，已有的组织惯例启示面和已形成的组织规范能够吸收新组织任务或情境带来的不确定性或者参与者能够通过角色扮演直接对新组织任务和情境形成共同理解、并产生一致性行动，此时组织惯例不会因情境变化而直接发生根本性演化。但由于每次执行过程中面临的情境要素总是存在一定的差异性，执行的结果便可能导致组织惯例的启示面产生变化。这种变化的强度或许不大，但也足以说明组织惯例一直处于演化的过程中，其结果可能对已有组织规则进行调整，内生性触发渐进型组织创新。那么，组织情境和组织任务发生显著变化时，即已有的组织惯例启示面和已形成的组织规范无法吸收新组织任务或情境带来的不确定性且组织参与者亦无法通过已形成的角色扮演直接形成共同理解的情况下，显然惯例会发生显著变化。

类似于组织惯例的形成过程，这种情况下组织惯例再形成或演化源于参与者感知的不确定性。具体来说，任务和情境的新奇性改变了参与者完成任务的条件或导致任务流程和分工的变化（如增加或删减任务环节及其参与者）、任务环节之间紧密关系程度的变化（如原本紧密关联的环节变成了无关联环节）以及具体环节任务内容的变化等。因此，阻碍了组织惯例的执行，促使参与者重新通过类比迁移对新任务形成个人理解的同时，重新启动大量沟通和互动活动重新在联合行动中找到关系性自我，形成角色扮演并对新任务和情境形成新的共同理解。由于部分参与者之间已形成了角色扮演，寻找关系性自我并对组织任务形成共同理解的过程较之于全新组织惯例的形成过程而言则相对简单。在新情境下反复执行任务的结果同样能够提取出参与者对组织任务形成的共同理解，即形成共享基模，产生一致性行动，并制定新的任务流程和相关制度规范，实现组织创新（详见组织惯例的形成过程与组织创新的关系）。这种情况下惯例的演化源于外部情境的变化，因此称之为组织惯例的外生性变革。但组织创新并非外部情境变化的直接结果，而是组织惯例演化的结果，因此并不会改变其持续内生性属性。由此构建的外生性变革过程与组织创新关系，如图6-2所示。与新惯例形成过程不同的是，惯例再形成或演化意味着要推翻已有的组织惯例，而已有组织惯例无疑影响着参与者个人新认知的形成以及相互共同理解的形成。因此，克服已有惯例的惯性影响是惯例演化的必经环节，也是在情境和组织任务发生显著变化情况下组织实现创新的难点。

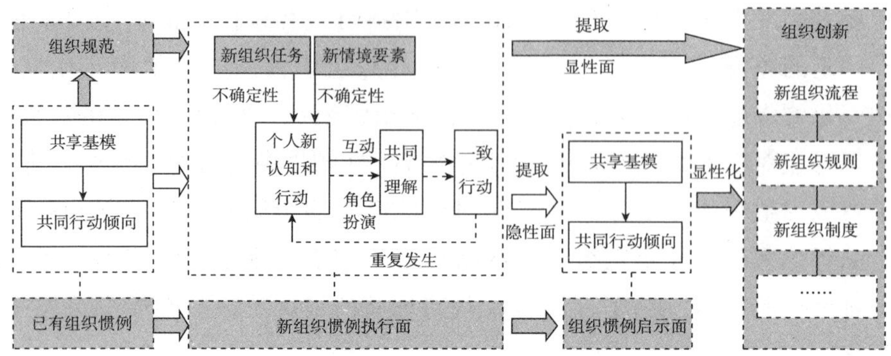

图 6－2　组织惯例外生性变革过程及其与组织创新的关系

外部情境和组织任务变化无疑是组织惯例发生剧烈演变并引发组织创新的一个重要因素，但惯例领域学者已通过大量仿真建模的方法验证了即使在外部情境和组织任务变化不显著的情况下，参与者认知也可能产生变化，导致组织惯例的显著演化，即产生内生性组织惯例演化（彭特兰等，2011，2012；艾贝尔等，2008；费林和福斯，2011）。如彭特兰等（2011，2012）研究指出，在没有明显外部干预的情况下组织惯例能够产生大量差异化行动范式，实现显著自我变化。研究甚至认为，外生要素不是产生非典型性行动范式的主要原因，行动背后的参与者经验、感知、动机和技能等内生要素才是产生非典型行动范式、促使组织惯例发生演化的根本原因（彭特兰等，2011）。也就是说，参与者具有的主观认知和能动性才是组织惯例演化的根源（彭特兰等，2011，2012）。情境变化和组织任务变化也是通过作用于组织参与者的个人认知影响组织惯例演化，倘若参与者的认知不会发生改变，情境和任务要素便无法发生作用。更重要的是，研究认为，影响参与者认知改变的要素主要来自参与者的内生要素，外生要素则需要通过内生要素产生作用（彭特兰等，2011）。

在个体反复完成组织任务的过程中，其作业经验和专业知识不断积累，技能熟练程度不断提升，同时还通过学习和吸收等方式从个体所处的独特环境中获取新的知识和技能，从而对其个人记忆不断做出调整。可见，参与者的个人经验、知识、技能和记忆等内生要素总是处于持续变化中，使得个人对情境和任务的认知不断发生变化。也就是说，即便在客观情境和任务没有显著变化的情况下，参与者的内生要素也处于变化中，说明个体的主观认知具有持续变化性。个体的内生要素具有独特性，形成参与者之间认知的差异性，加上个体认知改变程度的不同，相互之间在完成集体任务时将持续通过互动沟通和角色扮演调整已形成的共同理解，重新实现行动的一致性，形成新的组织惯例，实现组织创新（详见组织惯例的形成过程与组织创新的关系）。由个人内在要素引发的个人认知的变化相对隐蔽和抽象，但却具有不间断性或持续性，这也是组织惯例持续演化和组织创新持续内生的根本所在。由此构建组织惯例内生性变革过程及其与组织创新的关系，如图 6－3 所示。

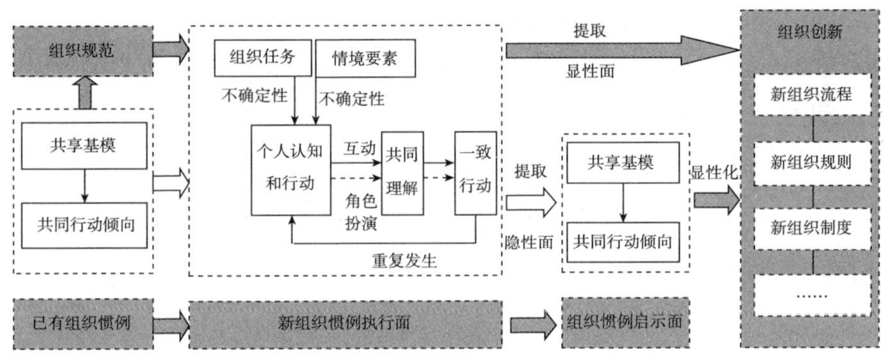

图 6－3 组织惯例内生性变革过程及其与组织创新的关系

6.4 本章小结

近年来，组织惯例领域逐渐明确“代表组织最基本属性特征和组织实现工作和目标根本手段的组织惯例具有自我变革性，而且是组织创新的基础和来源”（弗尔德曼，2000；弗尔德曼和彭特兰，2003，2008；纳尔逊和温特，1982；彭特兰和鲁特，1994；彭特兰和弗尔德曼，2005；彭特兰等，2011，2012）的观点，充分说明组织创新并非传统研究认为的相对独立的创新事件，而是代表了改进组织管理理念、方法或程序的一种持续状态或过程，进而对传统由外而内、自上而下的组织创新理论提出了新的挑战。对此，本章尝试对有关组织惯例及其与组织创新关系的文献进行系统梳理，从组织惯例的视角探析组织创新的持续内生机理，旨在为构建自下而上组织创新理论提供思路。在归纳总结组织惯例基本认知和组织惯例双重属性与组织创新之间的关系的基础上，深入组织惯例的隐性构成面揭示组织惯例的认知性核心构成包括组织共享基模和共同行动倾向，两者正是组织惯例变革性和组织创新持续内生性的根源。本章还重点探析了组织惯例形成和演化的过程与组织创新之间的关系，说明组织创新的背后是组织惯例的形成与演化过程，是一个持续的内生过程。

研究指出，组织创新并非传统认为的由外部环境变化直接引发的独立事件，而是涉及组织惯例形成和演化的复杂组织行为。对于组织创新实践而言，对创新本质和基本逻辑认知的改变至关重要，能够改变创新行为停留于表面的做法，深入代表组织基本属性的惯例层面重新认识组织创新的系统性和深入性。同时，由于组织惯例的形成和演化涉及所有组织任务的参与者以及参与者之间的互动和共同理解，因此组织创新并非组织管理者的个人任务，而是整个组织的任务。管理者在实践中应制定合理的员工沟通互动制度或信息交换制度，促进员工之间的互动，促使形成集体凝聚力以及组织创新赖以实现的内部驱动力。

第 7 章

组织惯例演化与组织创新实施

为进一步揭示组织惯例演化与组织创新实施的关系并打破组织创新领域只关注创新的截面问题，即创新的多维影响因素或归纳一般创新规律性的局面，深入组织最微观层面揭示其实施的本质，本章将对天地华宇实施定日达创新的过程进行深度案例分析，从惯例演化视角揭示组织成功实施创新的内在复杂机理，明确组织创新实施过程中组织惯例如何进行演化或者组织惯例的演化如何促成组织创新的成功实施，从而为组织创新实施构建深度理论。

7.1 问题提出：组织如何在创新中实现惯例的演化？

随着全球竞争日益激烈，创新已逐渐成为企业追求新机会、提高组织绩效和获取竞争优势的重要途径（韦尔甘蒂，2008；达曼普和施耐德，2006）。尤其从根本上转变经营方式、运营模式、管理理念、组织结构及资源配置范式，彻底激活企业组织成为当务之急。实践中，组织创新现象可谓风起云涌，不管是新兴企业还是正经受因劳动力成本上升、消费者对产品品质要求提升以及竞争压力加剧影响而陷入发展困境的传统企业，都试图通过创新实现生存与持续发展。然而，尽管组织创新实践层出不穷、形式花样百出，但效果却参差不齐（林和 Su，2014；林海芬和苏敬勤，2012）。大量组织创新实践只不过是昙花一现，并未能取得预期的效果。因此，如何有效实施组织创新成为创新领域的一个重要议题（伯金肖等，2008；苏敬勤和孙华鹏，2012）。

组织创新研究主要涉及两类：一类是能够给组织绩效带来直接影响的产品或技术创新；另一类则为旨在提升组织运行效率的创新行为。这里主要是指后者，即涉及组织整体运行和系统变革的创新。事实上，组织创新研究一直是管理学领域的热点，学者围绕组织创新的影响要素和机理、组织创新的实现过程、组织创新的作用等问题已开展了大量研究。在肯定组织创新对组织绩效起到积极促进作用的基础上，研究已打破传统认为创新是管理者个人、决策层或战略部门的责任的认知，将其视为全员参与的组织系统工程，如研究发现组织创新受到制度、企业家、组织学习、动态能力、创新文化等多维要素的影响且组织在实施创新的过程中需要从系统、全面或适配等角度进行全面考量和协同开展（伯金肖等，2008；豪厄尔和希金斯，1990；奥斯特曼，1994；奇等，2007；许庆瑞等，2003，2006；詹森，2000）。然而，组织创新的低效问题依旧蔓延，原因在于未能透过创新实践看到创新的本质。从深层次来看，组织创新不仅仅是改变组织规则、流程、程序、制度等显性要素，而是彻底改变代表组织属性或认知层面的组织惯例，如麦凯布（2002）认为环境变化促发组织创新的动机、产生创新行为，但最终需要对组织惯例进行根本性改造。也就是说，组织创新是一项系统工程，涉及对组织基因或组织惯例的彻底变革（伯金肖等，2008）。而组织惯例代表组织最深层次隐性、不易观察或识别且相对稳定的行为范式（彭特兰和鲁特，1994；弗尔德曼和彭特兰，2003；彭特兰和弗尔德曼，2005）。据此，组织创新实践的失败很可能源于创新的彻底性不够，即未能深入组织惯例层面。那么，组织惯例能否发生演化？组织如何在创新中实现惯例的演化呢？对此，本章研究将通过对天地华宇集团有限公司（简称“天地华宇”）实施定日达创新的过程进行案例分析，从惯例演化视角探究创新的实施机理，为组织彻底实施创新提供指导。

7.2 研究设计

7.2.1 样本选取：天地华宇

本章研究采用具有理论构建与探索功能的探索性案例研究方法对组织惯例与组织创新实施的关系进行研究。考虑案例典型性、数据可获取性和研究便利性等特点（尹，1994），本章研究选择天地华宇作为案例样本。天地华宇是中信产业投资基金管理有限公司旗下的全资公司，是国家第一批

"AAAAA"级资质的物流企业，也是 2015 年 Transform Awards"亚太区年度最佳品牌重塑奖"金奖获得者。天地华宇拥有"定日达""零担运输"和"整车特运"等产品和服务，是中国公路快运行业的领先企业。

天地华宇的领先地位并非一朝一夕的结果，而是经历了一个漫长曲折的过程。其前身是华宇物流，于 1995 年建于广州。创立之初的十年，由于物流业供不应求的良好市场形势，以及艰苦奋斗、开拓进取、主动变革、勇于竞争、勇于创新的文化引领，创业团队果断制定经营战略，积极创新服务流程，通过整合社会资源迅速把握市场主动权，使华宇物流从"一家门面，一辆车"的小公司发展成为国内物流公路运输的龙头。但随着公司规模的增大，竞争力却不见增强，其营运流程和服务质量未得到明显改进。野蛮装卸随处可见，货物破损屡屡发生。正当华宇物流开始走下坡路之时，世界顶级快递与物流公司 Thomas National Transport（简称 TNT）收购了华宇物流，更名为天地华宇，总部设于上海。然而，TNT 的接手不仅没能改变天地华宇衰落的命运，还由于外资企业的介入带来新的"水土不服"问题。加上 2008 年，国内物流行业开始全面进入打"价格战"的混乱时期，天地华宇陷入发展困境。自此，公司开启创新之路，立志通过创新扭转局面，现实脱胎换骨。尤其是 2009 年 2 月推出"定日达"创新，以"准时、安全、优质服务"的特性，成为天地华宇规避公路运输企业在传统物流零担运输市场低价竞争的"利器"，以及开拓天地华宇公路快运高端市场、扭转被动局面、转变盈利模式的"里程碑"。"定日达"不仅代表一次颠覆天地华宇运行系统和理念的组织创新变革，更是对天地华宇组织惯例或组织员工认知的彻底变革。因此，本章研究以天地华宇实施定日达创新的过程为研究对象，探索定日达创新背后的实施机理。

7.2.2　数据获取

访谈过程中，研究团队针对两个研究问题即组织惯例的构念和组织创新实施中的组织惯例演化问题均有所涉及，且强调不同的重点。由于本章重点关注创新的实施过程，而非创新决策等前期阶段，因此只对设于天地华宇总部负责定日达事宜的定日达管理部、定日达实施效果较好的郑州分公司和部分门店进行调研。访谈对象与时间安排如表 7 - 1 所示。第一轮访谈的对象为天地华宇集团总部定日达管理部成员，包括天地华宇网络及流程优化副总裁（也是定日达管理部第一负责人）、定日达产品管理部经理、产品服务主管、数据分析主管以及产品研发和项目主管等。访谈时间为2015年6月12日，持续3.5个小时，访谈内容主要涉及公司成立和发展背景、定日达创新背景、定日达创新内容和特殊性、定日达实施过程、定日达实施中存在的问题和解决措施、定日达的效果等。访谈资料整理后主要得出定日达的主要创新举措。第二轮访谈的对象为天地华宇郑州分公司总部①，包括分公司经理、综合办公室主管、数据运营部主管等。访谈时间为2015年7月20日，持续3个小时，内容涉及定日达在河南大区的实施情况、实施过程、定日达流程、关键环节和主要任务、实施效果等方面。此次访谈结果主要得出定日达的具体运作流程，并找出流程中各环节的主要负责人。第三轮访谈的对象为定日达流程各环节代表性参与者，包括隶属天地华宇郑州分公司的郑州7二级分公司（门店）、郑州分公司的车队、郑州分公司营业部、场站调度组等相关人员。主要采用一对一半结构化访谈方式，时间从2015年7月30日～8月10日，每次约2个小时，共访谈24人次。访谈的主要内容涉及定日达前后参与者任务的改变、服务标准的改变、认知的改变、员工之间的沟通形式等。此外，还多次通过电话和邮件的方式与相关人员进行沟通。

表7－1　　天地华宇访谈对象与时间安排

访谈时间	访谈对象	主要访谈内容
第一轮：2015年6月12日，持续3.5个小时	集团总部定日达管理部，包括天地华宇网络及流程优化副总裁，定日达产品管理部经理，产品服务主管，数据分析主管以及产品研发和项目主管等	公司背景、定日达创新背景、定日达创新内容和特殊性、定日达实施过程、定日达实施中存在的问题和解决措施、定日达的效果等
第二轮：2015年7月20日，持续3个小时	郑州分公司总部，包括分公司经理、综合办公室主管、数据运营部主管等	定日达在河南大区的实施情况、实施过程、定日达流程、关键环节和主要任务、实施效果等

① 郑州分公司为天地华宇一级分公司，负责河南大区的运作和管理，覆盖除信阳和南阳以外的河南地级市以及山东菏泽市，共53家二级分公司。

续表

访谈时间	访谈对象	主要访谈内容
第三轮:2015 年 7 月 30 日到 2015 年 8 月 10 日,每次约 2 个小时,总共访谈 24 人次	定日达流程各环节人员,包括隶属天地华宇郑州分公司的郑州 7 二级分公司(门店)、郑州分公司的车队、郑州分公司营业部、场站调度组、以及这些单位或部门的相关人员	定日达前后参与者任务的改变、服务标准的改变、认知的改变、员工之间的沟通形式等

此外，研究团队成员之一于 2015 年 6 月 3 日到 2015 年 8 月 31 日期间在天地华宇郑州分公司总部综合办公室实习，负责定日达相关数据的分析。在此期间，不仅收集了大量有关定日达运营日报、质量报表、准点率、扫描率、差错率等数据和报表，还观察了定日达的操作系统、现场装卸货、调度等实际运作过程，并做了详细记录。同时利用空余时间与郑州分公司的员工尤其是定日达参与者进行了相对随意的交谈，获得详细的信息。尤其对于一线员工，在正式访谈时会有所顾虑，而在这种相对随意的交流中，更愿意吐露心声。此外，在调研期间，作者还观察了公司的运行情况和定日达的现场运作情况，包括装卸货、扫描、记录的作业过程，以及各环节之间的衔接过程等。2015 年 8 月 2 日，作者观察了一批有定日达标志的药品在郑州 7 分公司的卸货过程并与另一批普遍零担货物的卸货过程做了比较。

7.2.3　数据分析

数据分析过程主要包括五个步骤：第一，对获取的所有数据进行整理和补充完善，将访谈录音转化为书面资料，整理观察记录，对不完整或不确定的信息进行补充等；第二，对天地华宇针对定日达采取的具体行动和措施进行梳理，形成描述性创新，并提炼出有关定日达的组织结构、流程和标准等创新内容；第三，对天地华宇实施定日达的相关数据进行归纳总结，通过两名研究团队成员分别对创新过程特点和阶段进行分析后再整合的方式将组织创新的实施过程划分为三个阶段：已有惯例主导期、新惯例形成期和新惯例固化期；第四，分别就每个阶段组织行为、参与者行为和认知的变化和特点进行分析，探索各阶段惯例的演化特点和规律性；第五，建构惯例演化视角组织创新实施过程模型。

7.3 案例描述：天地华宇定日达创新内容

2008 年 7 月，天地华宇在公司高管会议上首次宣布以“定日达”创新作为公司未来的重点。2009 年 2 月，“定日达”创新如期启动。天地华宇围绕“定日达”设计了一系列创新举措，初步形成了创新系统。

首先，成立定日达管理部。为确保“定日达”的顺利实施，天地华宇从组织结构着手，在集团总部组建“定日达”管理部，由公司网络及流程优化副总裁挂帅，下设定日达产品管理部经理，直接向副总裁汇报，并负责部门事务。部门经理下设产品服务、数据分析以及产品研发和项目管理三个主管，各领导一个团队。其中，产品服务团队负责审核新线路、开设新网点，监控运营质量提升进度；对现有线路做出合理优化，规划未来新设线路；分析 KPI 指标和管理指标对定日达影响程度并逐步完善指标标准等。数据分析团队负责编制指标数据，分析问题，提出改善措施，给予其他部门及团队数据支持与协作；分析产值质量，确定定日达产值占比，分析产品毛利润、客户体验满意度调查和发展客户进度情况；修正 KPI 指标核算公式或权重，协调公司与外部环境变化拟合度等任务。产品研发和项目管理团队则负责市场调研，定期进行客户、竞争对手和行业环境调查，完善“定日达”服务细节，调整发展战术和应对策略；根据市场调研，确定“定日达”标准化程序，并将之推广等任务。定日达管理部负责定日达相关监控和管理事宜，而定日达的实施则几乎涉及公司的所有部门和层级。

其次，制定全新“定日达”标准。天地华宇将“定日达”定位为高端公路快运服务，以准时、安全、优质服务为核心客户价值。与已有的普通零担业务相比：可靠性更高，服务更多，质量更优；更多面向中、高端客户；承诺从门店到门店的“定日”到达；但高于普通零担货物 25% 的价格。与航空快递相比“定日达”只慢 1 天左右，但价格便宜 2/3。定日达产品的目标客户主要是发展中的中小企业，主要来自汽车零部件、计算机、电信与电子行业、医药、仪器仪表行业等高附加值行业。这些企业在选择物流供应商时首先关注货物安全，然后才是速度快捷与价格优惠，应特别看重货物状态追踪服务。

针对“定日达”准时、安全、优质服务的三项核心价值，天地华宇分别制定了具体标准和措施：准时方面，通过对运输节点的全过程、高标准、严要求的监控制度。如长途车发车晚点不能超过 1 分钟（行业公认的标准是 30 分钟）；6 个小时内完成最大载货量的装卸；长途运输方面，所有定日达车辆均安装 GPS，24 小时全程监控，必要时实施紧急预案；在预约时间内准时上门服务。安全方面：设立定日达专用库区，与其他货物分离存放，货物差错率控制在 0.08% 以内，远优于行业平均水平；易损坏的定日达货物装到专用铁笼中；长途运输采用全封闭货车；高保价货物有专门的特殊标签，警惕叉车、人工文明装卸等。优质服务方面：制定“服务时间达标率 95%、服务成功票数率 95%”的高标准。具体措施包括：建立定日达专属销售团队，专属提送货车辆，专用箱笼，专属货区；任何情况优先装卸、配送定日达货物；设定日达专属客服团队和热线，为大客户提供定制化服务方案等。

最后，重设业务流程。天地华宇针对定日达的目标和标准，重新设置了业务流程，并明确规定每个环节的职责。如图 7 - 1 所示，货物达到二级分公司（门店）后，经过第一次理货、包装、贴 D 字标签、处理抵用券以及单据录入信息系统程序，由二级分公司自备车上转至一级分公司，即总部运转中心。一级分公司进行再次理货和扫描并通过分拣、特殊包装（笼装）等进行优先转运。然后进入由 GPS 全程监控的定日达封闭运输过程，准点到达目的地一级分公司或中转一级分公司（再转运至二级分公司）。最后经过包装修复、定日达异常情况录入后进行末端派送。出现收货人验货后不满意的情况，先由门店洽谈赔偿金额并签署协议，上报定日达主管，主管完成材料审核后经总经理签字，转至 400 客服中心，最后经 400 客服审核完毕后赔偿使用发货抵用券。

总体上，“定日达”流程通过优先、限货、集货、定点和专送等特点保证其核心价值。其中，优先方面：系统中有“D”标志，货物上有定日达专用标签，库区有区分；相对于普通零担货物，定日达货物全程关注并优先处理；使用铁笼装载定日达货物，大幅降低货损货差。现货方面：定日达只收单件不超过 500 公斤、体积不超过 2 立方的货物；单件货任意边长不得超过长 3 米、宽 1.8 米、高 1.6 米；保护货物安全。集货方面：定日达线路的货物必须按规定时间在二级公司集中到一辆或少数几辆自备车上，首先发车到一级公司。定点方面：发货公司自备车上转移必须在规定时间前到达一级公司；长途车必须按规定准点发车，按时到达；采用 GPS 系统进行全程监控；定日达的长途车都是由招标得到的合同车，并且严格规定在途时间。专送方面：到货地一级公司在定日达货物赶不上正常下转移自备车时，必须用专用自备车直接送货到二级公司或客户处。

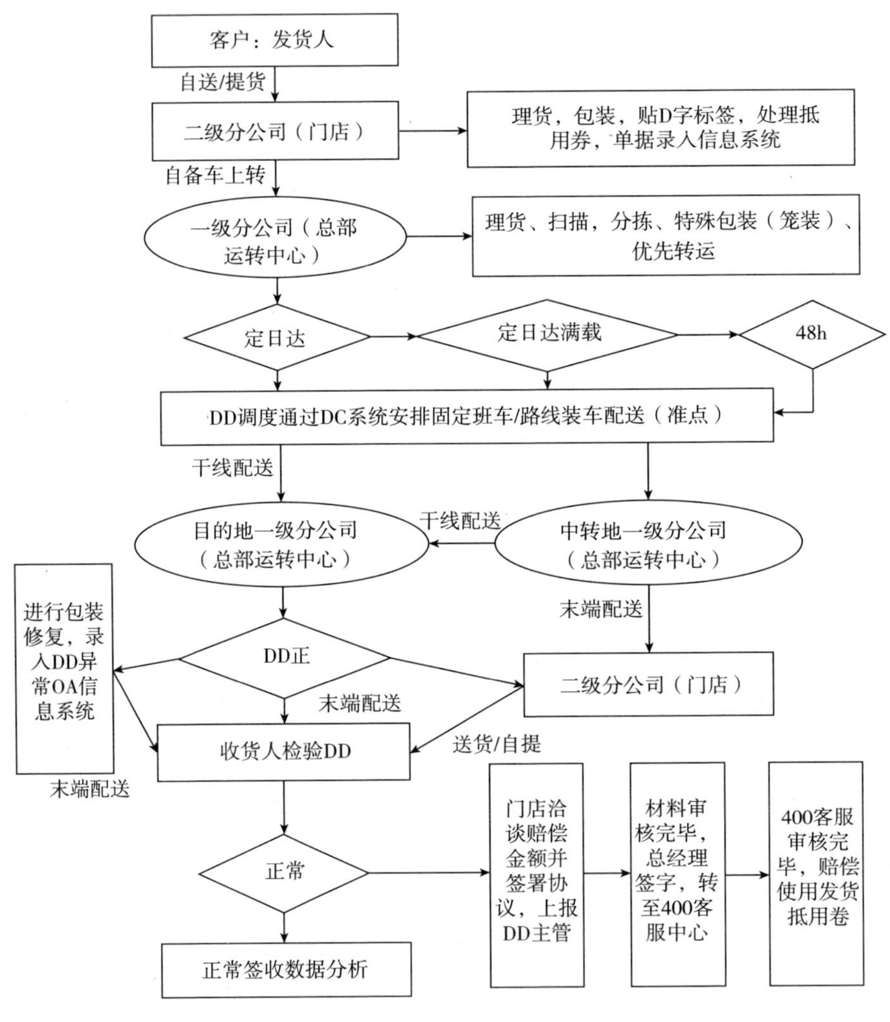

图 7－1　“定日达”业务流程

注：DD 代表定日达。

7.4　案例分析：组织创新实施过程与组织惯例的演化

天地华宇的“定日达”创新是一次涉及组织结构调整、绩效标准和制度制定以及业务流程改造等多方面内容的系统性组织创新。上述创新内容的制定和下达只是创新的开始，而实施过程才是决定其效果的关键。事实上，实施过程历经三年多才初显成效。这期间除了发生上述组织结构、标准、流程等方面的显性变化外，更重要的是天地华宇实现了代表组织属性特征和员工认知层面的组织惯例的根本性改变，形成全新的定日达惯例。从显性层面看，创新实施体现为组织持续不断地推出创新举措；但从隐性层面看，参与者认知的改变促使其行为发生改变并使组织惯例发生演化是实现组织创新的根本。因此，我们从组织创新行为、参与者认知与行为变化两个方面对定日达实施过程中组织惯例发生演化的内在机理进行分析，将组织惯例演化过程划分为三个阶段：已有惯例主导期、新惯例形成期和新惯例固化期。

7.4.1　已有惯例主导期

在实施定日达之前，天地华宇已经历了十几年的发展，重点运营零担业务。零担业务的市场竞争主要依赖价格，公司的经营理念为通过市场覆盖率和货物运输量实现盈利，员工收入除了基本工资主要取决于产量即业绩提成。同时，流程中的各环节是相对独立的，各自完成任务后便可获得相应的报酬。根据员工对零担业务实现过程的描述，如分公司经理描述为“天地华宇有很多区，每年都会进行区域比较，再加上竞争对手也在不断扩张，原来我们的目标就是建立更多的门店，鼓励门店多吸引客户，确保更高产值，以量和速度取胜……”；门店经理描述为“以前我们的目标非常明确，就是产值，不管是营销员还是装卸员，都尽可能快而多地完成任务，为个人、为门店获得更多奖金……”；营业员描述为“做零担时，个人平均一天装卸货量是现在的好几倍，好几个人一起爬到车顶，往下扔，只求不丢货，不造成重大货损……”，可将天地华宇基于零担业务的惯例概括为：以追求产值最大化为目标、独立完成各环节任务的行为模式。也就是说，在零担业务时期，天地华宇各层级员工对于组织任务形成的共同认知聚焦产值最大化，所形成的共同行动倾向表现为尽可能多而快的完成各自的任务。可见，“零担”惯例的认知层面以“量”和“速度”为核心，几乎未涉及服务理念或服务质量的内容。

组织创新行为。定日达创新初期，天地华宇首先将上述定日达创新内容进行落实：一方面，启动天地华宇定日达管理部，赋予定日达管理部经理和其他三个主管相应的职责和权力，并将运行和管理定日达的具体事宜进行分工；另一方面，将所制定的定日达新标准和流程在新建立的营业点进行试运行，检验标准和流程的可靠性，并加以完善。试营业初步验证了定日达创新的有效性后，天地华宇将定日达创新向整个集团公司的大部分营业点进行延伸，要求这些营业点承担传统零担业务的同时，以新标准和流程开展定日达业务，正式开始实施定日达创新。为此，天地华宇在原有九大运营大区划分（包括东北区、华北区、中原区、华东区、中南区、浙闵区、山东区、西部区和华南区）的基础上，根据定日达发展需要，并考虑成本问题，进行营运大区拆分，划分为56家分公司，包括运营大区和经营大区。其中，运营大区负责货物转运，经营大区负责门店产值和标准化。天地华宇还重新规划了定日达线路，变革“城对城”单线运输，转为干线运输，货物集中区域总部转运，于2010年建成全国首个公路快运骨干网络。以华南区广州到山东区青岛为例，运营线路规划前，两个区域内的任何两城市之间均设有运输路线，即“城对城”单线运输；运营线路规划后，只在济南和广州以及青岛和广州之间设立干线运输，其他地方的货物均集中到这几个城市进行统一管理和运输，便于控制并保证定日达的准时准点。

具体运行方面，天地华宇为定日达业务购置了新车辆并为每辆车配置GPS定位系统，安装OA操作系统。同时，还安装了定日达信息系统（迪辰DC），链接优质服务，改变手写运单为机打运单，逐步实现电子化办公。迪辰DC用于定日达产品的调度、运输前的准备、运输中的监控、运输结束后的活动和报表周期等。根据权限不同和业务板块划分，集团通过该系统对每日运营状况数据统计整理，分析运营中出现的问题，再根据定日达完成周期和完成情况，整理成表格，下达分公司总部。分公司总部根据表格，结合集团下发文件，对工作中出现的问题进行调整，减少差错，破损等异常情况，做好货物修复，实现“货差率0.08%、货损率0.8%”的集团目标。门店利用该系统进行货单录入，客户开发，并根据与总部的下转时间节点以及定日达约定时间，及时送货，确保时效。

然而，在定日达系统创新全面实施的初期阶段，尽管高服务标准吸引了部分新客户，但同时却出现较为严重的客户流失问题。部分老客户虽支付了定日达的“高额”费用，却没有享受到定日达承诺的高质服务，因而选择其他物流公司。原因在于大部分门店和分公司在混合经营零担业务和定日达业务的过程中，依然沿用零担业务的理念和做法完成定日达业务，使得定日达的相关要求和标准未能得以彻底贯彻执行。

参与者认知和行为。定日达实施初期，天地华宇针对定日达制定的各种新标准和流程均处于较为模糊的状态，加上物流行业外部情境的改变尤其是竞争性的加剧，给定日达业务的参与者带来了不确定性。为了降低不确定性以及由此产生的焦虑和安全感缺失，参与者首先通过搜寻已有经验并进行类比迁移，将新奇情境转变为熟悉情境，即找出定日达业务与零担业务的相似之处。员工表面上接受定日达创新，但实际上仍停留在对已有零担业务的认知。如郑州分公司总经理回忆：“当初上海总部决定在我们分公司几十个营业点同时推行定日达，虽然总公司已下达要求和标准，盈利空间也可能提高，但当时整个分公司的营业负荷已经很重，增加全新的业务压力太大。更何况我们对零担业务已经很熟练，以前一直都这么干，干得很好。所以刚开始，定日达和零担业务之间并没有很明显的界限，很多时候都是混合运行。有时候尽管贴上定日达标识，但其实还是按照零担业务在做，否则根本完成不了。但是对于定日达涉及的一些特殊物品，还是会更谨慎一些……”；郑州某分拨中心的经理说：“定日达业务要求独立、准时准点运输，说实话，就当时的条件，实行起来非常困难，车辆有限，员工就那些人。再说，定日达货物量很不稳定，货多了转运不了，货少了成本太高，我们只能做到尽可能比零担货物快。定日达货物运输经常出问题，我们也是没办法……”；郑州某门店经理就定日达包装问题回答：“虽然公司对定日达货物的包装提出了一系列新要求，但在员工看来，只不过是比零担货物多一层包装，多打几个钉子，多加些防震防碎泡沫而已。说到底，跟零担货物的包装没有根本区别，毕竟还有量的要求……”。

此时，定日达参与者对定日达创新一知半解且存在排斥心理，甚至视定日达为公司压榨员工的一种手段，在不得不开展定日达业务的情况下，参与者试图维持对零担业务的认知，通过寻找定日达和零担业务的相似性，按照原有零担业务的做法完成定日达业务，即试图维持已有的认知和惯例。与此同时，公司已有的组织规范和制度如公司的门店管理制度、人力和考核制度、员工管理制度、品质管理制度等并没有因定日达而重新制定，因此惯例参与者倾向于强调已有制度的适应性，作为其行为的有效支撑。

总之，在实施创新的初期，组织初步实施所制定的创新方案，组织员工为了减少创新和情境变化带来的不确定性和焦虑感，首先选择搜寻新任务和情境与已有任务和情境的相似性并强调已有组织规范和制度的适应性，试图维持已有的认知和行为范式，采取相似性行动，因此组织已有的惯例在引导和规范员工行为中依然占据主导地位。也就是说，通过强调新任务与已有任务的相似性以及已有制度的适应性能够吸收创新带来的大部分不确定性，使得参与者仍旧能够正常完成任务。

7.4.2 新惯例形成期

随着定日达标准和流程逐渐明晰，定日达流程中各环节的任务分工越来越明确，参与者开始意识到维持已有的认知和行为范式逐渐不能满足其需求。管理者也意识到定日达的实施不是设置标准和流程并加以落实的问题，而是涉及转变天地华宇已有的思维和行为范式、建立新惯例的复杂过程。因此，组织进一步采取创新行为，而参与者的认知和行为均发生变化。

组织创新行为。天地华宇进一步采取了一系列创新措施。让员工清晰的认识定日达的宗旨和要求。天地华宇改变实施初期零散宣传的做法，在全公司范围内建立新的学习系统，从上到下对员工包括新进员工进行定日达业务知识传授和业务培训，改变员工对定日达的基本认知。定日达管理部制作了包含开展定日达业务的目的、定日达与其他公司产品的区别、定日达与零担业务的区别、定日达的标准和流程、定日达的实施要点以及定日达对于公司和个人未来发展的优势等方面内容的演示录像、内部宣传册和演示稿，在公司的学习系统中进行演示，要求各门店、分公司和总公司组织学习。同时还在整个集团公司分层级组织集中学习，从上到下传递定日达的思想、宗旨和精髓。尤其是基层员工，知识水平相对较低，但却是定日达的直接操作者，被列为学习和培训的重要对象。管理者已认识到，只有将定日达文化传递到组织基层，才有可能从根本上改变员工的认知。学习和培训的另一项内容是关于定日达 DC 系统的操作。DC 系统是定日达实现高质量、准点服务的关键技术，也是一种全新的物流记录和管理方式。部分老员工受文化水平的限制，对新技术很抵触。对此，天地华宇组建专家队伍，开展手把手教育活动，缩短员工的技术磨合期，更快享受到新技术带来的便利性和准确性。此外，公司还提供了关于门店营业人员礼貌接待用语、营销人员销售技巧以及全国热线问题咨询和解答等方面的培训。门店营业人员礼貌接待用语培训方面，根据客户不同价格需求和发货要求，推荐定日达和零担营销术语，各有侧重；营销人员销售技巧培训方面，建立发展客户进度表，进行陌生来电回访，重视客户服务满意度回访等；400 全国热线培训方面，重点列出客户针对定日达可能提到的问题和解答思维并把定日达客户作为重点服务对象。通过学习和培训行动，员工对定日达有了新的认知。

天地华宇进一步将定日达利益与员工利益进行捆绑，加快参与者对各自新角色的识别。公司针对与定日达业务密切相关的路区经理、门店及员工的业绩和奖金制度进行了调整。以门店员工的奖金制度为例，新设立的公式为“奖金 =（个人奖金基数 × 产值折扣 × ABCD 系数 + 非整车超产奖）× 定日达系数 + 到货奖 + 投诉扣罚 + 整车奖 + 涨尺、涨秤扣罚”。新制度增加了定日达系数，而定日达系数取决于定日达的完成率。同时，在到货奖和投诉扣罚中增加了定日达业务的比重。更重要的是，在已有零担业务中，各个环节是相对独立和分离的，各自完成的任务便可获得相应的奖励，但在定日达业务中，整个流程是一个整体，如针对“差错率低于 0.08%，严重货损率低于 0.8%，货损修复率高于 95%”的指标，一旦未能达标则追究整个流程的责任，若达标则各个环节都能得到奖励。也就是说，奖金计算公式中的到货奖、投诉扣罚、整车将和涨尺、涨秤扣罚都是在定日达流程各环节之间按比例分配。新考核模式将整个流程捆绑在一起，形成了一条服务链，使得参与者之间的任务产生关联性和整体性。

参与者认知与行为。经过一段时间反复执行任务，加上定日达创新的深入实施，参与者逐渐改变对定日达与零担业务相似性的认知，逐渐形成差异性认知。同时，参与者还感觉到已有组织规范和制度出现了不适应性，使得所感知的不确定性大大增加，因此在确保各个环节服务质量和效率的基础上，某些紧密环节之间开始进行互动，试图通过与其他参与者的互动增加对定日达的了解，明确各自在服务链上的新位置和角色，以便更好的完成任务。此时，意味着已有零担惯例的主导地位开始动摇，组织进入新惯例形成期。在新惯例形成初期，由于此前的作业过程中参与者是相互独立的，彼此之间不了解，因此主要通过较高频率、较高强度的显性沟通完成信息交换。如某门店内部，销售员看到营业员准备“野蛮”卸货时，及时加以制止：“这是定日达产品，不能随便往下扔，公司对货损率有严格规定，你们如果还像以前那么卸货，我都没办法给客户推荐了……”；门店经理主动劝说：“定日达出来后，‘快’已经不是我们唯一的标准，我们还讲求服务质量。确保每个环节的高质量高效率作业，不仅能提高我们店的业绩，也能确保定日达的业绩，最终所有人都能从中受益……”。另外一个例子为门店与运输司机之间的互动，由于天气原因，定日达货物在路上运输的时间超过了预期，货物到达门店后，送货时间点就快到了。司机下车后，并没有像往常一样完成自己的任务就离开，而是加入了卸货和检货环节，还一再嘱咐其他员工：“这批货都是电子产品，价值高，容易损坏，大家要特别小心！”司机之所以对产品信息了如指掌则是因为上一个环节一级分公司检货员特意向他交代过。这类显性沟通在零担业务中很少发生，但却是定日达新惯例形成初期的主要特征。

围绕定日达高服务标准的高频率、高强度显性互动在重复完成任务的过程中不断发生，各环节参与者间逐渐对彼此在联合行动中的角色包括实际和潜在的理解、意见、想法形成印象和认知。即使不经过显性沟通也能对彼此在面临具体情境的行为时做出有效的预测，因而在参与者之间形成有效的“角色扮演”，如目的地营业员能够预测发货地营业员在发现货损后的行为，门店经理能够预测场地调度经理在出现定日达货物晚点后的行为等。通过角色扮演各环节参与者形成自我并找到各自在完成定日达业务任务中的角色和位置，从而为集体做出贡献。也就是说，参与者进行角色扮演对具体情境形成共同、情境化理解，识别适当的行动，实现个人行动流与集体行动的有效协同，形成一个归属于具体联合行动的关系性自我。在定日达联合行动中，每个参与者不仅根据个人理解和行动进行抽象和概括，还根据共同的、相互主观形成的理解和行动进行抽象和概括，结果使得每个参与者针对其在联合行动中的角色、位置和贡献形成一个基模。由于每个参与者在互动过程中根据与其他参与者共同建立的情境化意义进行抽象和概括，个人基模至少部分与其他参与者共享。也就是说，当参与者之间形成角色扮演后，能够根据对他人的行为预期即对他人在既定情境下将如何行动的预期结果采取相应的行动，促进个人行动流有效融入联合行动中，并提高参与者之间沟通与协调的效率。值得注意的是，参与者主要关注对其行为产生直接和重要影响的其他参与者，并进行角色扮演，如场站调度环节员工与司机之间、司机与装卸货营业员之间、营业员与验货员之间等。

互动促使参与者之间角色扮演的程度越来越高，相互对组织任务的理解越来越一致，且越来越容易预测彼此面对新情境时可能的想法和反应。针对某环节的行动或反应，其他环节的员工均能够做出有效预测，并采取补救措施，从而意味着集体层面组织共享基模的形成。此时，参与者之间的显性互动频率和强度均下降，相互之间甚至不需要显性沟通便能形成一致性理解。在共享基模的引导下，参与者之间形成一系列相互凝聚、协同一致的行动倾向性，即都围绕定日达的准时、安全和优质服务的标准采取行动，形成新的包装、装卸货、运输、记录、调度和修复等习惯和技能，表现为个人的程序性记忆。共同行动倾向性进一步促使参与者在执行定日达的过程出现相似情况时均能够以适当且未经反思的方式作出回应，从而节约参与者的认知资源，提高作业效率。例如定日达货物出现较为严重的破损时，负责货物修复的员工会第一时间尽全力对货物做出修复。事实上，各环节的员工在完成定日达过程或处理紧急或意外情况时的想法是一致的，均视各自为流程中不可或缺的一个环节，一旦一个环节出问题，则会影响到整个流程，而且形成了共同的行动倾向性。共享基模及共同行动倾向的形成代表组织中群体隐性认知的变化过程，或组织惯例中高于个体认知的集体层面认知的形成，也意味着组织创新中新惯例启示面的形成，如图 7－2 所示。

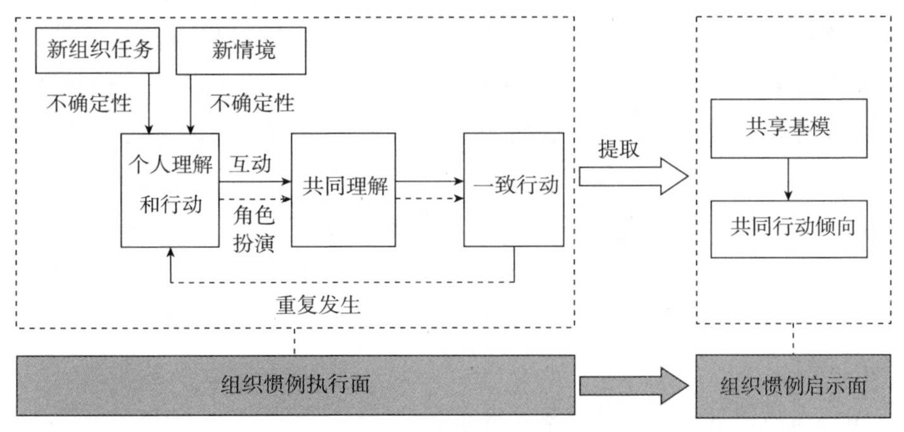

图 7－2　组织创新中新组织惯例的形成过程

总之，在新惯例形成阶段，随着新任务和新情境逐渐清晰，加上组织进一步采取能够强化员工对新任务和新情境认知的措施，新任务流程上的参与者开始审视创新带来的新任务与已有任务的根本差异性和已有的组织规范和制度对完成新任务的不适应性，因此与其他参与者展开频繁且紧密的互动，试图吸收剩余不确定性。互动的结果使得相互间对彼此在联合行动中的角色包括实际和潜在的理解、意见、想法形成新的印象和认知并能够相互对彼此在面临具体情境的行为做出有效的预测，形成有效的“角色扮演”，进而对新任务形成共享基模，产生共同行动倾向，此时意味着新惯例启示面或新惯例的形成。

7.4.3 新惯例固化期

组织创新行为。为了巩固新惯例并逐渐削弱已有零担惯例的影响，天地华宇在整个集团宣传有关定日达实施中的优秀实例和奖励的信息。如郑州高新园区6号门店如何在克服地理位置偏僻、员工素质较低、客户认可度不高等问题后达到定日达标准并提升门店效益的例子在公司内部被大力宣传；青岛一级分公司到东莞一级分公司之间定日达产品整个季度零投诉率的奇迹也成为公司其他部门和路线学习的榜样。此外，某门店经理在定日达制度实施后，连续三个月未达到定日达标准，因此受到了降职处分，也督促着天地华宇员工在开展定日达业务过程中随时进行自我监督。更重要的是，公司通过调查定日达参与者和收集员工意见和建议的方式，完善并正式出台了有关定日达标准、流程、奖励、考核和管理等相关制度，包括：将定日达流程绘制成精美图形，粘贴在各层级公司最为显眼的地方，随时提醒员工妥善行事，亦向客户展示公司如何确保服务质量；修正天地华宇集团品质管理制度，以定日达业务作为公司品质管理的重点，对差错类问题、异常签收问题、丢货类问题等品质问题作出详细规定并制定申诉规范和品质检查及考核制度；完善天地华宇各类人员考核方案，包括事业部层级考核制度、大区层级考核制度、路区考核制度以及门店考核制度等，尤其对其中的定日达系数做出更合理的规定。这一系列显性、客观且具体的组织制度、规范或流程成为新组织惯例的载体。

参与者认知与行为。在反复完成定日达任务的过程中，加上公司新制度、规范和流程的影响，参与者对新任务的独特性形成了有效认知，并开始强化新制度和规范的适应性。定日达新惯例的形成，对参与者认知和行动也起到了重要的指导作用。郑州分公司经理认为："大概从 2012 年开始，定日达在整个公司的业务中逐渐占据了主导地位，新体系运行逐渐步入正轨。目前我们分公司 60% 以上的盈利收入来自定日达。值得一提的是，所有员工对定日达业务和要求都已了如指掌，公司的服务质量得到了根本性的改善，甚至带动了零担业务服务质量的提升。我们顾客对我们的服务是越来越满意……"；郑州某分拨中心的经理说："熟悉定日达操作和要求以后，发现也不是那么困难。公司从上到下给我们提供了很多支持，配置了新的车辆和设备，对我们进行了系统培训，而且还调整了薪酬制度，大家干起活来更有劲了。我们中心的员工现在对定日达的要求是滚瓜烂熟，而且还知道公司的其他人应该怎么做。哪怕一点小问题，都能立马找出根源。虽然这两年公司没有对定日达的要求再做进一步的细化，但大家都一心想把定日达做得更好……"；郑州某门店经理认为："我们店员工数量没有增加很多，但整个店的业绩在不断提升，服务质量得到了客户的认可。我们为定日达货物和零担货物设置不同的包装区和装卸货区，但员工是相互串用的。实际上，零担货物区只是设备稍微简陋一点，其实员工就像跟定日达货物一样用心操作，比以前的服务都有了很大的提升……"；郑州某门店负责送货的营业员对定日达创新评价道："以前心里老想着送货速度要快，才能把一天的货送完，给客户打电话、卸货等一秒都不能耽误，每天是匆匆忙忙。自从定日达对到货和送货做了一系列规定之后，如时间要精确，要仔细检查提货人的提货密码和有效证件，差错率控制在 0.08% 以内等，刚开始确实不适应，但现在已经习惯了，客户满意了，态度好了，公司发的奖金也提高了……"。此时，定日达参与者对定日达系统和相关细节和标准已经非常清楚，相互之间进一步明确了对新惯例的认知。同时，公司新制定的规范和制度为参与者的认知和行为提供了有效支撑。

可见，新组织惯例固化阶段，组织规则和组织惯例保持高度一致，对参与者的行为产生更强的引导作用，员工开始强调定日达业务的特殊性以及相应新规范和制度的适应性。已有零担惯例的影响则逐渐削弱，公司成功扭转了受服务理念较差的零担业务"拖累"的局面，固化了新的定日达惯例。新惯例包含对准时、安全、优势服务的共同认知以及为达到该标准一致做出努力的倾向性甚至对未参与定日达的员工产生了影响，促使公司整体服务质量的提升。自此，天地华宇成功开拓公路快运高端市场，改变被动局面、转变盈利模式，实现公司发展的转型。

7.5 组织惯例与组织创新实施关系案例讨论

根据上述案例分析，本章研究围绕实现组织创新的彻底性问题对天地华宇实施定日达创新的整个过程进行了探索和分析并根据创新过程中组织创新行为和参与者认知与行为变化的特点，将组织创新的实现过程划分为已有惯例主导期、新惯例形成期和新惯例固化期三个阶段。由此，构建惯例演化视角组织创新的实施机理模型，如图 7－3 所示。

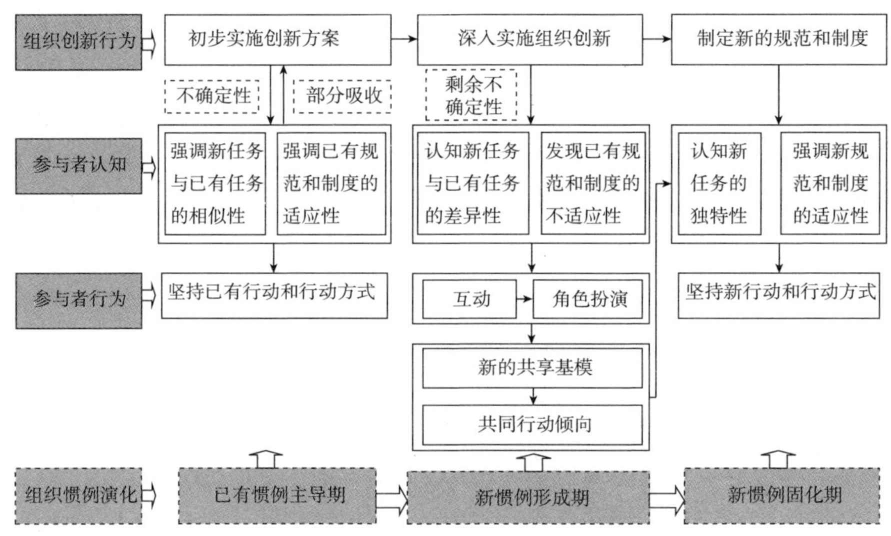

图 7－3　惯例演化视角组织创新的实施机理模型

研究可得出如下结论。

首先，组织创新的实施是一项深入组织惯例层面的复杂系统工程。定日达创新的成功除了得益于从组织结构、标准和流程等方面全方位制定的创新方案，更是将创新付诸行动并直接产生效果的实施环节的成果。部分研究认为，创新的实施是一个水到渠成的过程，前期做好了准备，实施只不过按计划采取行动，而创新效力不佳可能源于决策不当、创新方案欠佳或受到某些内外部因素的影响或是员工执行力差（林海芬和苏敬勤，2012）。事实上，组织创新的实施并非简单的自上而下的过程，而是一个上下结合、不断推进的过程。这个过程不仅需要组织各部门和各层级参与者做出共同努力，实现某些结构、流程、规则和制度等显性要素的改变，更重要的是，从根本上促成参与者认知的改变，形成新的集体共同认知和共同行动倾向，实现组织惯例的演化。从显性组织行为层面来看，在初步实施创新方案时将创新措施传递至组织各层级相关人员，通过深入实施创新举措推动员工认知的改变，最后根据实践反馈和结果制定新的规范和制度；而在隐性组织层面，则表现为新惯例的形成和对已有惯例的取代。

其次，组织创新的实施过程经历已有惯例主导期、新惯例形成期和新惯例固化期三个阶段，各阶段组织创新行为、参与者认知与行为呈现出不同的特点。由于组织惯例具有显著的稳定性，传统研究认为组织惯例一旦形成，便很难改变（考夫曼，1977；汉纳和弗里曼，1984；马奇，1991）。但惯例的变革性理论则显示，组织惯例能够发生演化。本章研究验证了组织惯例的变革性，发现组织惯例的演化是一个涉及参与者集体认知改变的复杂过程（彭特兰和鲁特，1994；弗尔德曼和彭特兰，2003；彭特兰和弗尔德曼，2005）。在已有惯例主导期，尽管实施了新标准、流程等创新内容，但在执行任务的参与者看来，只是对已有任务和情境的修正，因此在行动中仍然延续对组织已有任务的认知和行为方式；在新惯例形成期，参与者对组织任务的认知在执行任务和新创新举措的影响下发生改变，并逐渐在反复联合行动中形成集体层面新认知；最后在新惯例固化期，员工进一步明确其对新任务和情境的认知，强化集体认知并巩固新行为方式。三个阶段具有时序关系，在组织创新过程中任何一阶段均不可逾越。组织只能通过创新行动缩短各阶段的时间，更快的创造创新效率。

最后，新惯例的形成是组织惯例演化的关键，也是决定组织创新彻底性甚至决定创新成败的关键。若组织创新止于打破已有惯例而未能形成新惯例，其结果只会降低组织效率。新惯例的形成涉及新的集体共享基模和共同行动倾向的形成，而新的集体共享基模和共同行动倾向的形成需要通过参与者之间的互动以及形成有效的角色扮演。可见，新惯例的形成不是组织管理者发出指令、员工接受指令的被动过程，而是参与者主动与惯例流程上的其他参与者进行沟通和互动，相互理解并形成有效预期的认知过程。如何促成新惯例的形成，则需要组织采取相应的措施，尤其是为参与者创造开放式沟通和互动的氛围。从互动中实现个人认知的改变到集体认知的形成，再到新组织规范和制度的形成，说明组织创新的实施是自上而下传递创新内容、自下而上实现惯例演化的结合。

7.6　本章小结

本章研究采用案例研究方法揭示组织惯例演化与组织创新成功实施之间的紧密关系并构建了组织创新的实施过程模型，得出：组织创新的实施是一项深入组织惯例层面的复杂系统工程；组织创新的实施过程经历已有惯例主导期、新惯例形成期和新惯例固化期三个阶段，各阶段组织创新行为、参与者认知与行为呈现不同的特点；新惯例的形成是组织惯例演化的关键，也是决定组织创新彻底性甚至决定创新成败的关键等结论。研究打破了组织创新领域停留在梳理创新一般规律性或提炼显性影响要素的局面，深入组织最微观的惯例层面探索组织创新的实施机理。基于已有组织惯例理论尤其是组织惯例的构成和演化理论，研究进一步证实了组织惯例的演变属性，揭示了组织惯例演化的过程并得出组织惯例启示面构成，即组织共享基模和共同行动倾向性的演化依赖于惯例参与者在反复执行任务过程中的互动和角色扮演，有效补充了组织惯例理论体系。

第 8 章

组织惯例对组织创新的悖论性作用

从传统的“组织惯例阻碍组织创新”的观点到最新“组织惯例促进组织创新”观点的演化，促成了组织惯例领域研究的飞跃。两种观点的背后则是组织惯例的稳定属性与变革属性的支持。然而，这两种属性具有共存且不可分离的特点，意味着组织惯例对组织创新同时存在既“阻碍”又“促进”的悖论性作用。本章基于组织惯例二维观和五维结构模型，采用探索性案例研究方法探究组织惯例如何悖论性的作用于组织创新过程，并构建悖论性作用模型。

8.1 问题提出：组织惯例如何悖论性作用组织创新过程？

组织惯例的自我变革属性及其对组织创新的促进作用研究成为近年来组织惯例领域的焦点。大部分研究采用仿真建模等方法，验证了组织惯例具有自我变革性，会不断地实现自我演化；部分研究采用案例研究方法，同样发现，组织惯例促成组织内生性创新的根源是组织共享基模和共同行动倾向，新惯例的形成是决定组织创新彻底性和成败的关键（彭特兰等，2011，2012，2010；波利特斯和卡拉汉娜，2013；米捷等，2016；Geiger 和施罗德，2014；艾贝尔等，2008；福斯和费林，2011；林海芬等，2017）。然而，现有研究急于展示组织惯例的变革性以及由此产生的对组织创新的积极推动作用，却忽视了组织惯例与生俱来的稳定属性和阻碍作用。事实上，稳定和变革是组织惯例矛盾性共存的双重属性，因此组织惯例对组织创新的影响不止在于“阻碍”或“推动”，而可能同时既“阻碍”又“推动”，两种作用悖论性影响组织创新的过程与结果。那么，组织惯例如何既“阻碍”又“推动”组织创新呢？考虑到这是一个深入组织最微观层面的“How”的问题，本章研究采用具有理论探究和构建功能的探索性案例研究方法，对湖北易木科技股份有限公司（简称“易木科技”）商业模式创新事件进行深入、系统的分析，探析组织惯例在组织创新整个过程中产生的悖论性作用机理并构建相应模型，揭示组织之所以能够实现创新的内在原因。

8.2 研究设计

8.2.1 样本选取：易木科技

本章研究中的探索性案例要求深入企业内部最微观的惯例层面获取详尽的案例资料。同时考虑到初次理论构建的准确性，所以选取了方便深入调研的易木科技作为调查对象，满足案例典型性、数据可获得性和研究便利性等特点（艾森哈特，1989）。

2011 年 2 月易木科技在湖北省襄阳市成立，是一家专注于同层排水系统研发、销售、安装服务为一体的专业化高新技术企业，拥有自己的研发团队和独立的产品知识产权。公司的主要业务覆盖范围广，小到家庭装修、大到写字楼、商场以及大型商业楼盘等均有涉及。公司下设研发部、工程部、宣传部、市场部、行政部和财务部，现有员工 40 余人。经过不懈努力易木科技现已走出襄阳，在上海、北京、深圳、宜昌等地均建立了办事处，易木同层排水系统也随之遍布全国。易木科技的发展不仅源于其先进的技术与产品，更重要的是得益于以客户为核心的定制化组织创新。技术和产品方面，由易木科技独立研发的蹲便器存水弯、多功能防疾病装置、多功能地漏、半三通以及渗水排水器等五大管件是公司的核心产品，由这五大管件组成的同层排水系统能够彻底解决厨卫间排水所存在的滴、漏、臭、堵、渗、疾病传播等难题，技术水平已达到国际领先地位。其中多功能防疾病装置和多功能地漏已经通过襄阳市新产品质量监督检验所检测，其尺寸偏差、水密性、气密性等技术指标均符合国家产品质量要求并以 Y320140006W 和 Y320140007W 发放了检验报告。

组织创新之前，易木科技采用的是产品核心模式。该模式下，公司整体运行围绕“卖出更多产品”这一认知展开，具体表现为产品设计紧跟行业发展，销售考核注重业绩指标的达成等。但跟随着模仿抄袭和市场竞争加剧使得易木科技增长动力不足且在实际销售和安装过程中也面临因难以满足客户的需求而导致客户满意度下降的难题。在这种情况下，公司已有的组织规范和流程无法解决现有的问题。而员工却在实际操作中慢慢摸索出了可行方案，他们将客户提出的现有产品无法解决的问题反馈给研发部门，然后和客户一起设计合适的产品解决方案。在不断实践的过程中，公司从参与者到集体最后到组织层面形成了新的认知、行为和规范。集体共享认知从以产品为核心成功转变为以客户为核心，认为获得客户的满意才是公司的最终目标。在这种共享认知下公司各个部门相互配合，形成一系列新的显性流程和规范。易木科技的商业模式也成功转变为基于客户需求实现个性化产品设计与开发的定制化商业模式，能够为客户定制化设计厨卫间排水问题整体解决方案。以客户为核心的定制化商业模式意味着公司整体目标以切实解决客户需求、获得客户满意为重点，不再是单纯地销售产品，取而代之的是销售服务与设计。不到一年的时间，公司各部门都融入了新的模式中，研发部、市场部、工程部等部门形成一个全新高效的易木科技运行系统，一切以客户为核心，为企业创造了无穷的发展动力。

易木科技组织创新经历了较长的过程。从显性层面来看公司整体的显性流程、制度和规范等都发生了显著的变化，同时业务量呈现直线上升，2017 年全年营业额突破一千万元，增长率高达 75%，是往年增长速度的 2 倍。从隐性层面而言，此次商业模式创新的成功还涉及认知等不易观察因素的改变。易木科技商业模式创新的成功不同于以往自上而下式的命令执行，而是从参与者层面向上最终到组织层面形成的自下而上的组织创新。在这其中以往产品为核心模式下形成的组织惯例对组织创新起到了既阻碍又促进的悖论性作用。可见，该案例具有典型性和代表性。

此外，数据可获得性和研究便利性则体现在两个方面：一方面，易木科技属于创业企业，组织架构和组织层级较为简单，能够获取全面而完整的公司及其创新相关信息。通过追踪提问能够较为准确地获取公司成立至今组织惯例的形成和变化情况。该公司产品类型较少、流程简单、核心任务单一，因此组织惯例构成及其作用均较简单，易识别。另一方面，有关惯例的研究涉及组织最微观的层面，一般的调研并不能获取所需要的信息，而研究团队与易木科技之间存在长期较为紧密的合作关系，使得公司整体对于研究非常配合，保证了研究的顺利进行。

8.2.2 数据获取

不同于实证研究中可直接使用统计分析软件来测度数据的信效度，案例研究中须通过拓宽证据搜集的来源来实现，使得证据来源不同且多样，同时能够相互验证，这样可以有效保证案例分析结果的科学性和准确性，提高信度和效度（伊 n，1994）。本章研究中使用访谈、观察和文档资料获取三种方式搜集资料。访谈法作为本章研究最主要的数据获取方式，具有短时间内可获取大量信息，同时可以针对特定问题进行深入交流的特点，满足组织惯例研究对于组织全方位资料的获取需要。观察法能够深入员工内部，观察他们的工作方式、沟通交流等日常活动，便于从细微之处了解公司变化和发展。文档资料具有长期记忆性和获取便捷性，可提供包括会议记录、公司规章制度在内的大量文件，方便查阅同时更具说服性和权威性。文档资料和观察可以对访谈中的相关内容进行很好的佐证和补充，三者之间相互配合可使案例资料更加详尽丰富同时又不乏深度。为保证数据的可靠性，以下将详细介绍每一种数据获取的方式。

（1）访谈。作者所在研究团队分别于 2015 年 12 月、2017 年 2 月和 2017 年 8 月深入易木科技进行了四轮细致访谈，全面跟踪了易木科技组织创新的整个过程。2015 年 12 月的访谈重点关注公司内部现行的组织惯例、公司的企业战略和现阶段的运行方式。2017 年的三次访谈则更为细致深入，主要关注易木科技组织创新的实施、组织惯例的演化以及在组织创新过程中组织惯例所发挥的作用。全公司一共四十余人，共访谈 17 人，包括公司董事长周董、总经理肖总（兼任市场部部门经理）、各部门的经理（研发部冯经理、工程部周经理、宣传部陈经理、行政部金经理和财务部周经理）以及普通员工。具体的访谈时间、对象和内容如表 8－1 所示。第一轮访谈发生在易木科技进行定制化商业模式创新之前，访谈的对象为公司董事长和各部门的经理，访谈关注公司创立至今的发展过程、行业背景、公司内部的运营模式以及未来企业的战略。第二轮访谈对象为公司初创团队核心成员，包括公司董事长、市场部经理和研发部经理，访谈的内容主要涉及公司前期取得的主要成果、公司为何进行组织创新、当时公司内部组织惯例和外部的市场都面临着怎样的情形。在经过访谈详细了解公司的基本情况后，对所获得的资料进行了转录整理，便于进行第三轮的访谈。第三轮访谈对象为各个部门经历过易木科技组织创新整个过程的员工，包括研发部、市场部、工程部、财务部和宣传部的主要人员（受访者分别以 Y、S、G、C、X 加上阿拉伯数字表示），访谈内容包括他们对组织创新态度的转变过程和原因、创新前后所承担工作内容的变化、公司在这个过程中采取的具体措施以及组织创新过程中遇到的困难和解决方法等。第四轮访谈对象为公司董事长和各部门员工，此时易木科技开展组织创新已有一年之久，公司的转变基本完成，所以访谈的问题主要关注组织创新现阶段取得的成果、什么促成了组织创新的成功以及此过程中哪些因素阻碍了组织创新开展。通过访谈了解参与者在创新过程中认知与行为的改变和组织任务流程的改变，挖掘组织创新的内部阻力与动力，实现从微观层面剖析创新过程。

表 8－1　　易木科技访谈对象和时间安排

访谈时间	访谈对象	主要访谈内容
2015 年 12 月 15 日～16 日	公司董事长、各部门经理	公司创立至今的发展过程、行业背景、公司内部的运营模式以及未来的企业战略
2017 年 2 月 6 日，整个访谈过程持续了 5 个小时	公司董事长、市场部经理和研发部经理	公司前期取得的主要成果、公司为何进行组织创新、当时公司内部组织惯例和外部的市场都面临着怎样的情形
2017 年 2 月 20 日～25 日	研发部、市场部、工程部、财务部和宣传部的主要人员	参与者对组织创新态度的转变过程和原因、创新前后所承担工作内容的变化、公司在这个过程中采取的具体措施以及组织创新过程中遇到的困难和解决方法
2017 年 8 月 10 日～12 日	公司董事长和各部门员工	组织创新现阶段取得的成果、什么促成了组织创新的成功以及此过程中哪些因素阻碍了组织创新开展

（2）观察。团队成员之一于 2015 年 11 月～2016 年 2 月期间在易木科技行政部实习且获得了轮岗机会，在公司的市场部、工程部和宣传部均实习两个星期，详细了解公司各部门的工作要求和流程。在市场部门轮岗期间曾跟随市场部经理去装修公司商谈合作，了解公司主要的业务来源和开展业务的方式。也和工程部员工一起到安装现场记录卫生间构造图，帮助绘制图纸，观察易木同层排水系统实际安装过程。还在宣传部门的培训下掌握了公司主

要产品的设计理念和主要功能。此外在行政部期间，对公司整体运营流程有详细的掌握，通过参加公司例会和做会议记录，了解公司的规章制度、考核方式和日常的沟通交流等。在2017年2月和8月实际调研期间，作者对进行组织创新的易木科技公司进行了实地观察，包括在转变过程中面临的分歧、遇到的困难，以及员工认知和行为的改变等均做了记录，还作为旁观者参与了公司为高端别墅区定制马桶业务的部分工作内容。

（3）文档资料。文档资料的获取方式主要分为两种：一方面团队成员在行政部实习期间获得公司的允许直接拷贝了公司内部关于公司介绍、发展历程、主要产品、各部门分工以及大量规章制度等文件。另一方面则是根据研究需要，在保证信息安全的前提下通过邮件、微信从公司各部门经理处获取，这部分文档资料主要包括公司商业模式创新过程中产生的主要文件、创新过程中取得的成果等详细资料。

8.2.3 数据分析

本章研究的数据分析共分为五个阶段来进行。第一，针对所有数据进行整理和补充，包括访谈录音的转录、观察记录的整理和文档资料的甄选。第二，对数据资料进行梳理，描述出易木科技商业模式创新故事。第三，借鉴林海芬和尚任（2017）建立的组织惯例五维概念模型对案例分析过程中的有关组织惯例的构成进行统一界定。组织惯例由启示面和执行面构成，启示面又包括组织层面、集体层面和个体层面。在本案例中，组织惯例启示面的组织层面具体指的是易木科技的组织规范、制度和流程。集体层面包括易木科技员工之间形成的对于组织共同目标和任务的理解与认知，以及在认知的指导下采取的一致性行为的倾向。个体层面主要表现为组织惯例执行过程中的个体专业技能。执行异动具体表现在易木科技不同的惯例参与者在执行组织惯例的过程中遇到的不同任务和情景。第四，根据组织惯例构成的特点和相互关系的变化规则，将组织惯例对组织创新的作用划分为三个阶段：组织惯例阻碍作用主导下的组织创新基础形成期、组织惯例促进作用主导下的创新实现期以及组织惯例两种作用共显的创新固化期并分别从代表组织惯例执行面的执行异动和组织惯例启示面的组织层面、集体层面和个体层面展开分析，探究组织创新过程中组织惯例在不同阶段所发挥的作用，以及组织惯例启示面和执行面之间的互动关系，详细而系统的展示组织惯例对于组织创新的悖论性作用机理。第五，构建组织惯例对组织创新过程的作用模型并提炼研究结论。

8.3　案例分析：组织惯例对组织创新的悖论性作用

易木科技组织创新的成功实施是一次全面、深入的组织活动。其产生与实现并非传统研究认为的自上而下领导命令的结果，而是代表组织最微观层面特征的组织惯例自下而上既阻碍又促进的结果。易木科技商业模式创新一方面受阻于产品核心模式下的组织惯例，即需要重新认知组织目标和宗旨，重新构建新的组织制度、规范及流程，改变每个部门乃至员工的工作内容和理念，体现出组织惯例的阻碍作用；但另一方面，组织惯例又为创新提供了知识和能力储备，为创新时期组织稳定发展提供了保证。更重要的是，已有组织惯例下员工对易木科技产品形成的根深蒂固的认知正是客户核心模式能够实现的根本，体现了组织惯例的促进作用。根据组织惯例阻碍与促进作用在组织创新不同阶段表现出的差异化程度，我们将创新过程划分为组织惯例阻碍作用主导下的组织创新基础形成期、组织惯例促进作用主导下的创新实现期以及组织惯例两种作用共显的创新固化期三个阶段。我们详细分析在创新的三个不同阶段组织惯例执行面与启示面的互动关系。在探究两个层面互动的基础上，结合五维结构模型中启示面的组织层面、集体层面和个体层面，深入探究执行异动对于显性规范、共享认知、共同行动倾向和个体技能的作用路径，借此揭示组织惯例如何既阻碍又促进组织创新，以期验证“组织惯例执行面与启示面的互动是组织惯例动态性的来源，也是组织惯例之所以成为组织创新与变革的源泉和基础”的观点（彭特兰，1995；迪特里希和赛德尔，2018）。

8.3.1　组织创新基础形成：惯例阻碍作用主导期

稳定属性主导期组织整体呈现出模式化、系统化的运行方式，主要体现为组织目标和任务清晰化、部门分工和职责明确化、员工技能专业化等特点。稳定属性主导时期易木科技正积极推广产品、努力扩大市场占有率和提升品牌。各部门对于共同任务有一致性的认知，并产生相互配合的行动倾向，形成了“研发→生产（外包）→销售→安装→售后”的服务流程。员工在工作中对自己所在部门的工作和自己的职责有明确的认知，能快速掌握完成自己工作所需要的专业技能，可以很好地辅助组织共同任务的完成。接下来将分别从组织惯例的执行异动、组织层面、集体层面和个体层面进行详细的分析，探究组织惯例稳定属性的来源以及这种稳定属性对易木科技组织创新的影响。

（1）执行异动。员工对于工作职责的明确保证了易木科技每一笔订单的顺利完成，但在执行过程中会存在异常情况。如客户卫生间降板高度不同，根据公司工程文件的规定，小于 100 毫米不能安装易木科技的产品；产品搭配不同，一般而言一个卫生间的标配是一个半三通、多功能防疾病装置、多功能地漏、蹲便器存水弯和渗水排水器，但也存在一个卫生间需要两个地漏或其他装置的情况。再如市场部员工 S1 说："公司销售流程规定市场部门接单过程中必须经过工程部实地勘测，确定之后才走正常流程下单，但有一次工程部确定可以安装之后我们接了单，过了几天工程部再去安装的时候发现客户装修时动了地板的高度并且更改了天花板的设计，结果因为降板高度不够导致安装不了，只能给客户退钱。"类似于这些执行异动即使是在稳定属性主导时期也广泛存在，主要因为易木科技进入排水市场不久，客户对于同层排水的概念和产品不够了解，在安装过程中会出现不同的情景异动、任务异动和人员异动，但组织惯例的参与者在执行过程中能够很好识别和解决这些异常情况，使得组织惯例能够稳定执行，同时带给组织惯例启示面一定的影响和反馈。

（2）组织层面。从几个人的小公司发展到拥有四十多人的团队，易木科技在此过程中形成了一套有效的流程、规则和制度，并用这套组织层面的显性规范服务众多的客户群体。如公司制度规定：研发部每两个月至少出一个新产品和一个专利；工程部在客户下单后 24 小时之内进行实地测量绘制安装平面图，一周之内完成安装工作，每次安装时间不超过两小时……诚然，在公司发展的早期阶段，周董和肖总等管理者承担着处理惯例执行过程中异常情况的角色，更多的扮演决策者。当面对执行过程中的异常情况时，员工往往需要向自己的上级管理者求助以便应对执行异动。随着公司发展的历程，组织内部产生大量的显性规范。这些显性规范能很好指导员工的执行，以便员工在面对执行过程中的异常情况时能及时做出反应，而不是等待周董和肖总去断定应该怎样执行才是对的。针对组织惯例执行过程中的异常情况，行政部员工在每周例会上会认真解读每个部门的职责和各个操作环节的考核规范，有不清楚的地方可以提出，现场进行集中解答。目的就是让员工更加明确自己的职责范围和公司整体的工作规范，面对执行异动时能依据正式的组织规范执行任务，出现问题时也能够依靠显性规范追究责任。正如周董所说："公司刚成立时我是一个人亲力亲为，因为毕竟那时候很多制度还不健全，各方面也不正规，出现问题肯定是要找我解决的，但现在我们已经有正式的部门，各个部门也有管理者，公司整体上的工作秩序已经有了，最需要的就是让员工坚定不移去执行，不能说今天出现一个这样的问题我就来改一下整体规范或者流程，这是不现实的，公司发展过程中形成的规矩既然已经立起来了那我们要做的就是排除一切去执行，要不然我们这个规矩就相当于不存在了，公司整体也没法正常进行管理了。"肖总认为公司目前这些制度流程，以及各个岗位的工作职责都是公司运行过程中摸索出来的适合公司发展的，能够保证出现问题后清晰定责，所以必须严格执行现有的规范。可以看出，易木科技发展到这个阶段，显性规范成为指导员工开展工作的重要依据。公司领导者有意通过这种组织层面的权利范式，巩固显性规范的核心地位，使得权责分明、各司其职，但却阻碍了新创意或想法的产生与实施。

（3）集体层面。组织惯例启示面的集体层面分为共享认知和共同行动倾向两个维度，也是组织惯例启示面的核心构成。共享认知代表惯例参与者对组织目前阶段主要任务的共同理解和判断，是组织惯例中稳定和难以改变的存在，在对组织任务形成共同理解的基础上，对各个部门分工形成明确共享认知。正如研发部冯经理所说："以前只有专利没有产品的时候我们研发部的工作就是把专利做成产品，做出产品后公司的目标就是如何把产品卖给更多的人，销售不是我们研发部门的工作，我们的工作就是设计出在市场上能够大卖特卖的产品"。为此研发部在 2015 年 11 月份赴北京、上海、青岛和深圳进行了一个月的外派学习和市场调研，了解行业发展趋势也为产品设计搜集素材。这种共享认知促使参与者在对组织任务和情境形成共同理解以及相互协同性行为预期的基础上，相互之间配合默契，形成高度凝聚力，从而对组织任务产生一致性联合行动的倾向性，同时会从他人的视角来审视调整自己，保持自己的行为与他人预期相一致。在公司五大核心产品刚刚面世时，宣传部门明确自己的职责，按照公司规范主动起草产品的详细介绍，包括产品设计原理、能够达到的效果、吸引眼球的卖点等，例如蹲便器存水弯的介绍：第一，造型小巧，一体成型，不会漏水；第二，设计 45°的斜坡，加大冲水力度，具有排污能力强、用水量小的优势；第三，存水弯的设计采用阿基米德原理，珍贵物品不慎落入，容易打捞……同时宣传部门开展各种形式的宣传活动，如发放传单、演示冲水实验、电视广告投放等。宣传部陈经理说：“在公司，为了产品能够更好地卖出去大家都明确自己的职责，我们宣传部很多时候都要走在前面，要不然市场部门的工作也没办法开展，他们还等着我们做好各种宣传材料和宣传活动才好继续开展销售活动，有时候也需要根据他们的销售重点来调整我们的宣传方式，比如说他们这段时间主要是想和装修公司合作，那不需要肖总或者是周董和我说，我都知道宣传重心要转向装修公司这块，要思考针对装修公司的宣传策略，大家之间配合时间久了，工作起来都很默契”。

（4）个体层面。为了组织共同目标的达成，参与者在组织惯例执行过程中通过互动和角色扮演已经形成各自的角色认知，在共同行动倾向的引导下，对于自身所应具备的专业技能愈发清晰，同时能够及时调整自己的专业能力以配合组织整体任务目标的实施。如在研发部，除外派学习掌握市场发展趋势，研发员 Y2 还会主动在专业论坛上跟踪行业发展动态，加入相关的微信群和 QQ 群，在社交平台上搜集资讯、学习技术，构建自己的信息获取渠道和学习网络，增强自身专业能力。销售员 S3 说：“刚进入公司我也不懂公司的产品，经过培训后会有些专业的了解，但真正给客户介绍的时候还会有些不足，有时候甚至会被客户问倒，那为了提高自己的业绩我会向宣传部请教一些问题，也会找熟人进行推销练习，没事就给他们讲讲我们公司的产品，讲的次数多了自己对自己就更有信心了，销售能力也就慢慢提高了，这都是慢慢积累的过程”。工程部安装员 G3 说：“为了顺利准确地完成安装任务我都是严格按照工程部的安装文件执行的，先安装半三通，然后接管道安装渗水排水器……，每次执行都是按照这个步骤来的，慢慢技术也就熟练了，刚开始安装一套可能需要一个小时，现在一般 20 分钟就完成，除了熟能生巧，我平常会自己琢磨学习一些东西，提升自己的专业技能，这样也能够帮助接下这一单的销售人员提升结单率”。虽然惯例参与者积极主动地学习新知识提升自己的专业技能，但这些专业技能的提升均建立在已有执行需要的基础上，并没有涉及新的技能改进或者流程改进。工程部员工 G2 说：“有次我提出安装后的售后回访工作其实交给我们工程部更合适，万一有啥问题我们当场就解决了，不需要市场部再来和我们沟通，耽误时间，但这个想法提出来就被否决了，公司时刻强调已有制度的重要性，规定啥活我们就干啥，其他的不需要我们考虑”。可以看出在自上而下权利范式的主导下，阻碍了个体层面对于已有组织惯例的改进，更多的是强调每个员工做好自己的本职工作，在完成工作的过程中不断提升自己的专业技能，保证组织稳定运行。

稳定属性主导时期，面对惯例执行过程中的执行异动，包括情景异动、任务异动和人员异动，呈现出自上而下的以权利范式为主导、完成组织任务为目标的稳定性重复执行。在这个过程中，不断强化集体共享认知、巩固共同行动倾向、逐步提升专业能力。组织层面权力范式的引导保证了组织在显性规范的框架内正常运转。基于权利范式，集体层面基于组织共同任务和显性规范明确各部门所扮演的角色，不断强化集体共享认知，促使集体层面共同行动倾向加深，配合越来越默契。而个体层面是整个组织惯例启示面的基础，在集体共享认知和共同行动倾向的影响下，惯例参与者在每次执行过程中不断提升自己的专业技能。同时由于组织内部存在的显性和隐性沟通，员工对自己在整个组织惯例中所处的位置、和自己有工作环节上联系的伙伴都很熟悉，能够预知相邻环节员工的行为，并根据他人的行动倾向来不断调整自己的行为，从而使得自己的行为和组织整体任务保持一致。毫无疑问，稳定属性主导时期，组织整体实现了稳定运行，各项制度流程日趋规范。在自上而下的权利范式主导下，组织已有流程更加稳固、集体共享认知逐渐强化、共同行动倾向加强、个体专业能力提升。而随着组织层面、集体层面和个体层面的逐步强化，组织层面会更加依赖已有的显性规范来保证组织任务的顺利完成。集体层面共享认知和共同行动倾向也倾向于保持不变。而惯例参与者在执行过程中也会习惯性的使用已有的专业能力而不是开发一些更加高效的操作规范来完成组织任务。这种习惯性操作一方面使得组织整体更加趋于规范和稳定运行，保证易木科技收益的同时产生组织创新所需要的知识储备和能力储备等要素；另一方面也阻碍了参与者在执行惯例过程中新想法的产生和实施，抑制组织创新的产生。

8.3.2　组织创新实现过程：惯例促进作用主导期

稳定属性主导下易木科技对内通过巩固显性规范不断强化集体共享认知，使得各个部门之间的共同行动倾向越来越默契，个体专业技能不断提升。对外市场份额不断攀升，公司和产品知名度不断提高，除了公司主动寻找客户，也有客户主动找上门来寻求合作，实现了公司的稳健发展。但易木科技客户需求的多样化和市场竞争的加剧，导致惯例执行异质性突显，公司已有惯例的显性规范无法确保任务的完成。与前一阶段组织惯例执行异动自上而下影响启示面不同，此时组织惯例的执行异动首先作用于个体层面，经过集体层面，最后影响组织层面。实际上，这就是组织创新自下而上形成的过程。

（1）执行异动。组织惯例执行面的执行异动在组织惯例中扮演了信息接收处理的角色。前期由于消费者不了解同层排水，所以在销售产品和服务以及处理执行异动时易木科技占据了主导地位，客户对于公司既定的处理方式也能够接受。而在稳定属性为主导的作用下，越来越多的人认识到易木科技同层排水系统能够解决隔层排水所存在的滴、漏、堵、渗、臭等问题，更具有节水环保、减少疾病传播等优势，所以易木科技逐渐打开市场占据一席之地，获得客户的认可。在品牌知名度和市场占有率提升的同时，更多的客户慕名而来，希望易木科技能够帮助他们解决更多厨卫间排水问题。正因为如此，在执行惯例的过程中却出现了更多新的执行异动。例如在一次售后回访中，客户李先生提到自己家位于一楼，经常出现由于整栋楼的主排污管道堵塞而造成污水回流室内的问题，询问公司能不能够帮他解决问题。还有客户想要定制产品的任务异动，如某开发商客户指出，他们所开发的小区为高档小区，目标客户是事业有成、收入较高的精英群体，因此不仅对卫生间的空间布局、噪音、排水量、美观等方面提出了非常高的要求，还要求在地下有水的地方安置一个小金龟。这些执行异动的出现，建立在已有组织惯例帮助公司打开市场建立稳定客户群体基础之上，而且形成了一种趋势，使得易木科技的发展之路也正悄悄地发生着改变。

（2）个体层面。面对执行异动，参与者意识到原有的显性规范、集体共同行动倾向和自身的专业能力不能够解决问题，而放任不管又不利于组织任务的达成。如工程部在一次安装的过程中，客户提出“你说你们易木科技的产品是绝对不会漏水的，那你们怎么能检测呢？如果你们不能检测，只是口头承诺不漏水，我怎么能相信你们呢？”安装员 G4 意识到如果不能提供检测方案，客户对我们的产品和服务肯定是不满意的，公司也会失去这个客户所能带来的潜在客户群体。但公司确实没有相应的检测办法，也没有相应的流程、制度等来指导应该如何面对这种执行异动。于是如何消除客户的疑虑成为他面对执行异动必须要思考的问题。回去后，凭借经验和多次管道实验，最终他找到了利用气球来检测管道是否漏水的方案，并取得客户的认可和满意，同时也因为此事获得了公司两千元的奖励。在这个过程中，安装员 G4 想到的不仅仅是完成自己本来的安装任务，还有如何能够让客户对公司的产品和服务满意。正是在这种认知的引导下，他多次尝试最终获得客户的认可和满意。在这个过程中，惯例参与者将“更好的服务客户”当成首要目标，为了实现这个目标，在自己原有的专业技能之上继续学习探索新的领域，在服务客户的同时，自己的技能得到扩展和延伸。不仅工程部遇到了这样的难题，市场部也不例外。销售人员 S4 说：“有一次销售时，客户想要一个坐便器存水弯，但我们公司目前只有蹲便器存水弯，其实我多和客户沟通沟通还是可以把公司现有的排水系统卖出去的，然后让客户自己再去其他家买一个坐便器存水弯，一次两次还可以，但次数多了我自己心里也会犯嘀咕，所以我还是会想其他的办法来尽量满足客户的需求，比如向研发部门寻求技术上的支持”。面对执行异动，参与者使用现有专业技能无法很好解决，必须不断拓展个人能力或寻求其他部门帮助，来获得客户的满意。在这个过程中参与者对组织整体任务的认知从“卖出更多的产品”慢慢在转变为“更好的服务客户”。正如销售员 S4 所说：“以前是卖出去产品我就开心，现在才发现客户开心我才开心，因为只有客户开心了他才会购买或者介绍朋友购买我们的产品，所以就要想办法满足客户的期望”。为了更好地处理执行异动，获得客户满意，参与者从简单的惯例执行者变为积极的思考者和主动的参与者，他们或自我思索寻求解决方案，或寻求各方协助满足客户需求，切实解决客户提出的问题。

（3）集体层面。个体认知和行为的这种转变，往往是牵一发而动全身的效应。因为参与者在组织惯例中所扮演的角色都是相互联系的，而且在组织内部员工之间存在频繁的显性沟通。一个销售人员和一个研发人员在午休闲聊时说：“我觉得吧，现在客户提出来的一些要求我们还是要重视的，因为你不给他解决他可能就去找别家了，这么做下去东西肯定越来越难卖，不仅我们市场部业绩不好看，公司的效益也不会好”。研发人员接话说：“说的就是这个道理，设计出客户喜欢的产品是我们研发部门的工作，客户提出来的问题对于我研发的方向很有帮助，毕竟产品最终还是客户购买，如果能知道客户的需求是往哪个方向发展的，那我们研发就有动力了，以后你们有这方面的需求我一定全力配合”。这种显性沟通不仅在任务相互联系的参与者之间频繁发生，而且在没有相连任务环节的参与者中也存在着。沟通过程中参与者表达自己的认知，会引起其他参与者的思考，双方的认知会发生无形的微小改变，而且这种改变在不同的显性沟通过程中广泛存在。此外在已有组织惯例中，参与者能够通过互动对其他惯例参与者的认知和行为进行预测，通过调整自己的认知和行为来保持一致。所以当组织惯例参与者中出现了新的认知和行为，通过频繁地显性沟通，其他参与者能够类比已有组织惯例中的角色扮演过程来重新调整自己的认知和行为。进而在行动中相互协同，找到新的自我角色，形成以客户为核心的新集体共享认知并在共享认知指导下形成新的共同行动倾向。正如当市场部成功尝试与研发部合作设计出客户需要的产品时，研发部开始专注于结合客户具体需求进行产品开发与改进，而不仅仅是通过外出调研进行产品设计。而市场部与宣传部合作负责新时期的产品推广与销售定位，除了以往产品的宣传，还将公司的研发实力和定制化服务作为特色进行营销。易木科技在这一阶段调整过程中，转变产品核心模式、建立市场个性化定制模式，将集体共享认知从“卖出更多的产品”转变为“切切实实解决客户的问题和难题”，在此基础上，各群体之间相互协调，完成了新的角色定位。

（4）组织层面。集体层面新共享认知和共同行动倾向的形成，使公司有了很大改变。研发部除了负责核心产品和配件的持续改进与更新，更重要的是为每个客户设计一套完整的方案；市场部除了传统的产品推广，更要与客户建立紧密联系，专业化传递客户需求，确保客户的核心地位；工程部则需要承担各种个性化安装工程。这些转变的发生促使公司形成了新的显性流程。与以往“研发→生产→销售→安装→售后”不同，现在流程中研发贯穿整个销售和安装的过程，整个流程是一个闭合环状，中间紧紧围绕着“客户需求”。针对新集体共享认知和共同行动倾向的实现，公司产生了更多适合现有工作方式的显性规范来保证整体的创新转变能够在正轨上运行。研发部针对客户反映的问题必须在两周之内形成初步的设计样稿；所有针对客户需求定制的产品必须按照正规的产品测试和验收程序进行；定制化产品的定价必须在产品研制成功后 3 个工作日内完成审批；新产品的宣传文案由宣传部和研发部在产品研制成功后一周内完成（包括宣传照片、文字撰写和客户采访视频或音频）。显性规范是新的发展模式下易木科技的产品和服务依然能够保证高质量的规范线。正如周董所言：“产品核心时代我们一切以产品为中心，由此形成的公司流程、制度以及员工的认知对于公司的转变无疑是一种挑战，需要我们重新认识我们的目标和我们的宗旨，重新构建新的流程和制度。但不可否认，今天的一切又都是产品核心模式的延续和发展”。冯经理指出：“新模式下，对产品质量的要求其实更高了，我们的员工始终保持对产品质量的高要求”。同时周董也指出：“现在员工有主人翁意识，能给公司提出一些建设性意见和大胆尝试，公司为此设立了奖励考核制度，提出一个问题奖励一千元，提出并成功解决一个问题奖励两千元，不设上限”。在进行组织创新之前，易木科技对内形成了规范的运作流程、对外建构起庞大的客户群体，公司的发展日趋稳定。而经历过公司内部的积极创新，公司整体的运作进入一个全新的阶段，无论是商业模式还是收益率，都处于同行业领导者的地位。

组织惯例变革属性为主导时期，执行异动最直接影响到个体层面。一方面对个体专业能力起到促进作用；另一方面使得个体认知潜移默化中发生了改变，并产生不同于以往的行为模式。个体层面发生变化后，建立在角色扮演和频繁显性沟通的基础上，使得其他参与者认知和行为相应的发生变化，最终导致集体层面共享认知的改变。在新共享认知基础上，部门相互调整角色定位，最终形成相互配合的共同行动倾向。在这个过程中新的显性规范不断形成，使得组织的转变过程从隐入显，实现了组织层面可识别的创新。如果把组织惯例比喻为冰山，那么组织层面的显性流程、规范和制度等则是冰山中浮出水面的部分，容易识别但难以改变。例如在执行异动刚出现时，周董表示“我们也意识到现在公司发展的模式已经和市场脱节，需要做出改变了，但是一时间我们也是相当苦恼的，因为不知道应该朝哪个方向去改变，贸然改变所带来的风险对于我们还处于初创期的公司来说非常危险”。肖总也表示“当我们明确了需要改变的时候，最大的问题就是不知道应该怎么调整才能适应发展，于是我们公司内部就以一种慢慢摸索的心态在发展，走一步算一步”。而组织惯例启示面中集体层面共享认知和共同行动倾向是整个组织惯例的核心，也是稳定的组成部分。启示面个体层面的专业技能是整个启示面的基础，相对于集体层面和组织层面是比较容易做出及时调整来应对执行异动的，体现个体层面的基础性作用，个体的专业技能支撑惯例的执行，而执行异动又逐渐推动个体层面专业技能的改变，也自下而上推动了易木科技从产品核心时代，转向为客户核心时代，相对于同行业的竞争者而言，走在了前列。

8.3.3　组织创新固化过程：惯例两种作用共显期

变革属性主导下，组织整体仍处于相对不稳定阶段。而组织创新的真正成功往往是指企业从一个稳定时期变化到另一个稳定时期，但两个时期组织任务、流程和目标等都发生了巨大的变化。对于易木科技也是如此，商业模式创新的真正成功不仅是组织产生新的显性规范，更重要的是组织在这种变化的节奏中慢慢稳定下来，真正实现从一种稳定状态到另一种稳定状态的转变。组织创新的成功离不开组织惯例的演化，在上一阶段，组织惯例从个体、集体到组织层面都发生了巨大的变化，形成了新的组织惯例并同时突显稳定和变革作用。为实现组织整体从动荡到稳定的转变，新惯例的稳定属性及其产生的作用将逐渐增强，以推动组织创新的固化，实现组织的发展。

（1）执行异动。在易木科技实行定制化商业模式创新后，慕名而来的客户越来越多，而每位客户想解决的问题不尽相同，故这一时期组织出现大量的执行异动，包括情景异动、任务异动和人员异动。情景异动指每次执行任务的时间、地点、氛围和气候等情境要素不尽相同，如对于不是襄阳本地的定制化客户，会使得定制化时间周期变长相应的安装费用也大大增加。任务异动是指每次执行时任务本身的差异性，如在与某大型精装别墅区楼盘的接洽工作中，客户要求根据他们的需求研发一款马桶以及相应的配件并且对马桶的颜色、材质、尺寸、冲水效果以及冲水声音都提出自己的要求。人员异动是指每次执行任务的员工或员工个人要素存在差异，如刚入职的市场部员工 S5 对于公司以客户为中心的定制化服务不太理解，在销售中不主动介绍这项服务，对于客户提出的要求也都回绝了。这些执行异动的出现，一部分是源于外界因素的不确定性，包括客户的不确定、需求的不确定和环境的不确定等；另一部分是来自公司内部尚且不够健全的规范和员工不够专业的服务等。这些执行异动就像敏感的触角，代表公司组织惯例在执行过程中对于外界环境的感知，这些感知能够帮助公司及时调整创新方向，同时又能检测公司可能存在的管理问题和不足，帮助公司进行改进和完善。

（2）个体层面。在两种作用共显期，个体层面的支撑作用和成长最为明显。一方面，在公司新显性规范倡导下，员工在执行惯例的过程中时刻注意发现问题和解决问题。如在新的商业模式下，公司对于流动资金的需求更大，财务部员工 C1 在每月进行账目分析时发现，公司现有固定支出中办公场所的租金占据了很大一部分，而办公场所的利用率又很低，于是就提议将公司换到同一栋的六楼，使用全开放式的办公环境，既能减少支出又有助于定制化模式下各部门员工之间的沟通和交流。她的提议一经提出就被采纳并成功实施，员工 C1 也获得了现金奖励。另一方面，基于清晰的组织目标、规范的显性流程和已经成功转化的集体共享认知，个体通过以往组织惯例中形成的角色适应能力逐渐调整自己的角色以保持个人认知与集体共享认知相一致。如宣传部员工会主动向研发部员工了解新产品的原理、基本的专业知识和研发人员的工作流程，配上工作状态的照片宣传公司的定制化服务。组织惯例的参与者发挥自己的主观能动性，面对执行异动积极思考应对措施，为组织惯例的变革提供了基本的动力。而更重要的是一旦这种积极的改变措施得到组织的正式承认并设置为显性规范，参与者会更加积极的锻炼提高自己已有的专业能力，使得自己的专业能力能够更好为客户服务，实现个人行动与集体共同行动倾向相一致。

（3）集体层面。集体层面是组织惯例启示面的核心，也代表了组织惯例的本质。易木科技在组织惯例变革属性主导时期由个体层面向上影响集体层面，促使集体共享认知从“以产品为核心”成功转变为“以客户为核心”，并在新集体共享认知指导下不断促生新的共同行动倾向。组织惯例两种作用共显时期，组织内部根据集体共享认知不断调整共同行动倾向来实现组织目标。如在定制化设计过程中，除了市场部与研发部的合作，财务部也积极参与其中确定定价，因为定价的确定对于客户是否接受定制化的设计存在不可忽视的影响。与此同时组织惯例稳定属性的作用日益明显，组织通过自上而下的权利范式巩固现有共享认知和共同行动倾向，使得在每一次执行过程中集体共享认知和共同行动倾向被反复重复和加强，集体记忆不断存储与强化，最终将变革属性主导时期产生的新共享认知转化为原生共享认知，成为支配集体共同行动倾向的基础。肖总说：“刚开始市场部在销售过程中不习惯于主动询问客户是否有其他的需求，但由于显性规范的规定，员工每月需要完成一定的客户反馈，在这种情况下不得不主动询问顾客”。而正是这种不断询问的过程强化了他们对于主动问询的记忆。最终随着变革属性产生的不断调整和稳定属性产生的重复执行，集体共享认知不断巩固并引导着共同行动倾向的完善，使得各部门间配合愈加默契。如市场部和工程部在日常的执行过程中会随时记录客户的反馈，有时候可能只是客户的一句抱怨他们也能够及时捕获，询问客户是否需要定制化服务；而研发部将员工分为两部分，另一部分专门从事新产品的研发，一部分负责和公司其他部门对接，将客户反映的问题转化为研发需求，设计研发方案并执行。

（4）组织层面。这一时期，显性规范经历了一个“变化→选择→保留”

的过程。一方面，新的显性规范在组织惯例变革属性作用下还在产生，在现有显性规范的基础上不断完善。如市场部为每位定制化服务的客户建立客户档案，详细记录从接单、研发设计、安装到售后的全部过程；公司研发人员绩效考核与产品销售量挂钩，每年销售量最高的产品设计者奖励五千元；研发部采用全职员工与兼职员工相互配合的方式开展新形势下的研发工作，三位兼职员工不用到公司上班，没有基本工资，研发出产品和专利后公司给予相应的报酬和奖励。另一方面结合执行异动对新产生的显性规范进行调整和筛选，不太适合的被剔除。如销售人员对于定制化服务的销售话术都是根据宣传手册进行重复式推销，然而在客户多样化的情境下，这种做法在执行中效果不佳不得不另辟思路。此外，对于能够很好引导执行的显性规范则在自上而下的权力范式下逐渐巩固地位，将组织整体的显性流程、规范和制度等明确实施。正如肖总所说："以往我们是严格执行已经形成的规章制度，现在还是要继续规范执行不能松懈，只不过现在的这种制度和以前是完全不一样的，包括各个部门的分工、考核等，但是这些新的规范和制度也是在实践中证明适合现在发展的，所以必须严格执行"。新显性规范是在组织惯例变革属性作用下产生的结果，经过选择之后在组织惯例稳定属性的作用下能够保证重复执行，将显性规范正式化。组织层面显性规范的动态性变化，有助于公司从变革属性为主导时产生大量新的显性规范过渡到新的显性规范在权利范式下能够被重复执行，体现了组织惯例的稳定属性。两种属性的共显，保证公司不仅只有创新想法，还将这种想法在自上而下的领导范式下落到实处，保证组织创新的固化。易木科技组织内部的创新活动，最直接影响到企业的运营。在定制化商业模式成功实施的这一年中，易木科技服务超过 2000 个家庭和上百个大型楼盘开发商，营业额突破一千万，增长率达到了前所未有的 75%。易木科技在客户心中的定位也成功从"同层排水领导者"转变为"定制化厨卫排水问题解决专家"，在行业中享有极高的声誉和市场占有率。

两种作用共显期体现了组织惯例的稳定与变革作用均活跃的特点，代表组织创新在组织中显性化和固化。变革作用主导阶段体现了组织惯例参与者"自下而上"的推动作用，最终促使组织层面显性规范发生改变；而组织惯例稳定作用主导阶段则体现了"自上而下"的规范性作用，保证了组织惯例从变革状态到稳定重复执行的转变，更重要的是组织创新能够被成功固化。在组织创新的固化时期，也存在着自上而下的权利范式，但与组织创新基础形成期作用有所不同，组织创新固化阶段中自上而下的权利范式加速了组织创新的成功实施，而不是阻碍了组织创新的形成。组织创新能够被成功实施的一个很重要的基础就是组织惯例变革作用主导时期组织集体层面共享认知的转化来源于参与者本身，也就是说是组织惯例的参与者自下而上创造了显性层面的流程、制度和规范，所以当这种显性规范在自上而下的权利范式下被要求必须执行时，集体层面和个体层面会更加容易接受，更能够推动组织创新的固化。

8.4　组织惯例悖论性作用案例讨论

结合上述对易木科技组织创新三个时期组织惯例及组织行为的分析，发现易木科技组织创新并非传统认为的自上而下的创新，而是涉及个体层面、集体层面和组织层面自上而下和自下而上的共同作用。在这其中组织惯例的两种作用交互占据主导地位，最终通过共显期后达到新的稳定状态。研究表明，组织创新的成功伴随着组织惯例的转变，并且经历了一个相对漫长的过程，包括组织惯例阻碍作用主导期、惯例促进作用主导期和两个作用共显期，分别对应组织创新基础的形成、组织创新的实现和组织创新的固化阶段。由此构建组织惯例对于组织创新的悖论性作用机理模型（见图 8－1）。

综上所述，本章研究可得出如下结论。

首先，组织创新是一个复杂的过程，涉及组织惯例阻碍作用主导下的组织创新基础形成期、组织惯例促进作用主导下的创新实现期以及组织惯例两种作用共显的创新固化期等阶段。组织需要为组织创新积蓄能量、储备知识，包括组织内部既定的工作方式、领导方式、组织学习能力和相互协调能力等。这些能力的积累不是通过短时间训练而获得的，需要组织在稳定的运行当中不断形成记忆、储存记忆，才能在组织创新开始时成功调动这些资源来配合创新的实现。而组织创新的实现经历了从参与者层面到集体层面最后到组织层面的自下而上的过程，也代表了组织创新的实现其实是源于组织内部隐性要素的改变，而最终呈现的效果是属于显性层面的展示。实现组织创新后还需要将其固化，保证组织在新的模式下稳定运行。这就需要组织内部自上而下的权利范式逐渐巩固和加强组织创新，使得组织创新被逐渐固化，从真正意义上获得组织创新的成功。而在企业实践中所谓的组织创新往往只包括了第三阶段，也就是组织创新的固化，缺少组织内部前期的基础准备和隐性要素

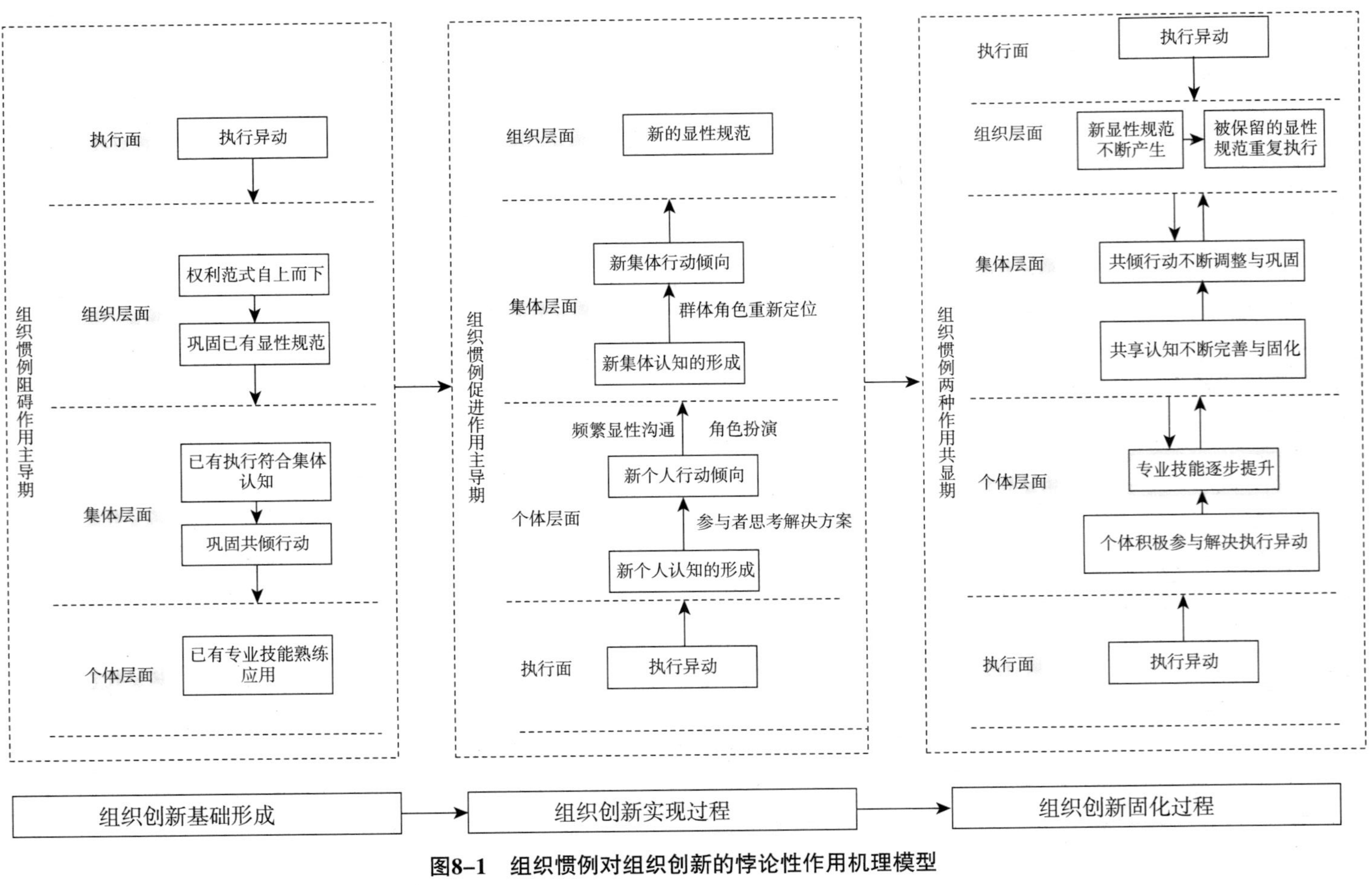

图8-1 组织惯例对组织创新的悖论性作用机理模型

的改变，使得组织创新难以获得成功。

其次，组织创新的成功是组织惯例既阻碍又促进的悖论性作用的结果。组织惯例阻碍作用主导期，虽然阻碍了组织创新，但不可否认的是保证了组织的稳定运行，为组织创新的产生和实施提供了很好的前期基础。组织依据显性规范自上而下呈现出重复式贯彻执行，使得组织惯例能够提供大量组织创新所需要的组织记忆和隐性知识。而参与者则在稳定执行的过程中形成了自己的角色认知和角色扮演，这对于组织创新的实施是至关重要的。组织惯例促进作用主导时期，自下而上推动组织创新的实现。面对惯例执行中的执行异动，组织惯例的参与者调动自己的主观能动性积极发现问题解决问题，在这个过程中将自己的个人认知逐渐改变。基于已有组织惯例中形成的角色扮演过程和频繁的显性沟通，导致集体共享认知的改变和新共同行动倾向的形成，最终促成新的显性规范，实现组织创新由隐性层面到显性层面的转化。两种作用共显时期组织惯例促进作用的逐渐减弱和阻碍作用的逐渐增强使得组织创新得以固化。一方面组织惯例的促进作用不断产生新的显性规范，促使组织创新不断完善；另一方面组织惯例的阻碍作用将各种制度列为组织的正式流程和规则，促使参与者重复执行，不断提升专业技能，使得组织创新的实施过程在不断重复中逐渐稳固。所以在组织创新过程中组织惯例的变革属性起到了积极的促进作用，而惯例的稳定虽然会阻碍组织创新的产生，但是也能够很好的帮助组织创新成功落实，促成组织创新的实践和固化。

再其次，研究验证了惯例的启示面与执行面之间存在互动关系，是惯例双重属性的来源，也是组织创新的源泉。一方面组织惯例执行面与启示面的互动是决定组织惯例稳定性和变革性的来源。惯例稳定性来源于执行面中的执行异动与启示面的组织层面的互动。在组织创新基础形成时期执行异动直接作用于组织层面，使得组织层面自上而下推进命令式执行，不断强化组织惯例集体层面和个体层面，维持组织惯例的稳定性同时为组织创新积累基础。而在组织创新实现的过程中，组织惯例的执行异动突出作用于个体层面，推动组织惯例启示面自下而上产生新的显性规范，使得组织惯例发生改变并促成组织创新的实现。另一方面组织惯例启示面对执行面的影响则引导并支撑组织创新的成功实施。组织惯例启示面的组织层面能够直接引导和规范惯例的执行，集体层面的共享认知和共同行动倾向则能够隐性引导惯例的执行。在易木科技内部，显性流程被视为组织长期积累下来的适合组织发展的行为准则，能够明确责任和奖惩，被强制执行，也毫无疑问成为惯例参与者的行动准则。而集体共享认知和共同行动倾向是基于组织内部频繁地显性沟通和角色扮演而形成的，在实际的执行过程中能够隐性地调整参与者的行为，引导执行的改变。个体层面的专业技能则是支撑惯例执行和组织创新的最重要的基础。所以组织惯例启示面和执行面的互动，产生了组织惯例双重属性并最终促成组织创新。

最后，组织惯例启示面中的组织层面、集体层面和个体层面之间存在互动关系。一方面，组织层面的显性规范引导集体层面的共享认知和共同行动倾向，而集体层面的共享认知和共同行动倾向则直接明确了个体层面扮演这一角色所需要的专业技能；另一方面，组织惯例个体层面的改变通过组织内部频繁的显性沟通和角色扮演影响集体层面共享认知的形成，进而影响共同行动倾向，最终促使组织层面产生适合的显性规范。在组织创新过程中显性规范是框架，而集体层面共享认知的改变是根本，参与者的专业能力是基础，缺乏专业能力的支撑组织创新可能只能停留在理念层面，而不能够真正落实，获得组织创新的成功实施。

8.5 本章小结

基于组织惯例的基本概念及双重属性，本章沿用了组织惯例二维观以及五维结构模型，结合易木科技商业模式创新过程，采用探索性单案例研究的方法，探析了组织惯例对组织创新过程既阻碍又促进的悖论性作用，得出了以下结论：组织创新是一个复杂的过程，涉及组织惯例阻碍作用主导下的组织创新基础形成期、组织惯例促进作用主导下的创新实现期以及组织惯例两种作用共显的创新固化期等阶段；组织创新的成功是组织惯例既阻碍又促进的悖论性作用的结果；组织惯例的启示面与执行面之间存在互动关系，是惯例双重属性的来源，也是组织创新的源泉；组织惯例启示面中的组织层面、集体层面和个体层面之间存在互动关系并在此基础上构建了组织惯例对组织创新的悖论性作用机理模型。

第 9 章

行业惯例的演化研究

行业惯例作为组织惯例在行业层面的表现形式，往往体现着一个行业的演变路径和发展趋势。在外部环境瞬息万变的今天，组织惯例的演变成为企业在新环境中立足的重要手段，而受到环境变化影响，行业惯例也会发生相应的演化。本章从具有代表性的农业互联网行业入手，选取行业领导者托普云农以及两家典型行业跟随者进行多案例研究，从组织学习视角探究行业惯例的演化路径和机理。

9.1 问题提出：行业惯例如何发生演化?

随着网络和经济的全球化，“互联网 +”“创新驱动发展”等战略相继提出，企业面临的大环境时时刻刻都在发生着重大的变化。在党的十九大报告中，习近平总书记提出要“实施乡村振兴战略”并与“科教兴国、人才强国、创新驱动发展、区域协调发展、可持续发展、军民融合发展”战略并列。“互联网 +”传统行业的发展模式已经成为当代行业发展的主流，在给传统行业提供了发展机遇的同时，也给传统行业带来服务产品网络化、数据云传输等新模式，迫使传统行业企业面临模式重构、结构更迭的巨大冲击并进一步促进整个行业模式的转变。在这种环境剧变的情况下，行业中的先行者即主导企业往往会先行探索出一套新的商业模式，进而带领行业中的其他企业进行转变，最终促使整个行业发生模式重构。这种转变的背后则意味着主导企业、跟随企业乃至整个行业惯例的根本性变化。也就是说，这当中涉及作为行业先行者的主导企业如何借助自身惯例的演化从而率先适应环境的变化、主导企业惯例的演化如何促成行业跟随者的惯例演化以及整个行业惯例如何演化更新等一系列相关问题。

学者对于惯例的研究大致可以分为静、动两类：惯例的静态研究，主要探讨惯例的概念、特征、内在结构等，回答“是什么”的问题；惯例的动态研究，主要聚焦惯例的稳定与变异性、更新机制等问题，回答“如何变化”的问题（纳尔逊和温特，1982；希里森，2009；佐洛和温特，2002）。后者已成为近年来惯例领域研究的焦点。部分研究关注组织惯例的自我演化机制，即外部环境不发生变化的情况下组织惯例如何实现自我变革，进而推动组织自下而上实现创新；其他研究则探究能够促使惯例发生演化的影响因素，强调组织学习的重要性（弗尔德曼和彭特兰，2003；弗尔德曼，2000；埃德蒙森等，2001；鲁普和弗尔德曼，2011）。事实上，惯例是参与者主观认知规则和行为实施规则的一种融合，反映了一种组织对管理目标和环境压力的响应，而组织学习理论恰恰强调了在改变组织认知和行为方式以保持竞争力的过程中知识获取的重要作用，因此惯例的演变体现在组织行为和规则的变化上，这也代表了组织学习的成果（尼尔等，2012；尹和诺尔顿，2006）。可见，当外部环境发生变化时，除了惯例的自我变革，组织学习是促成其演化的重要因素。考虑到已有研究主要从组织层面探究惯例，而关于行业惯例的概念、特征、演变路径还没有给出比较统一的界定，关于企业惯例与行业惯例之间的相互影响也是微乎其微。本章研究尝试从组织学习视角，探究在互联网经济中迎来全新发展机遇的农业技术行业如何实现其行业惯例的演化问题，具体以该行业中具有主导企业地位的浙江省托普云农科技股份有限公司（简称“托普云农”）和两个典型行业跟随者代表 LK 集团和 JD 集团为例，分别探析行业主导者和行业跟随者的差异化惯例演化机理并提炼行业惯例演化的规律，构建行业惯例演化模型。

9.2 行业惯例演化的理论基础

9.2.1 行业惯例

惯例是组织完成任务的最主要依托，当惯例跨越组织边界，在某一行业内参与协调组织合作创新的过程时，行业惯例成为维持和协调组织间合作过程的有序进行的中坚力量（孙永磊和党兴华，2013）。惯例在组织层面的表现形式称之为组织惯例，在行业层面的表现则称为行业惯例。对于行业惯例的定义，不同学者提出了不同的界定。佐洛等（2002）提出了跨组织惯例并将其定义为在组织合作中，在两个或多个组织之间重复发展和提炼所形成的稳定的行为模式，由此逐渐演化出了行业惯例的概念。沙恩（Schein，2004）指出，行业惯例是由很多参与者共同开发的能够通过集体学习从而解决外部环境的适应和内部目标的整合问题的行为模式，强调了行业惯例对内外部环境调整的作用。安克拉（Ankrah，2009）等认为，行业惯例广义上是指为了开展活动而创造的一种思想观念以及为了维系关系的一种互相尊重、互相惠及的价值观。而严敏等（2015）提出，行业惯例从狭义上讲，就是人们在对待关系、处理关系、进行关系活动过程中所遵循的普遍认可的规则、途径和行为方式。王永伟和马洁（2011）通过研究 TCL 技术创新过程指出，行业惯例与基因类似，是行业中的全部能够预测的行业行为和规则，是决定行业发展方向的关键因素。袁晓杰（2012）认为行业内公认的行业交易习惯，是经过多次重复并加以相互效仿而逐步积淀下来的无形规矩。曾楚君（2015）的研究提出，行业惯例就是不断总结和更新长期的业务活动，从而形成的被业内认同并遵守的通用规则。结合组织惯例和行业惯例的现有定义，本章研究对行业惯例做出如下定义：行业惯例是行业中多个企业为了整合内外部资源，通过探索交流、重复交往的互动过程，而逐渐形成的业内普遍认同且相对稳定的行为准则和规范共识。由于行业惯例的本质还是惯例，因此行业惯例与组织惯例一样，类似于基因，能够决定特定行业的发展方向，具有稳定和变异的双重特征。

9.2.2　行业惯例与组织学习

已有文献认为惯例演化的途径主要有两种：一种是惯例的自我演化视角，这种观点认为惯例的演化只要依靠自身进行更新，通过执行新惯例从而对旧惯例进行自我修正更新，不需要借助外界其他因素。另一种是组织学习视角，这种观点将惯例视为组织记忆，认为组织学习能够将新知识整合到组织记忆中，从而促进惯例的演化。

1. 惯例自我演化视角

纳尔逊和温特（1982）认为惯例是可预测的、有序的行为模式并从生物演化角度将组织惯例比喻成组织的基因，提出惯例就如同基因一样，既能够传承和保存自身的特性，又能够在长期发展中不断演化从而完善自身。盖尔西克（Gersick，1990）和哈克玛（Hackma，1990）的研究表明，惯例不需要有任何意图的自发的行为，是由环境线索所引起的，其适应性与环境中变化的频率和程度密切相关。贝克尔等（2005）通过构建组织惯例前因要素及效能研究模型，探讨了影响组织惯例变化的前惯例因素。吉登斯（Giddens，1984）认为惯例是建立在传统、风俗和习惯之上的。惯例不是自动化的而是需要执行主体的努力的，而惯例的变化是其内部要素运动的结果（高展军和李垣，2007）。弗尔德曼（2000）的研究中解答了惯例为什么能够内生演化的问题，即惯例被应用到行动中（内部化），产生的新知识被组织共享、传播形成新惯例（社会化），将其与旧惯例做比较后，成员普遍认可新惯例从而修正旧惯例（外部化），使新惯例成为指导企业行为的组织规范（系统化）。并从组织惯例内生性的角度提出了内生发展模型，即组织惯例的二维观，研究指出组织惯例由启示面和执行面构成（弗尔德曼和彭特兰，2003）。延续彭特兰和弗尔德曼（2005）的分析逻辑，将惯例的启示面看作惯例的指导思想，那么执行面就发挥着确保指导思想落实的作用。惯例的启示面和执行面相互持续运动导致惯例的演化更新。张铁男等（2009）提出组织惯例能够提供多种潜在选择的柔性模式并在组织发展中不断自我完善更新；王永伟和马洁（2011）在研究企业技术创新选择的过程中发现，组织惯例又与行业惯例相互影响和选择，当二者相互匹配时才能够有效促进技术创新的发展；狄奥尼修和祖卡斯（2013）的研究提出，惯例启示面最核心和最本质的构成是组织共享基模和由此产生的共同行动倾向。在此基础上，研究进一步指出，惯例的启示面代表惯例的思想，而执行则使得思想得以展现，组织惯例在启示面执行面与启示面的持续互动中实现自我变革，组织共享基模的形成是确保组织惯例能够产生稳定和变革双重根本作用的保证（弗尔德曼和彭特兰，2003；林海芬等，2017；狄奥尼修和祖卡斯，2013；林海芬和王涛，2017）。

2. 组织学习视角

除了组织惯例的自我演化，部分研究则从组织学习视角探究组织惯例的演化，认为组织惯例的演化依赖于组织学习。弗尔德曼（2000）通过案例研究发现，组织员工在惯例执行过程中通过学习机制逐步实现惯例的演化；埃德蒙森等（2001）从集体性学习的视角探究了组织中新技术的采用如何打破已有工作惯例并触发其产生变化；鲁普和弗尔德曼（2011）采用纵观式推演法追踪了丹麦学习实验室中组织惯例的演变过程，证实了试错性学习的重要作用。莱维特（Levitt，1988）和马奇（March，1988）认为惯例是存储知识的一种形式；在弗尔德曼（2000）以及霍奇森和努森（Knudsen，2004）的研究中均提出，惯例的变化过程包含知识的获取、共享、存储和利用的过程，而组织学习的结果就是将知识存储在形成的惯例中，因此，惯例除了表现形式的差异，更为重要的是存储知识类型的差异。从静态角度来说，惯例体现着组织记忆，而从动态角度来说，组织学习会带来惯例的演化（王永伟等，2012）。克罗森等（Crossan et al.，1999）的研究提出了组织学习的过程模型，还指出组织学习到的知识会整合到组织记忆中，并且与组织记忆一起存储到惯例之中，也就是说，惯例是学习的产物；佐洛和温特（2002）分析了经验积累、知识链接、知识编码这三种学习机理在惯例适应性中的作用，指出学习机理可以直接影响惯例适应性。查桑（Chassang，2010）通过深入分析组织惯例的形成过程提出，影响组织惯例更新的因素包括学习和合作。在国外学者的研究基础上，我国学者也做了相关的研究。王永伟等（2012，2017）的研究发现，惯例会通过“试错”过程和“市场选择”机制对组织学习的成果进行筛选，并提出“新知识 ›集体学习 ›组织共识 ›组织规范 ›组织行为 ›新惯例”的演化过程（西尔特和马奇，1963）。徐萌和蔡莉（2016）的研究得出，体验式和替代式学习实现了知识在组织记忆和惯例中的储存。米捷等（2016）将不同学习类别进行对比发现，探索式学习比利用式学习更能够帮助组织原有惯例根据外界环境做出调整，能够为惯例改进提供持续的尝试性优化。高洋等（2017）提出组织惯例更新涉及了对新知识的选择吸收：一方面，将新知识应用在旧有知识体系，修正与完善固有体制与惯例，代表组织惯例的修正过程；另一方面，通过对新知识的学习，在旧有知识体系的基础上，创造一种新的知识结构与惯例，代表组织惯例的创造过程。具体来讲就是，组织内部的客观物体作为显性知识而存在，组织内的个体在吸收显性知识后，通过个人理解将其转化为个人的隐性知识，最后再将其体现在具体的行为上，而行为的集合构成了组织的惯例（彭特兰和弗尔德曼，2008）。

有关组织学习的模型和类别的研究已取得了较丰硕的成果。阿吉里斯（Agryris，1978）和舍恩（Schön，1978）构建“发现—发明—执行—推广”的直线过程模型，其中，“发现—发明”阶段构成单环学习，“执行—推广”阶段构成双环学习；陈国权等（2002）修正了阿吉里斯和舍恩（1978）的模型，提出 6P - 1B 模型，即：发现—发明—选择—执行—推广—反馈—知识库。野中（Nonaka，1995）和竹内（Takeuchi，1995）从知识转化角度提出组织学习模型包括知识的社会化、外化、合并以及内化四个阶段，而芮明杰等（2004）又将这个过程细化为六个流程，即知识获取、知识选择、知识融合、知识创造、知识扩散以及知识共享；霍尔科姆等（Holcomb et al.，2009）将组织学习划分为体验式学习以及替代式学习。体验式学习是指将获取的经验转换或创造成知识的学习过程，属于“试错”学习的过程；替代式学习则是指通过观察他人行为及其行为带来的结果，从中提取有效信息，再将这些信息消化吸收到自身组织记忆、化为已用的过程，替代式学习不仅包含模仿，还包括对信息的处理、吸收以及对知识系统和惯例的修正等，也有学者称之为认知学习（霍尔科姆等，2009；钱德勒和里昂，2009；单标安等，2014；王永伟，2017）。宁烨等（2012）提出，试错学习就是在组织遇到困难时，通过主动学习获取新知识，制定并不断在实施中调整相应的解决方案，最终将失败经验和成功结果内化为组织知识，并选择出最佳解决方案的过程；而效仿学习是在观察他人行为和其行为结果后，通过模仿他人行为的方式获取有效信息，并消化吸收、内化利用的过程，是替代式学习的一种。

不少学者通过研究建立了组织惯例与组织学习之间的关系模型。野中和竹内（1995）认为惯例的改变是由外部环境刺激和内部知识更新的综合作用结果，从组织知识创造的角度提出的4种知识模式循环作用的过程（计划—行动—结果—理想）；弗尔德曼（2000）认为组织惯例包括Argyris和舍恩（1978）所确定的“双循环学习”，结合野中和竹内（1995）的模型，弗尔德曼（2000）提出的惯例的计划—行动—结果—理想的执行模型，计划被内化或具体化到行动中：当行动表现出结果时，这种具体的知识就会被分享，也就是社会化；当人们将其与模型或理想相比较时，这种共享的知识就会被外部化；这些模型或理想随后被系统化，作为计划在下一次迭代中得以实施。

本章研究拟延续组织学习视角研究，认为组织惯例的演化是组织学习作用的结果，主要探究组织学习如何促进行业主导企业的核心惯例以及行业中其他跟随企业组织惯例的演化，最终促使行业惯例发展演化。考虑到农业技术行业近年来受到国家政策和互联网环境等影响，从已有的机械化大规模生产思维的惯例演化为整合行业共同打造智慧农业生态圈思维的新惯例，意味着整个行业的惯例发生了根本性变化。因此，本章研究以农业技术行业为例，通过案例研究探索组织学习在行业惯例演化中的作用机理，揭示行业发展与演化的内在机理，并充实惯例理论。

9.3　研究设计

9.3.1　多案例研究方法介绍

本章采取探索性案例研究的方法，原因如下：第一，惯例的演化是动态的过程，而案例研究的方法是通过调查分析企业实践经验得出新理论的过程，能够透过现象看本质，是从组织实践中构建新理论的最佳途径；第二，本章研究试图从组织学习角度入手，探索行业惯例如何演化、经过了几个阶段的演化路径以及主导企业惯例演化如何带动行业惯例演化的问题，从而构建演化过程各阶段的模型，能从根本上解决“How”和“Why”的问题，并且得到的结果往往更加真实、全面；第三，虽然惯例在组织层面演化方面的学术成果颇多，但是对于惯例在行业层面演化过程的文献却寥若晨星，关于企业惯例与行业惯例的关系研究也是寥寥无几，而案例研究恰好是在研究问题所在的领域理论有所空缺或已有研究不足以对问题做出合理解释的情况下采取的一种从实践中提炼归纳新理论或新模型的方法（林海芬等，2015；林海芬和王涛，2017；尹，1994；吴金希和于永达，2004）。此外，采取案例研究方法能够更加细致深入地对收集到的数据资料进行剖析，而探索性案例分析相对于描述性和解释性案例分析来说，更适合用在理论构建阶段。因此，本章采取探索性案例分析方法对行业惯例演化机制进行研究，具体包括两个阶段，第一阶段采取单案例探索性研究对行业主导企业的惯例演化过程进行探究，第二阶段采取多案例研究方法对该行业典型跟随企业的惯例演化进行分析，最后提炼出行业惯例演化的机理。

9.3.2　样本选取：托普云农、LK 集团和 JD 集团

近些年，由于“互联网 +”的影响，各行各业借助互联网的发展平台都在经营理念、商业模式等方面发生了重要转变，农业技术行业就是典型的转型行业之一。随着互联网技术的普及，农业技术行业已经从以往的机械化技术发展到目前的智慧农业技术，其行业惯例也发生了根本性的革新，已经从机械化仪器生产的惯例转变为目前的行业共建基于智农服务平台的农业生态

圈的新行业惯例。因此，本章研究选取农业技术行业作为研究对象。

根据开展案例研究理论抽样的方法，遵循案例典型性和数据可获得性等原则（艾森哈特，1989）。本章研究首先通过查阅农业技术行业相关报道和数据，列出该行业的主要企业；然后，锁定其主导企业托普云农并进行调研。再锁定两家典型的行业跟随企业：LK 集团以及 JD 集团并进行调研。

选择托普云农作为主导企业案例样本的原因主要有：首先，托普云农自从 2010 年导入"互联网 +"的概念，把原先的单机版变成网络版，构建起涵盖农业、气象、水利、农产品检测、农产品质量追溯等领域的先进的农业信息化产品体系及智慧农业标准解决方案，拥有"顶层设计—方案制定—实施应用—技术支撑"全套服务的丰富经验，在行业中具有较高的美誉度，一跃成为行业的主导企业。其次，托普云农掀起了"互联网 + 智慧农业"的新浪潮，通过不断地技术研发，汲取失败教训和成功经验，提供标准化农业解决方案并建立以云计算运用为核心的智农云平台，成为行业先行者。最后，托普云农首先提出"开放·共享·融合·共赢"的理念，呼吁行业企业紧密合作、优势互补、优势产品整合对接，打造农业生态圈，将"互联网 +"元素融合到智慧农业的方方面面，带领行业其他企业共谋智慧农业发展的新局面。

而 LK 集团和 JD 集团的案例选择原因为：第一，两家企业在行业中发展均较快，LK 集团成立于 2011 年 5 月，是行业中新兴的企业，而 JD 集团已有 30 年的历史，代表着行业传统老牌企业，具有较好的代表性。第二，对比三家企业的发展轨迹能够发现，LK 集团和 JD 集团均在托普云农惯例发生变化后才采取了相近的策略，这为本章研究探讨行业跟随企业效仿主导企业的过程提供了便利。第三，LK 集团和 JD 集团是行业中主导企业的跟随者与托普云农同属农业物联网行业，通过研究主导企业惯例演化的过程以及行业跟随企业惯例演化的过程，便于研究整个行业的发展趋势以及行业惯例的演化过程。

9.3.3 数据获取

本章研究的数据获取主要为访谈和文档资料两种。

（1）访谈。本章研究从 2017 年 3 月到 2018 年 3 月分别对三家企业进行了访谈调研，具体访谈时间和内容如表 9 - 1 所示。作者分别在 2017 年 3 月、7 月以及 2018 年 1 月对托普云农相关人员进行了三次访谈。前两次访谈主要是通过电话或微信访谈，主要获取了公司背景、行业背景、转型思路、公司目前的发展状况、经营状况、目前所处行业中的地位、后续发展方向等信息，以及托普云农的基本简介资料和相关新闻材料。由此确定托普云农在行业中的主导地位，并通过托普云农总经理介绍该行业其他企业的经营和发展状况，从而确定 LK 集团和 JD 集团两个主要跟随者。第三次访谈采取一对一的半结构化形式于 2018 年 1 月 15 日对托普云农的董事长和总经理分别进行了约为 3 小时的访谈，重点关注托普云农的转型过程、主要问题和解决措施、转型效果等问题，目的在于探索行业主导企业如何实现转型以及在此过程中如何实现惯例的演化。锁定行业典型跟随企业后，作者于 2018 年 2 月初对 LK 集团副总经理进行了两次电话访谈，内容涉及 LK 集团的公司简介、经营范围、发展历程、转型背景、思路来源、转型过程中遇到的问题及解决措施、转型进程和效果等信息，并与 2018 年 3 月下旬与 ID 集团的董事长取得联系，进行了邮件访谈，了解到 JD 集团公司发展情况、经营范围、发展历程、转型概况以及取得的成效等信息，并对其目前智农项目主任进行两次电话访谈，获取有关 JD 智农项目的转型过程的具体信息以及该公司当前发展的最新情况。针对 LK 集团和 JD 集团的调研访谈主要目的在于探讨行业跟随者的转型过程以及相应惯例的演化。

表 9－1　　托普云农访谈对象及时间安排

访谈时间	访谈对象	访谈内容
第一轮：2017 年 3 月	托普云农总经理、副总经理	公司背景、行业背景、转型思路、公司目前的发展状况、经营状况、目前所处行业中的地位、后续发展方向、行业跟随者情况等
第二轮：2017 年 7 月	托普云农生产经理、研发经理、销售经理	转型前后组织任务的改变、服务标准的改变、认知的改变、员工之间的沟通形式等
第三轮：2018 年 1 月	托普云农董事长、总经理	公司转型过程、实施情况、实施效果、目前存在的问题和解决措施、转型效果等
第四轮：2018 年 2 月	LK 集团副总经理	公司简介、经营范围、发展历程、转型背景、转型思路、具体问题和解决措施、转型效果、后续发展方向等
第五轮：2018 年 3 月	JD 集团董事长、智农项目主任	公司简介、经营范围、发展历程、转型背景、转型思路、具体问题和解决措施、转型效果、后续发展方向等

（2）文档资料。文档资料有助于作者更系统完整地了解三家企业的发展历程以及企业转型的情况，从而能够为分析企业惯例演化的原因及过程提供支撑。本章研究的文档资料来源渠道有二：其一是企业高层管理者提供，其二是网络平台。在对三家企业管理者进行访谈后，三家企业管理者均向作者提供了一些文档材料作为补充。其中，托普云农管理者分两次提供了企业相关的文档资料，第一次是托普云农高级管理者在 2017 年 3 月通过邮件提供，包括企业简介、发展历程、主要产品、专利技术、研发能力、战略合作情况等内容。第二次则是在 2018 年 1 月份访谈之后，在承诺不泄露机密信息的条件下，托普云农管理层提供了更为详细具体、时效更新的资料，涉及其设计方案、战略转型、社会责任等方面。第二个资料来源是网络平台，作者通过公司官网、企业信用信息查询平台、相关新闻、管理层专访，以及每年披露的上市公司年报、招股说明书、公司章程、董事会和股东会决议等资料，获得了大量有关三家企业的实时动向以及发展情况的信息。

9.3.4 数据分析

本章的数据分析过程主要分五个步骤：第一，对获取的文档资料进行归类整理和补充完善并将访谈获得的录音资料进行转录，综合已获得的资料查漏补缺，及时对不完整、不确定的细节进行补充；第二，对托普云农的发展过程进行梳理，从试错学习视角入手分析托普云农惯例的演化过程，提炼主导企业惯例演化的过程；第三，对 LK 集团和 JD 集团的发展过程进行梳理，从效仿学习的视角提炼行业跟随企业的惯例演化过程；第四，对行业主导企业和跟随企业的惯例演化过程进行比较，并分析出行业整体惯例演化的过程；第五，建构行业惯例演化的过程模型。

9.4 三家案例企业物联网化转型案例描述

随着“互联网 +”战略的提出，互联网 + 行业的新模式成为当下主流发展趋势，各行各业纷纷进行转型变革，农业技术行业就是典型变革行业之一。互联网带来的技术革新引领了整个传统农业向现代农业、智慧农业的转变，促使行业惯例发生了根本性改变，从机械化生产的产量主导思维转变为了行业携手共建智慧农业生态圈的服务性思维。以下将分别介绍该行业中主导企业托普云农和典型跟随企业 LK 集团和 JD 集团的基本转型情况并进行对比（见表 9 -2）。

表 9 -2 三家企业转型过程对比

企业名称	托普云农	LK 集团	JD 集团
农业物联网解决方案	产前、产中、产后全方位覆盖的农业物联网标准解决方案	农业全产业链服务体系的食品安全系统保障解决方案	全产业链一套式服务标准化病虫害解决方案
智农云平台	“产前—产中—产后”智农产业链数据平台	农业深加工产品的产前、产中、产后的全产业链服务平台	互联网 + 农业产业基地信息服务为主体的智能化农业综合服务平台
服务体系	“顶层设计—方案制定—实施应用—技术支撑”全套服务一站式服务体系	“关键技术研发—标准制定—应用示范—产业化推广”的服务体系	ATCSP 物联网技术和知识产权体系
农业生态圈	萧山农科所临浦基地； 德清阳光园艺基地； 温岭星星曙光生态农业观光园	大圩物联网小镇； 阜阳物联网小镇	新疆阜康市德天利王母桃园； JD 琵琶寺万亩有机生态园

9.4.1 托普云农的物联网化转型

托普云农于 2008 年 4 月成立，其前身是杭州托普仪器有限公司。有了杭州托普的创业积淀，托普云农立足于仪器仪表行业，专注于种植业体系农业检测仪器的研发生产。通过对市场的分析，托普云农结合终端市场的产品标准不断摸索和改进，加之紧促合理的生产管理流程，使生产涉及的每一项业务、每一个步骤都有序进行。如此，公司将“高质量、高效率、低成本”的思想贯彻到了每一位员工、每一道工序、每一个生产环节中，并着手实施生产经营各环节的全面信息化管理，切实优化公司的生产管理流程，实现了公司精密仪器产品的大规模机械生产，促进公司生产体系的高效稳定运行。

2010 年，托普云农董事长陈渝阳意识到现代信息技术日益向传统农业渗透，因此决定导入“互联网 +”的思想。在原先的设备基础之上，托普云农利用互联网进行优化和集成，促使设备的迭代升级，使已有的设备、检测仪、传感器等都与互联网融合，成为在线监测设备，采集前端土壤、气象等生产过程信息，再将实时监测数据传到网络平台进行加工，实现仪器装备的联网，从而提升自身的生产力和企业效益，形成以互联网为基础设施和实现工具的“农业物联网”发展形态。2016 年底托普云农还收购了一个互联网企业，将信息化的平台接入自身的系统中，进行优势对接。“互联网 +”思维的导入使得客户不再仅仅满足对仪器产品本身的需求，他们更需要的往往是一套与仪器产品相匹配的农业物联网解决方案，而想要维持已有客户的忠诚以避免客户的流失，仪器供应商必然要向服务供应商转变。为此，作为产品型公司的托普云农便踏上了向服务型公司转变的道路。

公司在现有产品的基础上，加大自主研发投入，广纳开发、设计、数据分析等领域的专业人才，积极发展物联网工程。凭借技术研发优势、产品综合优势、品牌优势、信息获取优势等关键要素，托普云农迅速研发了涵盖土壤检验、种子检验、植物生理生态检验、植保、农业气象监测、粮油食品检化验、食品安全检验等 7 大系列的产品体系，建立了产前、产中、产后全方位覆盖的农业物联网标准解决方案。考虑到客户需求多样化的发展趋势，托普在提供智农解决方案的同时还考虑到其个性化定制，以此满足不同客户的各种需求。因此，托普云农整合研发、销售、售前支撑、生产、工程服务等 15 个部门，为客户提供“顶层设计—方案制定—实施应用—技术支撑”全套服务一站式服务体系，打造个性化、专业化服务。托普云农从行业的仪表仪器提供商逐步建立行业服务体系，完成了由仪器设备供应商向物联网整体解决服务商的转型升级。

自从 2016 年中央 1 号文件首创性地提出了“智慧农业”的概念，智慧农业成为行业发展的新风口，传统粗放式的农业需要利用大数据进行产业的转型升级。托普云农深知“智慧农业不是单打独斗”，而是“合作共赢”，于是，2017 年 3 月 24 日，托普云农在“2017 托普云农智慧农业产业战略合作发布会”上正式提出，要秉承“开放 · 共享 · 融合 · 共赢”的理念，呼吁所有参会人士紧密合作、优势互补、整合资源、团结共赢。为此，托普云农尝试打造行业闭环，将从仪器设备的生产延伸到整条产业链上，探索“一二三产融合”的农业发展新模式。托普云农搭建了智慧农业综合服务云平台，通过新一代物联网、大数据、3S 等信息化技术有效整合省市县各级涉农资源，以顶层设计方式建成“1 +1 +N”模式（如图 9 -1 所示“1 +1 +N”分别表示 1 个智慧农业云平台、

1个大数据中心以及N个应用)。这个模式汇聚了各级农业业务应用及数据,形成“大农业”数据中心,推动行业实力倍增、抱团发展。

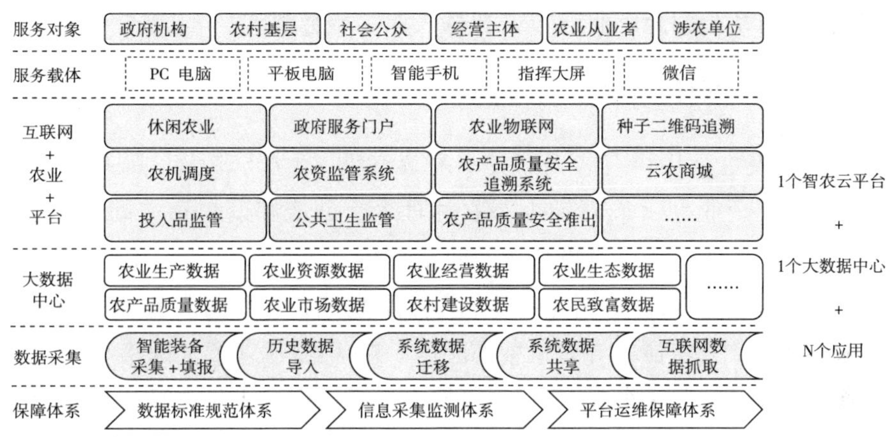

图9-1 托普云农的“1+1+N”运行模式

9.4.2 LK集团的物联网化转型

LK集团成立于2011年5月,致力于农产品的深加工和农村物联网相关技术的开发和系统集成以及农业物联网技术支撑体系和产业应用体系建设。LK集团作为互联网企业,在农产品深加工、系统集成和开发方面有长期的技术积累。LK集团重点开展物联网技术在鲜活农产品质量安全追溯和“农超对接”中的应用,通过物联网技术实现农产品在生产、加工、检验、物流、销售全产业链上的全程监控,保障农产品在“农超对接”中质量安全和全面追溯。

紧跟托普云农,LK集团早在2014年就有了构建完整的农业全产业链服务体系(即LK农业云)的想法,进一步拥抱移动互联的思维。类似的,LK集团的“农业云”旨在会集农业信息化、大田苗情监测、远程专家会诊系统、政府监管指挥平台、农民远程教育、农产品商情发布、农产品在线交易以及农业龙头企业的扶持与监管等为一体,有效整合农业资源、技术资源和社会资源,实现“生产源头”可管控、“加工流通”可跟踪、“购销产品”可监测的功能,为粮食安全与食品安全提供了系统保障解决方案。LK集团还效仿“农村包围城市”的方法,积极建立互联网农业小镇,实施镇级运营+村级服务的运营模式，以镇带村、村镇融合，在“互联网＋农业”的基础上，拓展“互联网＋金融＋全媒体＋文化＋旅游”等服务。在总结了上百个农业物联网应用项目的运作经验的基础上，LK 集团准备构建“政务＋农务＋商务＋智库”的四维全系统和全产业链的“智慧农业”服务模式。

9.4.3 JD 集团的物联网化转型

JD 集团成立于 1986 年 1 月，是一家集科研、生产、销售、服务、培训于一体的股份制企业，以“倡导生态农林理念、创造和谐生存空间”为己任，致力于农林病虫害监测、预警系统及防治器械系列产品的研发生产。下设 26 个机构和专业分公司，14 个国内技术合作企业，1 个国际技术合作企业。2009 年筹建了 2 万亩琵琶寺有机生态园区。JD 集团建立了全国第一个“有害昆虫光源技术研究工程技术中心”。研发出一系列病虫害预测预报设备、物理防控病虫害设备、生物防控病虫害技术，并荣获国家级、省部级科技成果 8 项，拥有自主知识产权 30 余项，是行业内 7 个国家标准指定第一起草单位，是中国植保行业无害化技术的旗帜。

应行业发展趋势，2013 年 JD 集团将植保技术嵌入互联网，JD 农作物病虫害自动测控物联网应运而生。JD 集团朝着产品精品化、市场网络化和服务全程化不断努力，力求跟上行业潮流，构建全产业链一套式服务，提供标准化病虫害解决方案。2017 年，JD 集团成功引进水肥一体化滴灌技术并投资建成智农大棚进行精细化养殖和智能化监控，形成了一套完整的 JD 农林 ATCSP 物联网技术和知识产权体系。凭借中华人民共和国农业部智慧农业物联网综合管理平台项目在新疆阜康市建成德天利王母桃园。这一园区依托 JD 农林 ATCSP 物联网进行建设，其使用意味着 JD 集团以互联网＋农业产业基地信息服务为主体的智能化农业综合服务云平台初步建立。

9.5 案例分析：行业惯例的演化过程

传统农业仪器产业中，企业往往专注于仪器产品的研发制造，因此原有的行业惯例就是企业自主研发生产仪器设备，技术领先就是企业胜利的关键。而在现代农业中，仅仅局限于设备的供应已经不能满足客户的需求，在“互联网＋智慧农业”成为行业主流趋势的今天，客户更需要的是一套标准化的解决方案，一种涵盖整条产业链的服务模式。在此背景下，行业惯例要求企业从思想上达成一致，打造行业生态圈，共创智慧农业的新局面。通过对三家案例企业及目标行业惯例的分析发现，行业惯例的演化与行业中的企业转型密不可分，行业主导企业和跟随企业的惯例变化共同促成了行业惯例的转变，且行业惯例的演变经历了三个阶段：首先，行业领导者通过试错性学习探索新的组织惯例，促进组织惯例的演化；其次，行业跟随企业通过效仿行业领导者从而转变自身模式，促进组织惯例的演化；最后，在行业领导者的带领下，业内企业达成共识，完成行业惯例的演化。

9.5.1　行业领导者组织惯例的演化

托普云农作为农业技术行业的行业领导者，其组织惯例率先实现了从“批量仪器生产的产品主导思维”向“搭建智农产业链数据云平台，共创智慧农业的服务思维”的演化。在这个过程中，试错性学习起到了关键性作用。

1. 组织惯例的演化过程

在托普云农成立之初，设施栽培技术的发展使得仪器仪表作为检测、分析的工具，广泛运用于传统农业之中。规模化的仪器生产在当时占主导地位，在产品同质的情况下，企业的生产力是重要的企业竞争力。托普云农通过全面信息化管理，实现了仪器大规模生产并顺利在农业仪器仪表行业站稳脚跟。从而，企业内部形成了“产品规模化生产”的共享基模，并以此为基础形成了共同行动倾向，进行大规模机械式的仪器生产，形成了原始的组织惯例。

“农业物联网”提出后，农业仪器产业面临升级换代的局面，新环境对托普云农也提出了新的组织任务和行动要求。互联网思维要求企业将原有的设备接入互联网，将数据上传到云端分析、共享，实现在线监测、远程监控等功能，这造成了企业组织任务的改变。此外，“互联网 +”思维下，客户不再仅仅满足于对仪器产品本身的需求，他们更需要的是一套与仪器产品相匹配的农业物联网解决方案。也就是说，新组织任务不仅要求原有仪器在线升级，还要求企业提供与之配套的标准化解决方案。托普云农主动学习互联网思维下产品要具备的特征、功能等新知识，通过多次尝试，托普云农决定将设备接入互联网并积极将互联网思维传达给各级员工，通过培训、讲座等方式促进内部员工对互联网思维的理解，再通过部门交流等方式分享个人理解，形成共同理解并进一步指导员工采取一致行动：托普云农将原有研发重心从种植业体系农业检测仪器转向农业物联网服务，在已有设备基础上利用互联网进行优化和集成，使以前的设备、检测仪、传感器等都与互联网融合，实现仪器装备的联网，形成以互联网为基础设施和实现工具的“农业物联网”发展形态。与此同时，为了提供农业解决方案，托普云农广纳相关领域的专业人才，召集大批技术攻关人员，共同研制一套标准化农业解决方案与在线设备配套使用。至此，原有惯例执行面和启示面均发生了变化，但还没有形成新的组织惯例。

“智慧农业”是农业物联网更进一步的发展方向，是农业物联网进一步实施的具体目标，智慧农业的提出为企业提供了新的发展方向。因此，企业的组织任务又发生改变，即在网络设备和配套解决方案的基础上，提供智慧农业产业链数据云平台。与此同时，托普云农提出“开放·共享·融合·共赢”的理念，呼吁所有行业人士紧密合作、优势互补、整合资源、团结共赢，携手构建“智慧农业”新局面。为此，托普云农投资成立了人工智能研究公司作为自己的技术支持，继续加大研发投入，深化“产学研一体化”思维，并整合研发部、销售部、售前支撑部、生产部、工程服务部等15个部门，统一各部门思想，形成共同理解，进而采取一致行动，为客户提供“顶层设计—方案制定—实施应用—技术支撑”全套服务一站式服务体系，建成“1+1+N”模式的大数据云平台应用。此时，托普云农的共享基模已经从原有的“产品规模化生产”逐渐转变为“与行业携手打造智慧农业”，在新的共享基模的指导下，企业的共同行为倾向也从批量化生产精密仪器转变为提供智农云平台服务，自此，新的组织惯例形成，即搭建“产前—产中—产后”智农产业链数据云平台共建智慧农业。

2. 试错性学习过程

托普云农成立之初，规模化仪器生产主导企业的发展，因此技术研发成为企业重要的竞争力，决定着企业的兴衰成败。这些技术研发知识、生产管理流程以及规模化生产认知组成了企业原有的知识库。

在互联网思维提出后，组织环境发生了较大的变化，“农业物联网”成为环境的主流趋势，而新环境下的客户需求从单纯的仪器设备需求转变为配套服务的需求。托普云农意识到了环境的变化风潮，在积极从外部环境吸取新知识并加以尝试运用，其中，失败的教训反馈到组织知识库，过滤无效知识，经过多次实践筛选出成效出众的互联网思维，因此托普云农决定导入“互联

网 +”的思想，将传统设备升级为在线设备并研发与在线设备相匹配的农业解决方案。通过将配套方案与具体分析情况相匹配进行测试，托普云农积累了很多失败教训，排除了很多种可能性，为企业后期的成果打下了基础，最终实现了仪器装备与互联网的融合以及数据经分析后配套解决方案的应对。在成功研制出在线设备和配套解决方案后，托普云农通过员工培训、部门交流等方式将在线设备的相关知识传达给各部门各环节的员工，促使整个企业达成组织共识，被反复利用和执行。在反复执行过程中，员工会总结和反馈遇到的细节、问题、经验，从而形成优化的组织规范。而这一系列过程中的知识、共识、经验和规范等认知会反馈到知识库中，更新组织原有知识库，使知识库中存贮的组织记忆更好地为组织学习服务。

在“智慧农业”被提出并引领了新一轮发展风潮后，托普云农作为行业领导者在没有先例的情况下，根据自身知识库加上对于新政策新环境的理解学习，针对识别到的新知识开始新一轮试错，考虑了大数据、云平台、解决方案等技术支持，通过不断地研发，总结失败的经验教训反馈给组织的知识库进行积累，并且通过失败教训来筛选和过滤低效用知识，最终选择了云平台的发展方向并积极筹建，呼吁整个行业整合资源，提出“开放·共享·融合·共赢”的新理念，从管理层开始往下推行智农云平台的思维和合作共赢的理念，组织员工培训并召开日常会议普及相关认知，促使内部员工进行学习并付诸实施，加深员工理解，达成组织的内部共识，在此基础上，通过重复实践，最终提取新的组织规范并更新原有知识库，完成第二轮试错学习。

3. 试错性学习与行业领导者组织惯例的演化

行业领导者转型过程中惯例演化与组织学习的关系，如图 9 - 2 所示。横向来看，托普云农经历了组织学习和惯例演化两个过程。在新的组织环境下，托普云农面临新的组织任务和行动要求，因此必须学习新知识并融合到自身原有的知识经验中加以利用，再通过反复试错过程，总结失败教训，筛选应对当前环境的最佳途径，进而在组织内部推行，组织员工学习、交流，统一员工的思想认知，达成新的组织共识，在反复执行的基础上提取新的组织规范。整个试错过程中产生的新组织规范和失败教训都会被组织知识库吸收，剔除无效知识，完成组织学习的过程，帮助组织更好地适应外部环境变化。而在新组织任务和新行动的要求下，员工通过重复执行新任务形成对新情境和解决方案的个人理解，员工之间通过交流吸收其他员工的个人理解，消除差异形成共同理解。在共同理解的指导下，员工会采取一致行动以最优方案解决新组织任务，从而组织的共享基模和共同行动倾向产生变化，由此组织惯例的执行面和启示面发生改变，形成新的组织惯例。

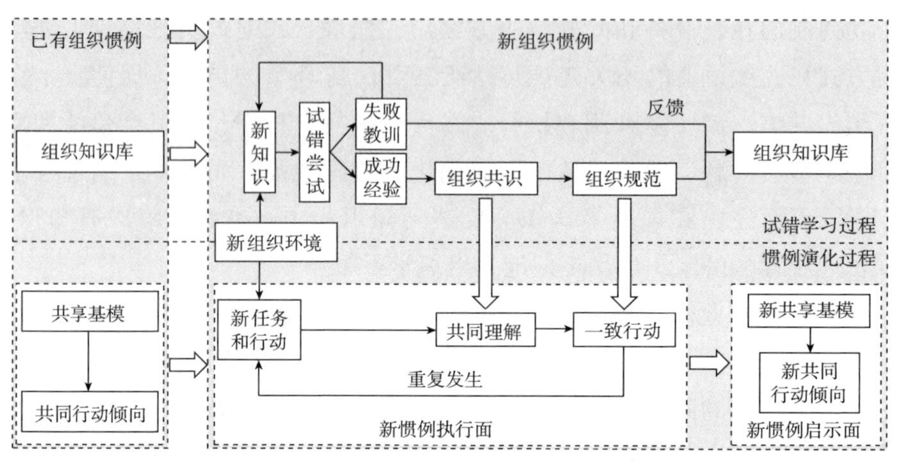

图 9－2　行业领导企业组织惯例的演化过程

纵向来看，组织学习的过程促进了组织惯例的演化，主要体现在两个方面：组织共识促进共同理解的形成以及组织规范促进一致行动的形成。一方面，企业在重复执行新组织任务的过程中，借助试错过程筛选最优知识，通过组织员工学习新知识，让员工运用新知识解决新组织任务，达成组织共识，在新组织共识的指导下，各层级员工在执行组织任务过程中形成个人理解，而人的差异性和任务的差异性决定了个人理解的差异，而消除差异需要员工之间交流和共享个人理解，在交流共享过程中，员工吸纳融合其他员工的个人理解，进而形成共同理解，完成惯例启示面的演化。另一方面，组织共识在重复应用下会显性化为约束员工行为倾向的组织规范，不同的员工会按照组织规范的约束执行组织任务，从而采取的行为由无约束的差异性行为趋于一致行动，完成惯例执行面的演化。可见，惯例的执行面和启示面都发生了变化，新的组织惯例由此产生。

9.5.2　行业跟随者组织惯例的演化

在“互联网＋”趋势下，托普云农将自身设备与互联网连接并向物联网整体解决服务商转型，提供智农全产业链数据云平台。LK 集团和 JD 集团同样意识到智农化的趋势，因此关注到了行业领导者托普云农的这一转型举措。通过对托普云农进行观察，两家跟随企业学习托普云农新的管理实践知识并将其融合、内化为自身知识，通过对知识的执行达成了组织共识和共同理解，从而指导组织规范和一致行动，促进组织知识库和惯例的更新。在跟随企业的惯例演化过程中，效仿学习扮演了重要角色。

1. 行业跟随者组织惯例的演化过程

在机械化农业阶段，农业精密仪器的机械化大规模生产是行业主流，LK 集团和 JD 集团形成了“产品规模化生产”的共享基模及相应的共同行动倾向，执行大规模的机械化生产，从而形成了原始的组织惯例。

（1）LK 集团组织惯例的演化过程。面对农业物联网的挑战，LK 集团是行业内最先效仿托普云农将自身产品融入互联网技术的企业。新的外部环境给企业带来了新的组织任务并引导企业采取新的行动。LK 集团通过观察托普云农新的商业模式，结合在新环境中学习到的知识，LK 集团总裁徐珍玉和他的团队通过多次的讨论、开会，在管理层首先达成共识，形成了对农业物联网的一致理解，并对新的组织任务和新行动形成了共同理解，提出构建完整的农业全产业链服务体系，在食品安全领域提供系统保障的解决方案。在此基础上，管理层将新的行动任务下达给各级员工，并通过内部培训、交流会等方式促进员工对于新组织任务的共同理解，从而在共同理解的基础上，员工之间协调配合，企业上下采取一致行动。在重复执行新组织任务的过程中，原有的惯例执行面发生了变化，进而影响惯例启示面的变化，此时，新的组织惯例还未完全形成。

紧接着，“智慧农业”的提出又更新了组织任务，大数据共享平台的研发成为新的发展方向。通过参加相关政府部门以及业内交流、展示会议，LK 集团学习到托普云农的“产学研一体化”发展方针，并受到托普云农“1 + 1 + N”的智农全产业链大数据云平台的启发。在对先进模式研究学习后，LK 集团决定模仿托普云农，打造一整套农业深加工产品的产前、产中、产后的全产业链服务平台，即构建“1 + 2 + N”模式的“互联网农业小镇”。LK 首先将这个新的组织任务传达给各层员工，通过员工之间的学习与讨论，交流各自在具体的执行中积累的经验，达成共同理解，形成组织共享基模，在基模的指导下进一步促使企业采取一致行动来执行任务，在原有服务体系的基础上进行更新升级，建立涵盖“互联网+金融+全媒体+文化+旅游”等服务的互联网农业小镇，产生相应的共同行为倾向。在反复执行新组织任务过程中，组织的共享基模和共同行为倾向均发生改变，从而形成新的组织惯例，即以“互联网农业小镇”为依托构建“1+2+N”模式的智慧农业。

（2）JD 集团组织惯例的演化过程。面对农业物联网带来的新组织任务，通过参加行业展会，JD 集团对托普云农设备联网并提供配套解决方案的先进管理实践进行了研究。经过管理层多次的讨论和分析，JD 集团发现托普云农采用的新商业模式同样适用于植保、病虫害方面，于是 JD 集团迅速效仿学习，将植保技术联网，构建全产业链一套式服务，提供标准化病虫害解决方案。这个新的组织任务从管理层开始下达，员工在反复执行新组织任务过程中产生新的个人理解，通过企业不定期开展的内部培训和跨部门交流会，各级员工可以分享交流自己的经验和理解，促进共同理解的形成，惯例的启示面发生变化。在共同理解的约束下，员工按照新流程采取一致的行动，从而惯例的执行面发生了改变。

“智慧农业”的提出给 JD 集团带来新的挑战，受到托普云农智农全产业链大数据云平台的启发，JD 集团积极学习智农云平台的模式并在组织内推广，决定开发一套完整的 JD 农林 ATCSP 物联网技术和知识产权体系并在此技术体系的基础上建立数据模型支撑的智慧农业。在实施新组织任务的过程中，JD 集团首先效仿托普云农引进水肥一体化技术，在此基础上建立智农大棚，参加中华人民共和国农业部智慧农业物联网综合管理平台项目，组织员工学习新知识并交流经验，从而得到了员工的一致认可，形成了共同理解，完成共享基模的更新。阜康市农业技术推广中心植保科室主任说：“智能化农业综合服务云平台为园区蔬菜瓜果类种植提供了大数据指导，通过对各类农作物种植过程的相关参数的数据采集、分析和上报，技术人员能及时对病虫害进行研究和判定并调整管理措施，有效预防或及时处理各类农作物种植各个环节中出现的问题”。在新共享基模的指导下，相应的共同行为倾向也发生了改变。员工按照新共享基模采取一致行动，从而企业惯例的执行面在原有基础上发生了修正更新。由此，JD 集团原有惯例的启示面和执行面均发生了改变，产生了新的组织惯例，即在 ATCSP 物联网技术和知识产权体系的基础上构建数据模型支撑的智慧农业。

2. 效仿学习过程

在机械化农业阶段，规模化生产占据行业主导趋势，行业中的企业提供的产品大多具有同质性，市场竞争非常激烈，此时技术优势便成为企业在行业竞争中始终处于不败之地的核心竞争力，因此研发知识、技术优势等知识成为 LK 集团和 JD 集团组织知识库的主要构成，而“品质保证、专业服务”的思维便是指导思想。

（1）LK 集团效仿学习的过程。新的外部环境给 LK 集团带来新的信息，LK 集团的总裁通过参加相关政府部门活动和行业论坛等途径学习和模仿托普云农转型的物联网解决方案、服务平台模式等先进的管理实践，获得农业物联网的相关知识。在企业内部，LK 集团的管理层通过开会、讨论，共同研究托普云农的先进管理实践，对从托普云农的实例中汲取的在线设备和解决方案的相关知识显示了高度的认可。进而，LK 集团的管理层主动效仿托普云农的做法，将其应用到实践中，一方面，通过实践修正托普云农模式在本企业应用中存在的不合适的部分；另一方面，在效仿过程中受到启发，提出构建完整的农业全产业链服务体系的想法，创造适应企业实际情况的新知识，再将效仿知识和自创知识合并，根据实际情况整合为新的组织知识。通过召集企业各层员工开会、内部培训等方式传达新的知识和理念，促使员工对新知识和新意识进行系统学习，达成组织共识。通过不断的重复实践，形成员工普遍认可的组织规范，更新原有组织知识库，使企业更好地应对“农业物联网”的大环境。

“智慧农业”提出后，LK 集团的总裁积极参加业内交流会议，借鉴托普云农的先进管理模式，召开管理层会议研究分析托普云农“1 + 1 + N”云平台模式并决定要效仿托普云农采取的先进管理实践。考虑到企业之间的差异，LK 集团的管理层结合企业实际对新的管理实践做了创新，决定以“1 + 2 + N”模式的“互联网农业小镇”作为发展方向，在“互联网 + 农业”的基础上，拓展“互联网 + 金融 + 全媒体 + 文化 + 旅游”等服务。新的思维通过员工培训和内部交流的方式传递给各级员工，在交流共享中员工达成了内部共识，并在反复实践的基础上形成了组织规范，从而成功更新组织知识库，完成了组织学习的过程。

（2）JD 集团效仿学习的过程。在物联网环境的压力下，通过行业协会、参观等活动，JD 集团了解到行业领导者的发展方向，即托普云农选择的互联网技术以及解决方案服务模式。JD 集团管理层结合企业自身现状反复研究和讨论，发现这种新的管理实践同样适用于植保、病虫害方面，于是效仿借鉴托普云农的先进管理实践。企业先将结合自身实际的新知识在内部推广，组织员工学习，促使这种新模式在组织内得到普遍认可和扩散，由此组织形成内部共识，并在反复执行中强化为组织规范，存入组织知识库。而智慧农业的出现使新的组织规范再一次面临挑战。JD 集团通过观察托普云农对于智农全产业链数据云平台的措施，获得了新的知识并受到了启发，JD 集团效仿托普云农将原有技术与大数据叠加，准备建立智慧农业云平台。结合自身原有的 ATCSP 物联网技术知识产权体系，JD 集团决定建立互联网 + 农业产业基地信息服务为主体的智能化农业综合服务平台。新的方向一经确定便迅速传达到各部门并定期组织员工进行内部培训统一思想，达成内部共识，在反复的执行实践下形成组织规范丰富组织知识库，为惯例演化提供思想上的支撑。

3. 效仿学习与行业跟随者组织惯例的演化

通过上述案例分析可知，行业跟随企业惯例演化也涉及组织学习过程和惯例演化过程并且组织学习过程对惯例演化过程有促进作用。

横向来说，跟随企业经历了组织学习和惯例演化两个过程。新的外部环境对 LK 集团和 JD 集团提出了新的组织任务要求，因此 LK 和 JD 集团搜寻有效知识，对行业领导者进行观察学习，将先进的管理实践效仿并应用到本企业，即外化为显性知识，在实践中逐渐修正效仿先进实践，汲取有利部分，创造新知识修正不适用的部分，从而合并效仿知识和自创知识使其适应企业发展。企业再组织员工对新知识进行学习，实现新知识在企业内部的扩散与内化。通过员工之间的学习与交流，员工会对新知识形成组织共识，组织共识在不断重复应用下会显性化为稳定的组织规范并反馈到组织知识库中。而行业跟随企业的惯例演化过程与行业领导企业组织惯例的演化过程相似，同样是在不断执行新的组织任务过程中，员工通过交流对新解决方案达成共同理解，指导员工采取一致行动，用最优解决方案执行并完成新的组织任务，可见共享基模和共同行动倾向均产生变化，由此形成新的执行面和启示面，产生新的组织惯例。

纵向来看，跟随企业的组织学习过程同样促进了组织惯例的演化，也表现在两个方面：组织共识促进共同理解的形成以及组织规范促进一致行动的形成。其中，组织共识对共同理解的促进作用与行业领导企业的路径过程略有差别。组织在新的组织任务形势下，通过观察行业领导者新的商业模式进行效仿学习，创造、加工、内化为内部知识，组织员工学习，达成组织共识，而不同岗位和不同工作内容的员工在重复执行新的组织任务过程中对组织共识形成个人理解，个人理解存在差异性，在员工相互交流共享后，差异性理解同化为共同理解，也就是形成了新的共享基模。组织规范对一致行动的促进作用与行业领导企业的路径过程一致，即在重复执行组织任务的过程中，组织共识会显性化为组织规范，员工在组织规范的指导下采取行动，从而差异化的行动被规范为一致行动，形成与共享基模相对应的共同行为倾向，产生新的组织惯例。

综合 LK 集团和 JD 集团两家行业跟随企业的惯例演化过程，本章研究构建了行业跟随企业惯例演化的过程模型，如图 9－3 所示。

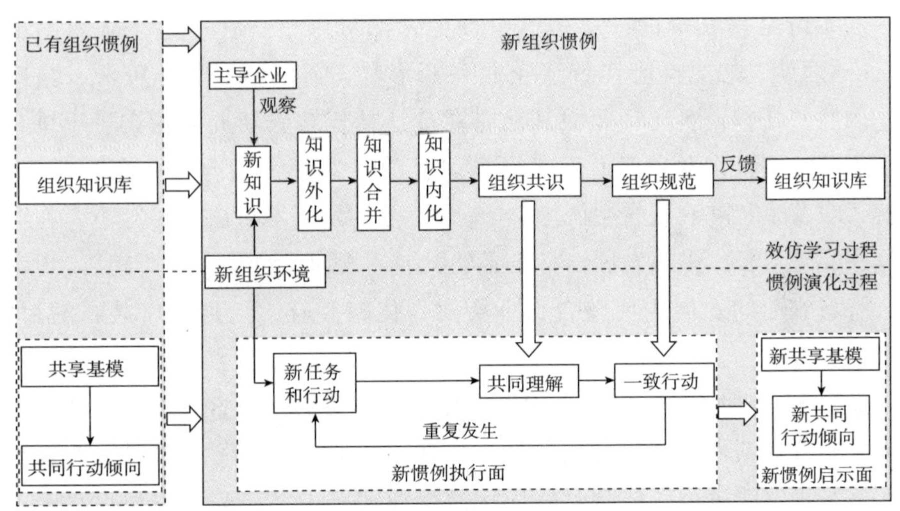

图 9－3　行业跟随企业惯例的演化过程

9.5.3　行业惯例的演化

仪器仪表在传统农业中得到广泛运用，企业专注于仪器产品的研发生产，以求凭借技术领先的产品占据市场，抢夺市场份额。产品规模化生产的思维成为行业企业生存的主流思想，在这种行业惯例的指导下，企业致力于研发生产仪器仪表并追求技术突破，从而规模化的产品生产思想成为行业中多个企业普遍认同的规范共识，即行业惯例。而在现代农业中，局限于产品角逐已经不能满足客户的需求。现代农业是大势所趋，企业如若自身不采取行动必然会遭到淘汰。

在“智慧农业”成为行业主流趋势的今天，客户最需要的是一套标准化的解决方案，一种涵盖整条产业链的服务模式。行业领导者托普云农率先采取行动。新环境对企业提出了新的组织任务，托普云农通过试错学习来筛选汲取到的新知识，总结成功经验和失败教训，选出高效用知识，将其传达到组织各层次，达成共同理解，采取一致行动。在反复执行组织任务的过程中，行业领导企业惯例的执行面和启示面发生更新，进而组织惯例得以演化，从原有的“产品规模化生产”逐渐转变为搭建“产前—产中—产后”智农产业链数据云平台与行业各方一起打造“智慧农业”。托普云农副总经理朱旭华说：“现在的问题是，往往做电商的人认为今年一号文件的侧重点是电商，做物联网的认为是物联网，搞食品安全的认为是食品安全，这都是比较孤立的想法。无论是搞农资的，还是搞电商的，都可以整合在一起，从而助推行业”。这表明，想要打造“智慧农业”新形势，需要整合行业资源，精诚合作。因此，托普云农向行业中其他企业传达共建智农新局面的先进思维，在智农产业战略合作发布会上正式提出“开放·共享·融合·共赢”的理念。托普云农董事长陈渝阳先生认为，“一个产业的发展不可能独善其身，在竞争合作中实现双赢、多赢发展，将是必然发展的规律，也是大势所趋”。也就是说，智慧农业的发展需要整合行业资源、优势互补，达到合作共赢的目标，实现倍增效应。

而以 LK 集团和 JD 集团为代表的行业跟随者通过观察托普云农新的商业模式，结合在新环境中学习到的知识，在多次研究和学习下，对行业领导者的先进管理实践进行效仿学习并应用到企业实践中，在运用中剔除水土不服的部分，利用自身创造的新知识加以修正改进，在重复执行下促使员工形成共同理解和一致行动，从而形成新的共享基模和共同行为倾向，产生新的组织惯例，即搭建智农平台共创智慧农业的思维。在托普云农的呼吁下，行业跟随者意识到智农行业的发展不可独善其身。LK 集团的总裁说到：“唯有整合全社会的资源和力量，才能撬动起一个行业的健康发展”。于是，他凭借个人的信誉和影响力，整合国际、国内的政府、企业、学术、科研资源，打造了众多服务于农业物联网的行业协会、商会组织等资源平台，开拓实践，宣传和扩散共建智慧农业的先进思想。

在行业领导企业和主要跟随企业的呼吁和带动下，共建智慧农业成为得到行业中主要企业认可的发展趋势，行业企业逐渐意识到合作共建智慧农业的重要性。行业中的其他企业开始将信息化发展、共建智慧农业等思维植入企业自身，在不断交流碰撞中，多数企业认可和接受行业发展方向，将共建智慧农业作为企业下一步发展的对外指导思想，形成行业共识，并在多个企业的反复实践中逐渐标准化，升华为新的行业规范。在行业规范的指导下，行业中的企业会依照行业规范采取行动。在多次按照行业规范执行任务的过程中，促成行业惯例的演化更新，形成“整合行业优势资源，携手其他企业共建智慧农业新局面”的行业惯例。

行业惯例就是业内多个企业通过探索交流、重复交往的互动过程，而逐渐形成的业内普遍认同的行为准则和规范共识。此时，行业惯例要求行业企业从思想上达成一致，联起手来打造行业生态圈，共创智慧农业的新局面。从上述行业惯例演化的过程，可以将行业惯例的演变归纳为三个阶段：首先是行业领导者通过试错性学习探索新的组织惯例，促进组织惯例的演化；其次，行业跟随企业通过观察借鉴的效仿学习，模仿并修正主导企业的管埋实践，从而促进自身组织惯例的演化；最后，行业领导者和主要跟随企业宣传新的发展思想并扩散新的组织惯例，业内其他企业对行业先行企业的新思想及新组织惯例得以认同，形成行业共识，并显性化为行业规范，促成行业惯例的演化，如图 9－4 所示。

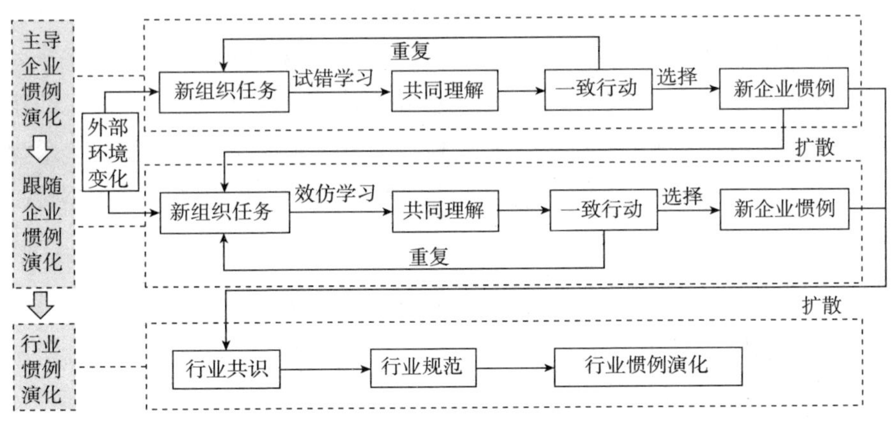

图 9－4　行业惯例演化过程模型

9.6 行业惯例演化案例讨论

根据上述案例分析，本章研究从组织学习视角入手围绕行业惯例演化问题对农业物联网行业进行了探析，通过对托普云农、LK 集团以及 JD 集团组织惯例的演化过程分析，将行业惯例演化过程分为三个阶段即行业领导企业组织惯例演化阶段、行业跟随企业组织惯例演化阶段以及行业惯例演化阶段，并由此构建了如图 9－4 所示的行业惯例演化过程模型。

首先，行业惯例的演化过程经历了行业领导者组织惯例演化、行业跟随者组织惯例演化以及行业惯例演化的三个阶段，层层递进，缺一不可。已有研究证实，惯例具有稳定性和变革性的双重特点，本章研究验证了惯例的变革性（纳尔逊和温特，1982；弗尔德曼和彭特兰，2003；彭特兰和鲁特，1994）。惯例的演化是涉及组织学习、组织共识、一致行动等一系列活动的过程。在行业领导者惯例演化的过程中，企业原有惯例先通过外部环境变化的刺激产生新知识，进而使企业对新知识进行学习、吸收和内化利用，从而在组织内部扩散，在员工的执行和交流下形成对新知识的共同理解，指导员工进行一致行动。在反复执行中，惯例的执行面和启示面发生了变化，最终产生新的惯例。而行业领导者新的惯例跨越组织边界扩散到其他企业后，跟随企业会对主导企业的新惯例进行跨组织学习，再加上本身在新环境中汲取的知识，跟随企业将效仿主导企业新的管理实践并通过创新、合并知识等方法将新知识与自创知识融合，组织员工学习新的知识体系，在执行和交流中形成共同理解，从而指导员工达成一致行动，产生新的组织惯例。行业先行企业将新的惯例扩散到行业中，通过行业交流、学术讨论等形式传播新的管理模式以及新的发展思维，促使得到更多企业的认可，进而改变原有的行业共识并形成新的行业规范，最终产生新的行业惯例。上述三个阶段缺一不可，没有行业领导企业惯例的演化作为基础就没有行业中跟随企业惯例的演化，就更不可能有行业惯例的演化，这是一个层层递进的过程。

其次，组织学习是促进惯例演化的重要因素，为惯例演化提供了原动力，组织学习的过程是惯例演化过程的映射。不论是行业的主导企业还是跟随企业，其新惯例的形成或旧惯例的修正，均是组织学习过程的反映（纳尔逊和温特，1982；莱维特和马奇，1988）。借助组织学习，企业对组织外部环境的变化保持高度的敏感性，能够及时在新环境中汲取和学习新的知识并在企业内部实践，将其内化为自身知识，通过员工的培训和交流达成内部共识，形成共同理解。在不断执行新知识的过程中，组织共识会提炼为组织规范，在组织规范和共同理解的指导下，员工会采取一致行动执行新的管理实践，从而产生新惯例，完成惯例的演化过程。因此，组织学习能够促进惯例的演化，为惯例的演化提供了有效的路径。

最后，行业领导企业组织惯例演化主要依靠试错学习的过程，而行业跟随企业组织惯例演化主要依靠效仿学习的过程，但两者均需要从根本上改变已有的共享基模和共同行动倾向并建立新的共享基模和共同行动倾向。在惯例演化的过程中，行业领导者由于处于领头地位，因此没有先行者积攒下的经验，只能靠自己的探索和试错过程来筛选有效知识，因此托普云农作为行业领导者必须要将收集到的知识经过多次实践，保留成功经验，淘汰失败知识，从而选出应对新环境的最佳管理实践。而行业跟随企业由于有了行业领导者的积淀，他们就可以通过观察研究领导者的先进经验，消化吸收学到的知识，效仿主导企业的新管理实践，再根据新的组织环境和自身实际情况，对效仿的模式进行创造、合并和内化，从而促进自身惯例的演化过程。尽管两者的演化过程中组织学习的作用机制不尽相同，但从根本上讲，都需要通过学习改变已有的共享基模和共同行动倾向并在执行中形成新的共享基模和共同行动倾向。

9.7 本章小结

本章采用案例研究的方法从组织学习的视角入手，研究了行业惯例演化的过程并将行业惯例的演化过程分为了行业领导者组织惯例演化阶段、行业跟随者组织惯例演化阶段以及行业惯例的演化阶段，在每一阶段中分别刻画惯例演化的路径，通过整合这三个阶段的路径，最终构建了行业惯例完整的演化路径。研究得出三个结论：首先，行业惯例的演化需要经历领导企业组织惯例的演化、行业跟随企业组织惯例的演化以及行业惯例演化三个阶段，这是一个层层递进的过程；其次，组织学习是促进惯例演化的重要因素，为惯例演化提供了原动力，组织学习的过程是惯例演化过程的映射；最后，行业领导企业的组织惯例演化主要依靠试错学习，而行业跟随企业的组织惯例演化则主要依靠效仿学习的过程，但两者均需要从根本上改变已有的共享基模和共同行动倾向并建立新的共享基模和共同行动倾向。

第 10 章

结论与展望

10.1 组织惯例视角组织创新研究结论

在全球日益激烈的竞争态势中，创新已逐渐成为企业追求新机会、提高组织绩效和获取竞争优势的重要途径（韦尔甘蒂，2008；达曼普和施耐德，2006）。然而近年来，技术趋同化和产品生命周期短期化日趋显著，致使众多不具备领先研发实力的企业无法通过传统主流的技术创新获得优势，组织创新的重要性逐渐显现（斯塔塔，1989；伯金肖等，2008）。作为企业外部环境和内部资源适配和重新整合的结果，组织创新能够提高组织资源使用效率、推动企业稳定健康发展、增强企业核心竞争力和形成企业家阶层，逐渐推动组织实现蜕变。因此，组织创新已成为组织竞争优势最重要和持续的来源或是组织终极管理任务（哈梅尔，2006；林海芬和苏敬勤，2012）。实践中，近百年来全球范围内出现的平衡计分卡、事业部组织、全面质量管理、贴现现金流等重大组织创新事件均在不同时期轰动管理界，引发组织管理变革浪潮，推动管理实践效率的提升及整个管理学科的发展。国内企业甚至更积极地采取创新行动实现管理水平追赶，不仅前仆后继地学习国外先进管理理念和方法，还自主探索了各种特色管理实践，出现海尔“市场链业务流程再造”、杭州绿盛“非竞争性战略联盟”、娃哈哈“利益共享联销体”、万科“人才筑基策略”、招商银行“流程银行创新”以及阿里巴巴“淘宝经营模式”等成功事件，推动企业在激烈竞争中保持高速发展姿态（林海芬和苏敬勤，2012；崔淼和苏敬勤，2012；何祯等，2008）。立足国内外企业成功组织创新实践及经验，学者已围绕组织创新过程、传播、适配机理、作用及影响要素等基本问题开展了大量研究（伯金肖和莫尔，2006；伯金肖等，2008；亚伯拉罕森，1996；蒂斯，1980；苏敬勤和崔淼，2009；苏敬勤等，2010；许庆瑞和谢章澍，2004；埃德蒙森等，2001；纳维等，2006；林海芬，2012；肖东生，2006；向刚和汪应洛，2004；莫尔和伯金肖，2009；谢洪明等，2006；陈国权和李兰，2009）。

尽管如此，相关研究尚未能深入组织隐性层面揭示组织创新的来源、根本驱动力等更接近创新本质的问题，其“高实施率、高失败率”的现象甚至呈现蔓延趋势。其根本原因在于：一方面，受组织创新系统复杂性、形式多样性以及效果滞后性和难分离性的影响，相关研究始终停留在梳理纷乱繁杂的创新活动或总结创新表面规律性的浅层面。另一方面，研究发现，国内企业在组织创新实践中高度依赖企业家个人力量，大多表现为企业家驱动、自上而下的过程（伯金肖等，2008）。过于依赖企业家个人力量是否是导致当前国内企业实践创新性不足及失败率偏高的重要原因？如何才能向更高效的全员驱动、自下而上的创新型组织转变呢？对此，组织惯例研究指出，代表组织基本属性或组织完成任务基本手段的组织惯例是组织能力和知识的储存库，是认知和分析组织创新、变革或转型的关键或者是组织创新变革的源泉、基础和基本分析单元，从而为更深层次理解和研究组织创新变革提供了新的视角，亦为组织自下而上实现组织创新提供路径与理论支撑（纳尔逊和温特，1982；彭特兰和鲁特，1994；弗尔德曼，2000；弗尔德曼和彭特兰，2003，2008；彭特兰和弗尔德曼，2005；彭特兰等，2011，2012）。组织惯例借助其稳定与变革双重效能推动或支持组织创新实践。同时，从根本上来说，组织创新不仅伴随着显性组织规则、流程或结构的改变，更是组织惯例或基因的彻底更新（伯金肖等，2008）。可见，组织惯例与组织创新密切相关。然而，组织惯例研究进展相当缓慢，相关研究直到最近几年才逐渐由基本概念探讨向惯例自我演化机理过渡，组织惯例与组织创新变革之间的内在关系更处于初探期。因此，本书研究基于中国企业实践，同时结合典型组织创新事件，主以案例研究法、辅以仿真建模，尝试深入组织更微观的惯例层面构建组织惯例基本理论理论并系统揭示组织惯例与组织创新之间的关系，构建深度组织惯例和组织创新理论。

本书研究围绕组织惯例基本理论和组织惯例与组织创新的关系展开系统研究，主要得出以下 7 个结论。

（1）组织惯例由代表启示面的显性规范、共享基模、共同行动倾向、专业能力和代表执行面的执行异动五个维度构成，启示面与执行面之间存在复杂互动关系，这种互动关系正是组织惯例动态性及其对组织创新悖论性作用的根源。基于组织惯例的再定义（即组织惯例代表多个行动者参与的、重复的、可识别的组织行为模式）和惯例二维观（即组织惯例由执行面和启示面构成，两者之间存在互动关系）的提出，本书研究选择天地华宇定日达惯例、宏康针织订单完成惯例和上海移动投诉处理惯例作为研究对象，通过访谈、观察和文档资料等方式获取相关资料，采用扎根理论方法按照开放性编码、主轴编码和选择性编码的路径实现组织惯例构念，分析出各维度之间的相互关系并构建组织惯例结构模型。研究具体化组织惯例概念的构成，得出组织惯例由执行异动、显性规范、共享基模、共同行动倾向和专业能力五个维度构成。建构了组织惯例构念模型，验证了组织惯例由启示面和执行面构成以及两者之间的互动关系，即代表执行面的执行异动和代表启示面的其他四个维度之间存在互动关系；代表组织惯例基本原则和思想的启示面除了已有研究提出的最核心的构成即集体层面的共享基模和共同行动倾向，还包括组织层面的显性规范以及个体层面专业能力且四个维度之间相互依存。

（2）作为组织惯例最核心的构成以及组织内动力和凝聚力的根本来源，组织共享基模形成过程经历个体基模形成、局部共享基模形成以及集体共享基模形成三个主要阶段，是个体基模、互动范式及权力范式的共同演化的结果。组织共享基模代表组织成员对整体任务形成的共同理解及由此产生的共同行动倾向，是组织惯例最核心的构成，也是组织内动力和凝聚力的根本来源。为揭示组织共享基模的复杂形成过程，本书研究选择从参与组织整体任务完成的核心成员之间的互动范式演化视角出发，对宏康针织这家初创企业形成共享基模的过程进行探索性研究，将初创企业共享基模的形成过程划分为个体基模形成、局部共享基模形成以及集体共享基模形成三个主要阶段，总结提炼各阶段的特点并构建共享基模形成过程模型。研究得出：个体基模、互动范式（管理者之间或员工之间）及权力范式（管理者与员工之间）的演化共同促成初创企业组织集体共享基模的形成。类比迁移是形成个体新基模的重要途径，但新员工个体基模的形成还受到管理者指令的影响。个体基模专业化及泛化是形成有效共享基模的基础。角色扮演是形成共享基模的关键。

（3）即使在外部环境变化不明显的情况下，组织惯例也处于持续动态演化的过程中，这种演化的动力本质上来源于组织行动及行动序列之间的交互作用，以及启示面和执行面之间的循环迭代。组织惯例的动态演化是组织惯例研究领域的重要问题，是拓展该领域研究的基础，也是揭示组织惯例对组织创新变革以及组织发展起积极推动作用的关键。尽管已有组织惯例的二维观以及组织惯例启示面与执行面的互动理论已经初步提出组织惯例动态演化的根源，但尚未揭示组织惯例动态演化的内在规律。根据组织惯例动态演化源于惯例启示面和执行面之间的交互作用的观点，本书研究借鉴交互记忆等记忆形式，通过转移概率表达交互记忆以及交互作用，在矩阵化表达惯例启示面和执行面的基础上，利用 Markov 矩阵及其元素转移概率构建两者之间的交互作用数学模型，模拟组织行动之间的路径依赖和交互依赖以及依概率变化和选择性保留过程进行仿真实验。研究结果证实了组织惯例具有持续的自我演化性并揭示组织惯例的动态演化规律，得出：在组织惯例执行面和启示面连续不断依概率变化的情形下，组织惯例可以持续进行动态演化；组织惯例的动态演化是由依概率变化和选择性保留之间的相互制约、相互调节、相互作用的复杂交互关系来决定的；组织惯例的启示面和执行面之间的交互作用是其动态演化的内在根源。

（4）组织创新本质上就是一个组织惯例形成和演化的过程，是一个持续的内生过程，并非传统认为的由外部环境变化直接引发的独立事件。组织惯例领域逐渐明确“代表组织最基本属性特征和组织实现工作和目标根本手段的组织惯例具有自我变革性，而且是组织创新的基础和来源”的观点，充分说明组织创新并非传统研究认为的相对独立的创新事件，而是代表了改进组织管理理念、方法或程序的一种持续状态或过程，进而对传统由外而内、自上而下的组织创新理论提出了新的挑战。对此，本书研究尝试对有关组织惯例及其与组织创新关系的文献进行系统梳理，从组织惯例的视角探析组织创新的持续内生机理，旨在为构建自下而上组织创新理论提供思路。研究深入组织惯例的隐性构成面揭示组织惯例的认知性核心构成包括组织共享基模和共同行动倾向，两者正是组织惯例变革性和组织创新持续内生性的根源。本书研究还重点探析了组织惯例形成和演化的过程与组织创新之间的关系，说明组织创新的背后是组织惯例的形成与演化过程，是一个持续的内生过程。研究得出：组织惯例的形成过程代表了组织创新的内生过程；克服已有惯例的惯性影响是惯例演化的必经环节，也是在情境和组织任务发生显著变化情况下组织实现创新的难点；由个人内在要素引发的个人认知的变化相对隐蔽和抽象，但却具有不间断性或持续性，也是组织惯例持续演化和组织创新持续内生的根本所在。

（5）组织创新的实施是一项深入组织惯例层面的复杂系统工程，涉及已有惯例主导期、新惯例形成期和新惯例固化期三个阶段，通过互动和角色扮演促成新惯例的形成是组织惯例演化的关键，也是决定组织创新彻底性甚至决定创新成败的关键。为打破组织创新领域只关注创新的截面问题即创新的多维影响因素或归纳一般创新规律性的局面，对天地华宇实施定日达创新的过程进行深度案例分析，从惯例演化视角揭示组织实施创新的复杂机理。研究得出：首先，组织创新的实施是一项深入组织惯例层面的复杂系统工程。从显性组织行为层面来看，在初步实施创新方案时将创新措施传递至组织各层级相关人员，通过深入实施创新举措推动员工认知的改变，最后根据实践反馈和结果制定新的规范和制度。而在隐性组织层面，则表现为新惯例的形成和对已有惯例的取代。其次，组织创新实施中惯例的演化过程经历已有惯例主导期、新惯例形成期和新惯例固化期三个阶段且各阶段组织创新行为、参与者认知和行为呈现出不同的特点。在已有惯例主导期，尽管实施了新标准、流程等创新内容，但在执行任务的参与者看来，只是对已有任务和情境的修正，因此在行动中仍延续对组织已有任务的认知和行为方式；在新惯例形成期，参与者对组织任务的认知在执行任务和新创新举措的影响下发生改变，并逐渐在反复联合行动中形成集体层面新认知；在新惯例固化期，员工进一步明确其对新任务和情境的认知，强化集体认知并巩固新行为方式。最后，通过互动和角色扮演促成新惯例的形成是组织惯例演化的关键，也是决定组织创新彻底性甚至决定创新成败的关键。从互动中实现个人认知的改变到集体认知的形成，再到新组织规范和制度的形成，说明组织创新的实施是自上而下传递创新内容、自下而上实现惯例演化的结合。

（6）组织创新的成功是组织惯例既阻碍又促进的悖论性作用的结果，悖论性作用则源于组织惯例的启示面与执行面之间以及组织惯例启示面中组织层面、集体层面和个体层面之间的互动。传统组织惯例研究强调其稳定属性，认为组织惯例阻碍组织创新。而最新研究则提出组织惯例的变革属性，认为组织惯例是促进组织创新的内生因素和源泉，是分析组织创新的基本单元。组织惯例的稳定与变革属性的共存则意味着其对组织创新存在既阻碍又促进的悖论性作用。本书研究基于组织惯例二维观和五维结构模型，采用探索性案例研究方法探究组织惯例如何悖论性的作用于组织创新过程，并构建悖论性作用模型。研究得出：组织创新是一个复杂的过程，涉及组织惯例阻碍作用主导下的组织创新基础形成期、组织惯例促进作用主导下的创新实现期以及组织惯例两种作用共显的创新固化期等阶段；组织创新的成功是组织惯例既阻碍又促进的悖论性作用的结果；组织惯例的启示面与执行面之间存在互动关系，并且是惯例双重属性的来源，也是组织创新的源泉；组织惯例启示面中的组织层面、集体层面和个体层面之间存在互动关系。在此基础上构建了组织惯例对组织创新的悖论性作用机理模型图，并指出企业实践中惯例参与者在自下而上组织创新模式中的不可替代性。

（7）行业的发展本质上体现为行业惯例演化的过程，其背后正是组织学习作用的结果。行业惯例作为组织惯例在行业层面的表现形式，往往体现着一个行业的演变路径和发展趋势。在外部环境瞬息万变的今天，组织惯例的演变成为企业在新环境中立足的重要手段，而受到环境变化影响，行业惯例也会发生相应的演化。本书研究从具有代表性的农业互联网行业入手，选取行业领导者托普云农以及两家典型行业跟随者进行多案例研究，探索行业惯例的演化路径和机理。研究发现：首先，行业惯例的演化需要经历领导企业惯例的演化、行业跟随企业惯例的演化以及行业惯例演化三个阶段，这是一个层层递进的过程；其次，组织学习是促进惯例演化的重要因素，为惯例演化提供了原动力，组织学习的过程是惯例演化过程的映射；最后，行业领导企业的组织惯例演化主要依靠试错学习，而行业跟随企业的组织惯例演化则主要依靠效仿学习的过程，但两者均需要从根本上改变已有的共享基模和共同行动倾向并建立新的共享基模和共同行动倾向。

10.2 组织惯例视角组织创新研究启示

10.2.1 研究的理论启示

本书研究针对组织惯例基本理论的研究充实了组织惯例理论体系并为该领域的深入研究奠定基础。第一，研究通过扎根理论对组织惯例概念体系进行有效构建，得出组织惯例的五维度构成观以及维度之间的相互关系，极大丰富了组织惯例的内涵，改变该领域当前对组织惯例概念的理解仅停留在单一、抽象层面的局面，并为相关研究构建了坚实的概念基础；第二，揭示了组织惯例核心构成组织共享基模的形成过程，不仅丰富和具体化组织共享基模的概念，还将其隐性形成过程显性化，为基模理论、角色扮演理论以及组织惯例的形成和演化理论均提供了支持；第三，证实了组织惯例存在自我变革和动态演化属性，验证了已有研究得出的“即便在外部环境没有发生改变的情况下，组织惯例也能够发生自我演化”（彭特兰等，2012），即通过实证研究打破了传统的组织惯例稳定观，有力支持了组织惯例的变革理论；第四，本书研究在主张组织惯例由启示面和执行面构成的基础上，验证了组织惯例启示面与执行面之间的互动关系，证实了正是组织惯例启示面与执行面之间的这种互动产生了组织惯例的动态演化并展示了两者之间如何进行互动（即依概率变化和选择性保留之间的持续交互作用），从而充实了组织惯例的二维观；第五，本书研究还揭示了组织惯例动态演化的持续性，尽管当选择集规模减小或选择性保留程度增加时组织惯例动态演化的程度会减弱，但仍存在变动性，说明了组织惯例处于持续的动态演化过程中，由此说明组织惯例代表持续稳定与持续变化共存的悖论态势。

本书研究针对组织惯例与组织创新关系的研究，为组织惯例和组织创新理论体系的发展均做出了重要贡献：首先，研究打破了组织创新领域停留在梳理创新一般规律性或提炼显性影响要素的局面，深入组织最微观的惯例层面探索组织创新的实施机理；其次，基于已有组织惯例理论尤其是组织惯例的构成和演化理论，研究进一步证实了组织惯例的演变属性，揭示了组织惯例演化的过程，并得出组织惯例启示面核心构成即组织共享基模和共同行动倾向性的演化依赖于惯例参与者在反复执行任务过程中的互动和角色扮演，有效补充了组织惯例理论体系；最后，从组织创新过程视角揭示了组织惯例对组织创新产生的既阻碍又促进的复杂作用机制。尽管组织惯例对组织创新的两种作用持续存在，但在不同阶段呈现的重点不同。如在组织创新基础形成阶段，已有组织惯例的阻碍作用超过其变革作用，占据主导地位，使得组织在稳定重复的运行过程中积累组织创新所需要的基础。而在组织创新实现过程中，组织惯例的促进作用占据主导地位，自下而上推动组织创新的实现。组织创新固化期，组织惯例促进作用逐渐减弱，而阻碍作用逐渐增强，促使组织整体从组织创新的动荡过程中慢慢稳定下来，而在自上而下的权利范式主导下，组织创新被强制、重复执行，使得组织创新慢慢固化。

10.2.2 研究的实践启示

本书研究针对组织惯例各问题的研究均能够对管理实践产生重要的启示。

组织惯例概念体系构建的实践启示体现在两个方面：一方面，能够引导企业管理者或实践者重新认识组织惯例，改变传统将组织惯例等同于流程、规则等单一层面的认知，深入隐性的组织认知层面对组织惯例形成更为深刻的理解。即组织惯例是一个涉及显性流程、隐性集体认知和共同行动倾向、甚至个体专业能力的多层面概念。另一方面，引导管理者或实践者对组织惯例形成动态性认知，即组织惯例并非代表一种静止的状态，而是在启示面和执行面之间存在动态互动关系且在组织、集体和个体三个层面之间也存在相互作用关系，使得组织惯例本身代表一个复杂的动态系统。

组织惯例核心构成组织集体共享基模的形成过程研究对实践的启示体现为：一是，组织共享基模是组织内生动力或集体凝聚力的重要来源，也是确保组织惯例能够对组织行为产生稳定与变革双重根本作用的保证，因此管理者需要对组织共享基模的形成给予足够的重视；二是，在高频率显性沟通基础上形成的有效角色扮演是形成共享基模的关键，因此为确保相互之间角色扮演效率的提升，管理者需从组织横向及纵向构建有效的沟通渠道与机制，促进有效沟通；三是，考虑到个体基模专业化及泛化在组织集体共享基模形成中的重要性，管理者需要为员工提供学习、培训的机会，强化员工的专业知识增量及结构，提升个体任务的实践效率，进而提升对组织任务共享基模的形成效率，促进组织任务的完成；四是，管理者之间基于组织任务的集体基模变化具有超前引导性，但共享基模的形成不能仅限于组织管理层，而是要在整个组织对组织任务形成共同理解，才能确保组织任务的有效完成。

基于行动视角证实组织惯例的动态演化属性并揭示其中的演化规律为组织实践提供了三方面的重要启示：第一，改变组织管理者及员工对组织惯例的基本认知，改变视组织惯例为一成不变的看法，关注组织惯例的动态演化属性，从而将组织重新理解为由众多复杂交错的惯例形成的系统，该系统不仅具有稳定性，还具有自我变革性；第二，尽管在组织系统中处于某些流程中的行动显得微不足道，但是行动却是组织惯例演化的基本单元，充分显示了微小行动以及与之相关的行动者在组织系统运行与演化的基本作用，提醒组织管理者对组织微观层面行动和行动者以及各种潜在交互关系的关注；第三，组织惯例的持续动态演化及其对组织创新及发展既阻碍又促进的持续悖论性作用有利于改变管理者对组织稳定或变革二选一的传统观点，即采纳悖论性思维接纳组织惯例稳定性与变革性以及组织发展中稳定与变革的共存与相互促进作用。

组织惯例与组织创新的关系研究，第一，揭示了实施组织创新是一项深入组织惯例层面的复杂系统工程。审视组织创新实践发现，尽管组织创新层出不穷，但大部分都是小打小闹或是跟风行事，只有形式、没有实践，或是有实践而未深入组织惯例层面。尤其对于背负组织发展转型或重获生机等重大责任的根本性组织创新而言，即便有完美的创新方案和丰富的创新资源，但停留于浅层面的创新实践依然无法获得预期效果。对于组织改进型创新而言，也需要深入提升参与者个人认知和集体认知，才能实现真正意义上的创新。第二，研究识别出组织创新实施过程中组织惯例演化的过程规律性，说明组织创新不可一蹴而就，而是一个过程。尽管已有惯例主导期和新惯例形成期对于组织来说，可能意味着较低的运行效率或绩效，但却是创新必经环节。已有惯例主导期能够为组织创新提供缓冲或确保组织运行及任务完成的持续性，而新惯例形成期则是创新发挥功效前的重要准备。这也说明为什么在组织创新急于求成的企业往往以失败告终，原因正是未能给予组织和参与者逐渐摆脱已有惯例并形成新惯例的时间。第三，组织惯例演化的各阶段组织创新行为和参与者认知与行为均呈现不同的变化与特点。组织创新不仅是制定一个完整的创新方案然后付诸行动的过程，而是一个不断对创新方案做出完善且持续推进的过程。组织通过采取创新行为促使参与者认知和行为发生改变，使得参与者从强化组织新任务与已有任务的相似性到强化两者的差异性并最终对新任务的独特性形成认知。而参与者认知的改变则是促成组织惯例演化的根本。第四，研究还明晰了组织惯例演化过程中新惯例形成的复杂内在机理，得出新惯例形成是组织惯例演化的关键，也是决定组织创新彻底性甚至决定创新成败的关键。如何促使组织创新过程参与者针对新任务形成新的组织惯例，则需要组织构建有效的沟通渠道与机制，促进惯例参与者之间的有效互动与沟通，形成共享基模，产生共同行动倾向。

类似的，组织惯例的悖论性作用研究也说明组织创新过程会经历组织惯例阻碍作用主导下的组织创新基础形成期、组织惯例促进作用主导下的创新实现期以及组织惯例两种作用共显的创新固化期，涉及组织个体层面、集体层面和组织层面的复杂变化；组织创新的成功实施既需要调动参与者发现问题解决问题的主观能动性，也需要企业领导者具有选择性贯彻执行的魄力，组织创新不单单是自上而下的命令式执行，而是结合了参与者自下而上的推动作用，两股力量相互配合才能够将组织创新从理论落到实处。而在企业实践中相对于自上而下的创新方式，更重要的是培养组织惯例参与者持续不断的创新能力，才能使组织保持相对较好的灵活性和适应性。

行业惯例的演化研究则首先证实了组织学习在组织惯例演化过程中的重要性，因此管理者应该重视企业自身组织学习的能力和水平，并通过企业培训、内部沟通等方式提升员工对专业知识的理解和应用，及时更新员工的知识体系，以便更好地适应新的组织任务，形成共同理解，达成一致行动，促进旧惯例的修正和新惯例的形成，完成组织惯例的演化。其次，在行业中不同地位的企业依赖试错学习或效仿学习等不同类型的学习方式，实现其惯例的演化。反过来讲，通过主张试错学习革新其惯例获取新发展机会的企业才有可能在环境瞬息万变的当今成为行业的领导者，而主张效仿学习即密切关注领军企业的发展方向、及时观察和学习领军企业实施的先进管理实践的企业尽管也不会被淘汰，但只能作为跟随者。最后，行业惯例是业内普遍认同的相对稳定的行为准则和规范共识，一两家企业惯例的改变并不能带动整个行业惯例的变更，因此行业领导者应该意识到这一点，积极整合整个行业的优势资源，主动给业内其他企业提供一些帮助，宣传行业生态圈的思维，呼吁更多的企业向构建行业生态圈的目标共同努力，促使他们惯例的演化，协调各方共同努力，合作共赢。

10.3 本书研究的不足与展望

本书研究在全面梳理组织惯例基本概念、构成、双重属性以及组织惯例对组织创新的影响等相关研究的基础上，重新对组织惯例的概念进行了系统构建，围绕组织惯例的形成和演化开展基础理论研究，就组织惯例与组织创新的复杂关系开展深入系统的研究，揭示了行业惯例的演化机理，为组织惯例和组织创新理论均做出了贡献并能够为组织相关管理实践提供指导。但由于时间、能力等方面的限制，本书研究还存在一些不足之处：一是，尽管本书研究尝试通过基于大量实践调研资料且采用层层编码方法的扎根理论分析得出组织惯例的构成维度并构建了组织惯例构念模型，为组织惯例领域的深入研究创建了基础，改变该领域当前对组织惯例概念的理解仅停留在单一、抽象层面的局面，但扎根理论编码过程难免带有编码者的主观性，直接影响研究结论，因此有必要对调研资料进行反复比较和编码对比，提高客观性，使得所构建的概念模型更接近实践，同时将所构建的组织惯例构念模型进行完善和检验，即需要获得更详尽的组织任务实施细节资料或调研更多企业或惯例资料，充实惯例的构念体系。二是，有关组织惯例动态演化过程的仿真建模研究尽管基于行动之间的交互作用以及由此产生的交互记忆对组织惯例的启示面与执行面进行矩阵化表达并展示了其中的动态变化过程。但由于本书研究的载体是某医疗组织的工作流程惯例，后续研究有必要进行补充和完善，更有必要将研究结论反馈到组织实践，进行有效性验证。同时，研究只关注组织行动，而未将惯例参与者的特性因素考虑在内，这是本书研究的重要切入点，但同时也是未来研究需要完善的地方，即可将更多有关参与者的动机、认知等因素纳入模型，形成嵌套结构。三是，本书研究针对组织共享基模形成过程、组织创新实施过程以及组织惯例的悖论性作用的研究均采用了单案例研究，单案例研究得出的结论在普适性方面难免存在不足，需要更多的案例或实践加以验证与完善。

尽管研究围绕组织惯例及其与组织创新的关系开展了较为深入的研究，在视角选择、研究方法、结构安排等方面均具有一定前瞻性，能够在一定程度上构建组织惯例基本理论，揭示组织惯例对组织创新的复杂作用机理。然而，仍有以下两个问题值得进一步深化和完善。

一方面，在惯例形成和演化过程中，不同参与者在组织中的职责、权力和影响力具有差异性，参与组织任务的成员可能来自不同的组织层级，拥有不同的权力和影响力，在通过互动形成角色扮演以及组织共享基模和共同行动倾向过程中发挥的作用不尽相同，因此充分考虑权力和影响力要素能够更完整的揭示组织惯例的演化机理及其与组织创新的关系。

另一方面，尽管本书研究就组织惯例与组织创新内生性机理、组织惯例与组织创新实施以及组织惯例对组织创新产生的悖论性作用均进行了探索，但研究主要以理论探索或基于单案例研究揭示特定情境两者的关系，因此有必要采用仿真建模、多案例研究等科学方法对两者之间的内在关系机理做进一步深入的研究。

此外，组织创新是一个复杂的系统，除了组织惯例的作用还存在其他要素如组织资源协同、管理者支配能力等的影响，有必要从更全面的视角对组织创新展开进一步研究。

参考文献

[1] 曾楚君. 中外猎头行业规则、惯例与地区约定之新常态研究 [J]. 中小企业管理与科技旬刊，2015 (3)：153 - 154.

[2] 陈国权，李兰. 中国企业领导者个人学习能力对组织创新成效和绩效影响研究 [J]. 管理学报，2009，6 (5)：601 - 606.

[3] 陈国权. 学习型组织的过程模型、本质特征和设计原则 [J]. 中国管理科学，2002，10 (4)：86 - 94.

[4] 陈彦亮，高闯. 基于组织双元能力的惯例复制机制研究 [J]. 中国工业经济，2014 (10)：147 - 159.

[5] 陈彦亮，高闯. 组织惯例的跨层级演化机制 [J]. 经济理论与经济管理，2014，34 (3)：59 - 69.

[6] 崔淼，苏敬勤. 中国企业管理创新的驱动力——兼与西方企业的比较 [J]. 科学学研究，2012，30 (5)：755 - 765.

[7] 单标安，蔡莉，鲁喜凤，刘钊. 创业学习的内涵、维度及其测量 [J]. 科学学研究，2014，32 (12)：1867 - 1875.

[8] 邓修权，白冰，高德华. 基于惯例的企业能力演化博弈多主体仿真研究 [J]. 工业工程，2012，15 (1)：8 - 13.

[9] 高闯，陈彦亮. 企业惯例演化的动因、路径及其模型构建 [J]. 商业经济与管理，2012，1 (3)：19 - 26.

[10] 高洋，葛宝山，蒋大可. 组织学习、惯例更新与竞争优势之间的关系——基于不同环境不确定水平的研究 [J]. 科学学研究，2017，35 (9)：1386 - 1395.

[11] 高展军，李垣. 组织惯例及其演进研究 [J]. 科研管理，2007，28 (3)：142 - 147.

［12］何祯，韩亚娟，张敏，张凯．企业管理创新、整合与精益六西格玛实施研究［J］．科学学与科学技术管理，2008（2）：82－86.

［13］贾旭东，衡量．基于经典扎根理论的虚拟创业决策模型研究［J］．管理案例研究与评论，2016，9（3）：258－272.

［14］贾旭东，谭新辉．经典扎根理论及其精神对中国管理研究的现实价值［J］．管理学报，2010，7（5）：656－665.

［15］姜涛，熊伟．组织惯例演化的重新定义：基于组织免疫的视角［J］．浙江大学学报（人文社会科学版），2014，44（6）：141－152.

［16］李柏洲，赵健宇，郭韬，苏屹．知识创造行为与组织惯例的演化博弈及其仿真研究［J］．运筹与管理，2015，24（3）：94－105.

［17］李鲜苗，罗瑾琏．女性高管职业身份建构的扎根理论研究——基于ASD的成长模型［J］．管理案例研究与评论，2016，9（1）：53－64.

［18］林海芬，尚任．组织惯例概念界定及其结构模型：基于扎根理论的研究［J］．管理科学，2017，30（6）：113－129.

［19］林海芬，王涛．惯例演化视角组织创新的实施机理研究——以天地华宇定日达创新为例［J］．管理评论，2017，29（1）：250－264.

［20］林海芬，于泽川，王涛．基于组织惯例的组织创新持续内生机理研究评述［J］．研究与发展管理，2017，29（1）：127－138.

［21］林海芬，苏敬勤．管理创新效力机制研究：基于动态能力观视角的研究框架［J］．管理评论，2012，24（3）：116－124.

［22］林海芬，于泽川，王涛．初创企业组织共享基模的形成机理研究［J］．管理科学，2015，28（5）：15－30.

［23］林海芬．引进型管理创新的企业家决策机理［D］．大连理工大学，2012.

［24］刘景东，杜鹏程．惯例视角下联盟管理能力的构成及其对联盟组合绩效的影响研究［J］．管理评论，2015，27（8）：150－162.

［25］买忆媛，叶竹馨，陈淑华．从“兵来将挡，水来土掩”到组织惯例形成——转型经济中新企业的即兴战略研究［J］．管理世界，2015（8）：147－165.

［26］米捷，林润辉，谢宗晓．考虑组织学习的组织惯例变化研究［J］．管理科学，2016，29（2）：2－17.

［27］宁烨，霍日雯，郎慧宇．跨文化情境下组织“试错学习”对组织结构变革的影响研究［J］．公司治理评论，2012，4（2）：62－79.

［28］欧阳桃花．2004．试论工商管理学科的案例研究方法［J］．南开管理评论，7（2）：100－105.

［29］芮明杰，李鑫，任红波．高技术企业知识创新模式研究——对野中郁次郎知识创造模型的修正与扩展［J］．外国经济与管理，2004，26（5）：8－12.

［30］芮明杰，任红波，李鑫．基于惯例变异的战略变革过程研究［J］．管理学报，2005，2（6）：654－659.

［31］苏敬勤，崔淼，张竞浩．环境、氛围与外部取向管理创新模式：理论与案例［J］．科学学研究，2010，28（3）：459－466.

［32］苏敬勤，孙华鹏．企业流程创新管理模式研究——以联想业务变革经理制为例［J］．管理案例研究与评论，2012，5（1）：54－63.

［33］苏敬勤，崔淼．基于适配理论的中国特色管理理论的研究框架：创新视角［J］．管理学报，2009，6（7）：853－860.

［34］孙永磊，党兴华．基于知识权力的网络惯例形成研究［J］．科学学研究，2013，31（9）：1372－1380.

［35］孙永磊，党兴华．基于知识权力的网络惯例形成研究［J］．科学学研究，2013，31（9）：1372－1380.

［36］王核成．基于惯例的企业能力演化机理研究［J］．经济论坛，2008（22）：83－85.

［37］王建安，张钢．集体问题解决中的认知表征、行为惯例和动态能力［J］．心理学报，2010，42（8）：862－874.

［38］王永伟，马洁，吴湘繁，刘胜春．变革型领导行为、组织学习倾向与组织惯例更新的关系研究［J］．管理世界，2012（9）：110－119.

［39］王永伟，马洁，吴湘樊，刘胜春．新技术导入、组织惯例更新、企业竞争力研究——基于诺基亚、苹果案例对比研究［J］．科学学与科学技术管理，2012，33（11）：150－159.

［40］王永伟，马洁．基于组织惯例、行业惯例视角的企业技术创新选择研究［J］．南开惯例评论，2011，14（3）：85－90.

［41］王永伟．CEO 变革型领导行为对组织惯例更新的影响机制研究

[J]. 中国软科学, 2017, (6): 163 - 173.

[42] 魏龙, 党兴华. 基于组织——惯例的相依技术创新网络级联失效模型研究 [J]. 管理评论, 2017, 29 (11): 74 - 88.

[43] 吴金希, 于永达. 浅议管理学中的案例研究方法——特点、方法设计与有效性讨论 [J]. 科学学研究, 2004, 22 (S): 106 - 111.

[44] 向刚, 汪应洛. 企业持续创新能力: 要素构成与评价模型 [J]. 中国管理科学, 2004, 12 (6): 137 - 142.

[45] 肖东生. 结构方程模型对企业组织创新人因风险的识别 [J]. 系统工程, 2006 (8): 78 - 82.

[46] 谢洪明, 刘常勇, 陈春辉. 市场导向与组织绩效的关系: 组织学习与创新的影响——珠三角地区企业的实证研究 [J]. 管理世界, 2006, (2): 80 - 97.

[47] 徐萌, 蔡莉. 新企业组织学习对惯例的影响研究——组织结构的调节作用 [J]. 管理科学, 2016, 29 (6): 93 - 105.

[48] 许庆瑞, 谢章澍. 企业创新协同及其演化模型研究 [J]. 科学学研究, 2004, 22 (3): 327 - 332.

[49] 许庆瑞, 郑刚, 喻子达, 沈威. 全面创新管理 (TIM): 企业创新管理的新趋势 [J]. 科研管理, 2003, 24 (5): 1 - 7.

[50] 许庆瑞, 郑刚, 陈劲. 全面创新管理: 创新管理新范式初探——理论溯源与框架 [J]. 管理学报, 2006, 3 (2): 135 - 142.

[51] 严敏, 严玲, 邓娇娇. 行业惯例、关系规范与合作行为: 基于建设项目组织的研究 [J]. 华东经济管理, 2015, 29 (8): 165 - 174.

[52] 袁晓杰. 古董交易中行业惯例的适用问题研究 [J]. 襄樊学院学报, 2012, 33 (1): 57 - 60.

[53] 张铁男, 张亚娟, 韩兵. 基于惯例的适应性企业战略机制分析 [J]. 学术交流, 2009 (9): 88 - 92.

[54] Abell p., Felin T., Foss N. J. Building Micro - Foundations for The Routines, Capabilities and Performance Links [J]. Managerial and Decision Economics, 2008, 29 (6): 489 - 502.

[55] Abrahamson E. Management fashion [J]. Academy of Management Review, 1996, 21 (1): 254 - 285.

[56] Altman E. Constrained Markov Decision Processes [J]. Chapman & Hall/CRC Boca Raton Fl, 1995, 32 (1): 1-22.

[57] Anand G., Gray J. and Siemsen E. Decay, Shock, and Renewal: Operational Routines and Process Entropy in the Pharmaceutical Industry [J]. Organization Science, 2012, 23 (6): 1700-1716.

[58] Ankrah N. A., Proverbs D., Debrah Y. Factors influencing the culture of a construction project organisation [J]. Engineering Construction & Architectural Management, 2009, 16 (1): 26-47.

[59] Argyris C., Schön D. A. Organizational Learning: A Theory of Action Perspective [M]. Reading, MA: Addison-Wesley, 1978.

[60] Basu A., Blanning R. W. A formal approach to workflow analysis [J]. Information Systems Research, 2000, 11 (1): 17-36.

[61] Baum J. A. C., Singh J. Organizational Hierarchies and Evolutionary Processes: Some Reflections on a Theory of Organizational Evolution [C]. In BAUM J A C AND SINGH J (eds), Evolutionary Dynamics in Organizations. New York: Oxford University Press, 1994.

[62] Becker M. C. A Framework for Applying Organizational Routines in Empirical Research: Linking Antecedents, Characteristics and Performance Outcomes of Recurrent Interaction Patterns [J]. Industrial and Corporate Change, 2005, 14 (5): 817-846.

[63] Becker M. C. Organizational Routines: a Review of the Literature [J]. Industrial and Corporate Change, 2004, 13 (4): 643-678.

[64] Becker, M. C. The concept of routines: Some clarifications [J]. Cambridge Journal of Economics, 2005, 29 (2): 249-262.

[65] Becker M. C., Lazaric N., Nelson R. R., Winter S. G. Applying Organizational Routines in Understanding Organizational Change [J]. Post-Print, 2005, 14 (5): 775-791.

[66] Berente N., Lyytinen K., Yoo Y., King J. L. Routines as shock absorbers during organizational transformation: Integration, control and NASA's enterprise information system [J]. Organization Science, 2016, 27 (3): 551-572.

[67] Bertels S., Howard-Grenville J., Pek S. Cultural molding, shielding,

and shoring at oilco: the role of culture in the integration of routines [J]. Organization Science, 2016, 27 (3): 573-593.

[68] Bickhard M. H. Campbell D. T. Variations in variation and selection: The Ubiquity of the variation-and-selective-retention ratchet in emergent organizational complexity [J]. Foundations of Science, 2003, 8 (3), 215-82.

[69] Bingham C. B., & Kahl S. J. The process of schema emergence: Assimilation, deconstruction, unitization and the plurality of analogies. Academy of Management Journal, 2003, 56 (1): 14-34.

[70] Birkinshaw J., Hamel C., Mol M. J. Management innovation [J]. Academy of Management Review, 2008, 33 (4): 825-845.

[71] Birkinshaw J., Mol M. J. How Management innovation happens [J]. Sloan Management Review, 2006, 47 (4): 81-88.

[72] Birnholtz J. P., Cohen M. D., Hoch S. V. Organizational character: On the regeneration of camp poplar grove [J]. Organization Science, 2007, 18 (2): 315-332.

[73] Blumer H. George Herbert Mead and human conduct [M]. Oxford: Alta Mira Press, 2004.

[74] Carley K. Coding choices for textual analysis: A comparison of content analysis and map analysis. Sociological Methodology, 1993 (23): 75-126.

[75] Chandler G. N., Lyon D. W. Involvement in Knowledge - Acquisition Activities by Venture Team Members and Venture Performance [J]. Entrepreneurship Theory & Practice, 2009, 33 (3): 571-592.

[76] Chassang S. Building Routines: Learning, Cooperation, and the Dynamics of Incomplete Relational Contracts [J]. American Economic Review, 2010, 100 (1): 448-465.

[77] Chi W., Freeman R. B., Morris M. Kleiner. Adoption and Termination of Employee Involvement Programs [R]. NBER working paper 12878, 2007.

[78] Clark K. B. The intersection of design hierarchies and market concepts in technological Evolution. Research Policy, 1985, 14 (5): 235-251.

[79] Cohen M. D, Bacdayan P. Organizational Routines are Stored as Procedural Memory: Evidence from a Laboratory Study [J]. Organization Science,

1994, 5 (4): 554 -568.

[80] Cohen M. D. Reading dewey: reflections on the study of routine [J]. Organization Studies, 2007, 28 (5): 773 -786.

[81] Cohendet P. S. , Simon L. O. Always playable: recombining routines for creative efficiency at ubisoftmontreal's video game studio [J]. Organization Science, 2016, 27 (3): 614 -632.

[82] Cronin M. A. , Weingart L. R. Representational gaps, information processing, and conflict in functionally diverse teams [J]. Academy of Management Review, 2007, 32 (3): 761 -773.

[83] Crossan M. M. , Lane H. W. , White R. E. An Organizational Learning Framework: From Intuition to Institution [J]. Academy of Management Review, 1999, 24 (3): 522 -537.

[84] Cyert R. M. , March J. G. A Behavioral Theory of The Firm [M]. Englewood Cliffs, NJ: Prentice - Hall, 1963.

[85] D'Asserio L. The replication dilemma unravelled: How organizations enact multiple goals in routine transfer [J]. Organization Science, 2014, 25 (5): 1325 -1350.

[86] Damanpour F. and Schneider M. Phases of the adoption of innovation in organizations: effects of environment, organization and top managers [J]. British Journal of Management, 2006, 17 (3): 215 -236.

[87] Dane E. Reconsidering the trade-off between expertiseand flexibility: A cognitive entrenchment perspective [J]. The Academy of Management Review, 2010, 35 (4): 579 -603.

[88] Dane E. , Pratt M. G. Exploring intuition and its role in managerial decision making. Academy of Management Review, 2007, 32 (1): 33 -54.

[89] Daneshvar M. , Dikmen I. and Birgonul M. T. Investigation of organizational routines in construction companies [R]. Working Paper Proceedings. Engineering Project Organizations Conference, Rheden, The Netherlands, 2012.

[90] Davenport T. H. Process Innovation [M]. Harvard Business School Press, Cambridge, MA, 1993.

[91] Deken F. , Carlile P. R. , Berends H. , Lauche K. Generating novelty

through interdependent routines: aprocess model of routine work [J]. Organization Science, 2016, 27 (3): 659 -677.

[92] DiMaggio P. Culture and cognition. In K. Cook & J. Hagan (Eds.), Annual review of sociology, vol. 23: 263 -287. Palo Alto, CA: Annual Reviews, 1997.

[93] Dionysiou D. D., Tsoukas H. understanding the (re) creation of routines from within: a symbolic interactionist perspective. Academy of Management Review, 2013, 38 (2): 181 -205.

[94] Dittrich K., Guérara S., Seidl D. Talking about routines: the role of reflective talk in routine change [J]. Organization Science, 2016, 27 (3): 678 -697.

[95] Dittrich K., Seidl D. Emerging Intentionality in Routine Dynamics: A Pragmatist View [J]. Academy of Management Journal, 2018, 62 (1): 111 -138.

[96] Edmondson A. C., Bohmer R. M. and Pisano G. P. Disrupted Routines: Team Learning and New Technology Implementation in Hospitals [J]. Administrative Science Quarterly, 2001, 46 (12): 685 -716.

[97] Egidi M. Routines, Hierarchies of Problems, Procedural Behaviour: Some Evidence from Experiments [C]. In ARROW K E C, PERLMAN M AND SCHMIDT C (eds.), The Rational Foundations of Economic Behaviour. London: Macmillan, 1996.

[98] Eisenhardt K. M. Building Theories from Case Study Research [J]. Academy of Management Review, 1989, 14 (4): 532 -550.

[99] Elsbach K. D., Barr P. S., Hargadon A. B. Identifying situated cognition in organizations [J]. Organization Science, 2005, 16 (4): 422 -433.

[100] Emirbayer M., Miche A. What is agency? American Journal of Sociology, 1998, 103 (4): 962 -1023.

[101] Etzion D., Ferraro F. The role of analogy in the institutionalization of sustainability reporting. Organization Science, 2010, 21 (5): 1092 -1107.

[102] Ewa S. H., Katarzyna P., Sylwia S. Demystifying emergence of organizational routines [J]. Journal of Organizational Change Management, 2017, 30 (4): 525 -547.

[103] Farjoun M. Beyond dualism: stability and change as a duality [J]. Academy of Management Review, 2010, 35 (2): 202 –225.

[104] Feldman M. S., Orlikowski W. J. Theorizing practice and practicing theory [J]. Organization Science, 2011, 22 (5): 1240 – 1253.

[105] Feldman M. S., Pentland B. T., D'Adderio L, Lazaric N. Beyond routines as things: introduction to the special issue on routine dynamics [J]. Organization Science, 2016, 27 (3): 505 – 513.

[106] Feldman M. S., Pentland B. T. Routine dynamics [C]. In Barry D and Hansen H (Eds.), The Handbook of New Approaches to Organization Studies. Thousand Oaks, CA: Sage, 2008: 302 – 315.

[107] Feldman M. S., Pentland B. T. Reconceptualizing organizational routines as a source of flexibility and change [J]. Administrative Science Quarterly, 2003, 48 (1): 94 – 118.

[108] Feldman M. S. Organizational routines as a source of continuous change [J]. Organization Science, 2000, 11 (6): 611 –629.

[109] Felin T., Foss N. J. The Endogenous Origins of Experience, Routines, and Organizational Capabilities: the Poverty of Stimulus [J]. Journal of Institutional Economics, 2011, 7 (2): 231 –256.

[110] Fiske S. T., Taylor S. E. Social cognition (2nd ed.). New York: McGraw – Hill, 1991.

[111] Foss N. J., Felin T. The Endogenous Origins of Experience, Routines and Organizational Capabilities: The Poverty of Stimulus [J]. Journal of Institutional Economics, 2011, 7 (2): 231 –256.

[112] Gavetti G., Levinthal D. A., Rivkin J. W. Strategy making in novel and complex worlds: The power of analogy. Strategic Management Journal, 2005, 26 (8): 691 –712.

[113] Geiger D., Schröder A. Ever – Changing Routines? Toward a revised understanding of organizational routines between rule-following and rule-breaking [J]. Schmalenbach Business Review (SBR), 2014, 66 (2): 170 – 190.

[114] Gentner D., Holyoak K. J., Kokinov B. N. The Analogical Mind: Perspectives from Cognitive Science. MIT Press: Cambridge, MA, 2001.

[115] Gentner D. , Loewenstein J. , Thompson L. Learning and transfer: a general role for analogical encoding. Journal of Educational Psychology, 2003, 95 (2): 393 –408.

[116] Gentner D. Structure-mapping: A theoretical framework for analogy [J]. Cognitive Science, 1983, 7 (2): 155 –170.

[117] Gersick C. J. , Hackman J. R. Habitual Routines in Task – Performing Groups [J]. Organizational Behavior & Human Decision Processes, 1990, 47 (1): 65 –97.

[118] Gick M. L. , Holyoak K. Schema induction and analogical transfer [J]. Cognitive Psychology, 1983, 15 (1): 1 –38.

[119] Giddens A. The constitution of society: introduction of the theory of structuration [M]. University of California Press, 1984.

[120] Glaser B. G. , Strauss A. The discovery of grounded theory: strategies for qualitative research [M]. Chicago: Aldine, 1967: 20 –35.

[121] Glaser B G. Basies of grounded theory analysis: Emergence vs. Forcing [M]. Mill Valley, C. A, Soeiology Press, 1992.

[122] Greve H. Organizational Routines and Performance Feedback. In Becker M C (Ed.), Handbook of Organizational Routines. Cheltenham: Edward Elgar, 2008.

[123] Gummesson E. Qualitative Methods in Management Research [M]. California: Sage Publications, 2000.

[124] Hamel G. The why, what and how of management innovation [J]. Harvard Business Review 2006, 84 (2): 72 –84.

[125] Hannan M. T. , Freeman J. R. Structural Inertia and Organizational Change [J]. American Sociological Review, 1984, 49 (2): 149 –164.

[126] Hargadon A. , Fanelli A. Action and possibility: Reconciling dual perspectives of knowledge in organizations [J]. Organization Science, 2002, 13 (3): 290 –302.

[127] Hargadon A. , Sutton R. I. Technology brokering and innovation in a product development firm. Administrative Science Quarterly, 1997, 42 (4): 716 –749.

[128] Harris S. G. Organizational culture and individual sensemaking: A

schema-based perspective [J]. Organization Science, 1994, 5 (3): 309-321.

[129] Heimeriks K. H., Schijven M., Gates S. Manifestations of higher-order routines: The underlying mechanisms of deliberate learning in the context of postacquisition integration [J]. Academy of Management Journal, 2012, 55 (3): 703-726.

[130] Hillison J. R. New nato members: security consumers or producers? [J]. New Nato Members Security Consumers Or Producers, 2009,

[131] Hodgson G. M. Institutions and Individuals: Interaction and Evolution [J]. Organization Studies 2007, 28 (1): 95-116.

[132] Hodgson G. M., Knudsen, T. The firm as an interactor: firms as vehicles for habits and routines [J]. Journal of Evolutionary Economics, 2004, 14 (3): 281-307.

[133] Hogg M. A., Terry D. I. Social identity and self-categorization processes in organizational contexts [J]. Academy of management review, 2000, 25 (1): 121-140.

[134] Holcomb T. R., Ireland R. D., Jr R. M. H., Hitt M. A. Architecture of Entrepreneurial Learning: Exploring the Link Among Heuristics, Knowledge, and Action [J]. Entrepreneurship Theory & Practice, 2009, 33 (1): 167-192.

[135] Honeck R. P., Firment M., Case T. J. S. Expertise and categorization. Bulletin of the Psychonomic Society, 1987, 25 (6): 431-434.

[136] Howell J. M., Higgins C. A. Champions of technological innovation [J]. Administrative Science Quarterly, 1990, 35 (2): 317-341.

[137] Huang X., Hsieh J. J., He W. Expertise dissimilarity and creativity: the contingent roles of tacit and explicit knowledge sharing. [J]. Journal of Applied Psychology, 2014, 99 (5): 816-30.

[138] Janszen F. The age of innovation: making business creativity a competence, not a coincidence [M]. New Jersey: Prentice Hall, 2000.

[139] Joas H. GH Mead: A contemporary re-examination of his thought [M]. Boston: MIT Press, 1997.

[140] Kaufman H. Red tape: its origins, uses and abuses [M]. Washington, DC: Brookings Institution, 1977.

[141] Kemser W., Schreyogg G. The dynamics of interrelated routines: introducing the cluster level [J]. Organization Science, 2016, 27 (3): 698 -721.

[142] Lee H. S., Holyoak K. J. The role of causal models in analogical inference. Journal of Experimental Psychology: Learning, Memory, and Cognition, 2008, 34 (5): 1111 -1122.

[143] Levitt B., March J. G. Organizational Learning [J]. Annual Review of Sociology, 1988, 14: 319 -340.

[144] Lewin A. Y., Massini S., Peeters C. Microfoundations of internal and external absorptive capacity routines [J]. Organization Science, 2011, 22 (1): 81 -98.

[145] Lin H. F., Chen M. Y., Su J. Q. How management innovations are successfully implemented? An organizational routines' perspective [J]. Journal of Organizational Change Management, 2017, 30 (4): 456 -486.

[146] Lin H. F., Murphree M., Li S. L. Emergence of Organizational Routines in Entrepreneurial Ventures [J]. Chinese Management Studies, 2017, 11 (3): 498 -519.

[147] Lin H. F., Su J. Q. A Case Study on Adoptive Management Innovation in China [J]. Journal of Organizational Change Management, 2014, 27 (1): 81 -114.

[148] Loch C., Sengupta K., Ghufran A. M. The Microevolution of Routines: How Problem Solving and Social Preferences Interact [J]. Organization Science, 2012 (forthcoming).

[149] Lord R. G., Kernan M. C. Scripts as determinants of purposeful behavior in organizations. Academy of Management Review, 1987, 12 (2): 265 -277.

[150] Malone T. W., Crowston K., Lee J., Pentland B., Dellarocas C., Wyner G., Quimby J., Osborn C. S., Bernstein A., Herman G., Klein M. and O'Donnell E. Tools for inventing organizations: Toward a handbook of organizational processes [J]. Management Science. 1999, 45 (3): 425 -443.

[151] March J. G., Simon H. A. Organizations [M]. Oxford: Blackwell Publishers, 1993.

[152] March J. G. Exploration and Exploitation in Organizational Learning [J]. Organization Science, 1991, 2 (1): 71 –87.

[153] Mariano S., Casey A. The Dynamics of Organizational Routines in a Startup: The Ereda Model [J]. European Management Review, 2016, 13 (4): 251 –274.

[154] Marshall N., Tsekouras G., Maron A. Creating Routines for Innovation: Insights from an organisational experiment [C]. In International Conference on Organizational Learning, OLKC, 3 –6 Jun 2010, Boston, USA.

[155] McCabe D. "Waiting for dead men's shoes": Towards a cultural understanding of management innovation [J]. Human Relations, 2002, 55 (5): 505 –536.

[156] McVee M. B., Dunsmore K., Gavelek J. R. Schema theory revisited. Review of Educational Research, 2005, 75 (4): 531 –566.

[157] Michel A. A. The mutual constitution of persons and organizations: an ontological perspective on organizational change [J]. Organization Science, 2014, 25 (4): 1082 –1110.

[158] Miller K. D., Pentland B. T., Choi S. Dynamics of Performing and Remembering Organizational Routines [J]. Journal of Management Studies, 2012, 49 (8): 1536 –1558.

[159] Misangyi V. F., Weaver G. R., Elms H. Ending corruption: The interplay among institutional logics, resources, and institutional Entrepreneurs [J]. Academy of Management Review, 2008, 33 (3): 750 –770.

[160] Mol M. J., Birkinshaw J. The sources of management innovation: When firms introduce new management practices [J]. Journal of Business Research, 2009, 62 (12): 1269 –1280.

[161] Nadkarni S., Narayanan V. K. Strategic schemas, strategic flexibility, and firm performance: The moderating role of industry clockspeed. Strategic Management Journal, 2007, 28 (3): 243 –270.

[162] Naveh E., Meilich O., Marcus A. The effects of administrative innovation implementation on performance: an organizational learning approach [J]. Strategic Organization, 2006, 4 (3): 275 –302.

[163] Neal D. T., Wood W., Labrecque J. S., Lally P. How do habits guide behavior? Perceived and actual triggers of habits in daily life [J]. Journal of Experimental Social Psychology, 2012, 48 (2): 492-498.

[164] Nelson S. G., Winter S. An Evolutionary Theory of Economic Change [M]. Cambridge, MA: Harvard University Press, 1982.

[165] Nonaka I., Takeuchi H. The Knowledge Creating Company [M]. Oxford University Press, 1995.

[166] Novick L. R., Holyoak K. J. Mathematical problem solving by analogy. Journal of Experimental Psychology: Learning, Memory, and Cognition, 1991, 17 (3): 398-415.

[167] Obstfeld D. Creative Projects: A Less Routine Approach Toward Getting New Things Done [J]. Organization Science Articles in Advance, 2012, 23 (6): 1571-1592.

[168] Osterman P. How Common is Workplace Transformation and Who Adopts it? [J] Industrial and Labor Relations Review, 1994, 47 (2): 173-188.

[169] Pavlov A., Bourne M. Explaining the Effects of Performance Measurement on Performance: An Organizational Routines Perspective [J]. International Journal of Operations and Production Management, 2011, 31 (1): 101-122.

[170] Peeters C., Massini S., Lewin A. Y. Sources of Variation in the Efficiency of Adopting Management Innovation: The Role of Absorptive Capacity Routines, Managerial Attention and Organizational Legitimacy. Organization Studies, 2014, 35 (9): 1343-1371.

[171] Pentland B. T., Feldman M. S., Becker M., Liu P. Dynamics of Organizational Routines: A generative Model [J]. Journal of Management Studies, 2012, 49 (8): 1536-1558.

[172] Pentland B. T., Feldman M. S. Organizational Routines as a Unit of Analysis [J]. Industrial and Corporate Change, 2005, 14 (5): 793-815.

[173] Pentland B. T., Haerem T., Hillison D. The (N) ever Changing World: Stability and Change in Organizational Routines [J]. Organization Science, 2011, 22 (6): 1369-1383.

[174] Pentland B. T., Rueter H. H. Organizational routines as grammars of

action [J]. Administrative Science Quarterly, 1994, 39 (3): 484 -510.

[175] Pentland B. T. Haerem H. D. Comparing Organizational Routines as Recurrent Patterns of Action [J]. Organization Studies, 2010, 31 (7): 917 -940.

[176] Pentland B. T., Feldman M. S. Designing Routines: On the Folly of Designing Artifacts, While Hoping for Patterns of Action [J]. Information & Organization, 2008, 18 (4): 235 -250.

[177] Pentland B. T. Grammatical Models of Organizational Processes [J]. Organization Science, 1995, 6 (5): 541 -556.

[178] Polites G. L., Karahanna E. The Embeddedness of Information Systems Habits in Organizational and Individual Level Routines: Development and Disruption [J]. MIS Quarterly, 2013 (1): 221 -246.

[179] Raineri A. Change management practices: Impact on perceived change results [J]. Journal of Business Research, 2010, 64 (3): 266 -272.

[180] Rerup C., Feldman M. S. Routines as a source of change in organizational schema: the role of trial-and-error learning [J]. Academy of Management Journal, 2011, 54 (3): 577 -610.

[181] Rindova V., Petkova A. When is a new thinga good thing? Technological change, product form design, and perceptions of value for product innovations. Organization Science, 2007, 18 (2): 217 -232.

[182] Rousseau D. M. Schema, promise and mutuality: The building blocks of the psychological contract. Journal of Occupational and Organizational Psychology, 2001, 74 (4): 511 -541.

[183] Salvato C. Role of ordinary activities in evolution of product development processes [J]. Organization Scienc, 2009, 20 (2): 384 -409.

[184] Schein E. H. Organizational culture and leadership [M]. San Francisco: Jossey - Bass, 2004.

[185] Schminke M., Ambrose M., Noel T. The effects of ethical frameworks on perceptions of organizational justice. Academy of Management Journal, 1997, 40 (5): 1190 -1207.

[186] Schulz M. Staying on Track: A Voyage to the Internal Mechanisms of Routine Reproduction [C]. In M. C. Becker (ed.), Handbook of Organizational

Routines. Cheltenham, UK: Edward Elgar, 2008: 228 –257.

[187] Schunn C. D. , Dunbar K. Priming, analogy and awareness in complex reasoning. Memory and Cognition, 1996, 24 (3): 271 –284.

[188] Simpson B. Pragmatism, Mead and the practice turn [J]. Organization Studies, 2009, 30 (12): 1329 –1347.

[189] Sonenshein S. Routines and creativity: from dualism to duality [J]. Organization Science, 2016, 27 (3): 739 –758.

[190] Stata R. Organizational Learning – The Key to Management innovation [J]. Sloan Management Review, 1989, 63 (1): 63 –73.

[191] Stene E. O. An Approach to a Science of Administration. The American Political Science Review, 1940, 34 (6): 1124 –1137.

[192] Strauss A. , Corbin J. Basics of qualitative research: grounded theory procedures and techniques [M]. Newbury Park: Sage, 1990: 10 –85.

[193] Sydow J. , Schreyögg G. , Koch J. Organizational Path Dependence: Opening the Black Box [J]. Academy of Management Review, 2009, Gilbert (4): 689 –709.

[194] Teece D. J. The Diffusion of an Administrative Innovation Author (s) [J]. Management Science, 1980, 26 (5): 464 –470.

[195] Tsoukas H. , Chia R. On organizational becoming: rethinking organizational change [J]. Organization Science, 2002, 13 (5): 567 –582.

[196] Turner S. F. , Rindova V. A Balancing Act: How Organizations Pursue Consistency in Routine Functioning in the Face of Ongoing Change [J]. Organization Science, 2011, 23 (1): 24 –46.

[197] Verganti R. Design, meanings, and radical innovation: A metamodel and a research agenda [J]. The Journal of Product Innovation Management, 2008, 25 (5): 436 –456.

[198] Weber M. The Theory of Social and Economic Organization [M]. Trans. Henderson A M and Parsons T. Oxford: Oxford University, 1947.

[199] White D. J. Markov decision process [J]. Journal of Behavioral Decision Making, 1996, 9 (4): 299 –299.

[200] Winter S. G. Toward a neo – Schumpeterian theory of the firm [J]. In-

dustrial and Corporate Change, 2006, 15 (1): 125 - 141.

[201] Winter S. G. Habit, Deliberation, and Action: Strengthening the Micro foundations of Routines and Capabilities. Academy of Management Perspectives, 2013, 27 (2): 120 - 137.

[202] Witt U. Emergence and Functionality of Organizational Routines: an Individualistic Approach [J]. Journal of Institutional Economics, 2011, 7 (2): 157 - 174.

[203] Yi S., Knudsen T., Becker M. C. Inertia in routines: a hidden source of organizational variation [J]. Organization Science, 2016, 27 (3): 782 - 800.

[204] Yin R. K. Case Study Research: Design and Methods [M]. London: Sage, 2nd Edition. 1994.

[205] Yin H. H., Knowlton B. J. The role of the basal ganglia in habit formation [J]. Nature Reviews Neuroscience, 2006, 7 (6): 464 - 476.

[206] Zbaracki M. J., Bergen M. When Truces Collapse: A Longitudinal Study of Price Adjustment Routines [J]. Organization Science, 2010, 21 (5): 955 - 972.

[207] Zollo M., Winter S. G. Deliberate learning and the evolution of dynamic capabilities [J]. Organization Science, 2002, 13 (3): 339 - 351.

[208] Zollo M., Reuer J. J., Singh H. Interorganizational Routines and Performance in Strategic Alliances [J]. Organization Science, 2002, 13 (6): 701 - 713.